MySQL & MongoDB

김치연 지음

HS 도서출판 한산

머리말

최근 들어 4차 산업 혁명 기술의 발전으로 중요한 기반 기술의 하나인 데이터베이스도 많은 변화를 겪고 있다. 전통적으로 사용되던 관계형 데이터베이스 관리 시스템은 NoSQL로 변화하며 새로운 요구 사항에 대한 변화에 맞서고 있다.

이 교재에서는 관계형 DBMS로 사용되는 MySQL과 최근 활용도가 높아지는 NoSQL의 하나인 MongoDB의 사용법을 함께 다루었다. MySQL은 데이터베이스에 입문하는 사람들이 반드시 알아야 할 관계 데이터베이스의 기본적인 개념을 배우는데 좋은 도구이며, MongoDB는 관계 데이터베이스와는 다른 새로운 형태의 문서 기반 NoSQL을 경험하는 좋은 도구이다. 독자들은 두 가지 다른 성격의 DBMS를 배움으로써 데이터 관리 방법의 차이를 비교해 볼 수 있다. 특히, MongoDB에 대한 많은 자료들이 낮은 버전에서 작성된 자료들이 대부분이라 새롭게 MongoDB를 배우려는 독자들이 바로 적용하기에 어려운 점이 있었다. 이 교재에서는 최신 버전에서 실행할 수 있는 명령어에 대한 실례를 다룸으로써 이런 시행 착오를 줄일 수 있도록 하였다.

두 가지 다른 성격의 DBMS를 하나의 교재로 묶는 일이 일반적이지는 않으나, 대학에서 컴퓨터공학을 전공하거나 데이터베이스에 관심 있는 독자들이 다른 두 가지의 DBMS를 비교해가면서 배워보는 것도 좋은 경험이 될 듯 하여 편찬하게 되었다. 교재에서 사용한 예제들은 “맛있는 몽고디비”와 “몽고디비 분석 가이드”에서 참고한 부분이 있다는 걸 미리 알려둔다. 부족한 원고임에도 교재 편찬에 도움 주신 출판사 관계자 분들에게도 감사드린다.

2024년 2월. 김치연 씀.

목 차

제 1 부. MySQL

제1부

MySQL

제1장. MySQL 개요 및 설치
제2장. 명령어 기본 구조
제3장. DDL
제4장. DML
제5장. DCL
제6장. Workbench

PART

I

제 1 장. MySQL 개요 및 설치

제 1 장. MySQL 개요 및 설치

1.1 MySQL 개요

MySQL은 현재 가장 대중적으로 사용되고 있는 관계형 데이터베이스의 하나이다. 매해 발표되는 DBMS 순위에서 1위는 오라클, 2위는 MySQL이 차지하고 있다. 데이터베이스에 처음 입문하는 사람들이 무료로 기능에 제약 없이 쉽게 사용해 볼 수 있는 DBMS로 MySQL을 추천할만하다. 이 장에서는 MySQL의 기본적인 개요와 특징 및 설치 방법에 대하여 기술한다.

구분	DBMS	연도별 순위									
		2024	2023	2022	2021	2020	2019	2018	2017	2016	2015
RDBMS	Oracle	1	1	1	1	1	1	1	1	1	1
RDBMS	MySQL	2	2	2	2	2	2	2	2	2	2
RDBMS	Microsoft SQL Server	3	3	3	3	3	3	3	3	3	3
RDBMS	PostgreSQL	4	4	4	4	4	4	4	4	4	5
문서 저장소	MongoDB	5	5	5	5	5	5	5	5	5	4
키-값 저장소	Redis	6	6	6	7	7	8	7	9	9	10
검색엔진	Elasticsearch	7	8	8	8	8	7	8	10	-	-
RDBMS	IBM DB2	8	7	7	6	6	6	6	6	6	6
RDBMS	Snowflake	9	11	17	37	-	-	-	-	-	-
RDBMS	Microsoft Access	10	9	9	10	10	9	9	7	8	7

[DBMS 순위, db-engines]

MySQL은 오라클사에 의해 개발된 가장 대중적인 데이터베이스 관리 시스템(DBMS)의 하나이다. 다음은 MySQL의 특징이다.

- MySQL은 DBMS의 하나이다.
- MySQL은 관계형이다.
- open source이다.
- 데이터베이스 서버는 매우 빠르고, 신뢰할만하며, 확장가능하고, 사용하기 쉽

다.

- MySQL 서버는 시스템에 임베디드 될 수 있다.

1.1.1 주요 특징 및 기본 문법

- C, C++로 작성되어 있다.
- 다양한 플랫폼에서 작동한다.
- C, C++, Eiffel, Java, Perl, PHP, Python 등을 위한 API를 제공한다.
- MySQL의 각 명령어는 ‘;’ 으로 끝나고, 대소문자를 구별하지 않는다.

1.2 설치 및 실행

이 절에서는 MySQL의 설치 방법과 실행 방법에 대하여 기술한다. 이 책에서 설치하고 사용하는 MySQL의 버전은 Community Server 8.0이다.

MySQL은 대중적으로 사용되는 운영체제인 Unix/Linux, 윈도우즈, MacOS 등 다양한 플랫폼에서 설치와 실행이 가능하다. 이 책에서는 윈도우즈 환경에서 사용법을 다룬다.

윈도우즈 운영체제에서 MySQL 8.0.28 버전의 설치 과정을 순서적으로 실었다. 독자들이 설치할 당시의 버전이 이 버전보다 높으면 설치 과정이 조금 다를 수 있으나, 큰 변화는 없으니 한 화면씩 보면서 설치해보기 바란다. MySQL의 실행 파일과 매뉴얼은 사이트에서 무료로 다운로드 받을 수 있다. 일반적인 시험 버전처럼 사용 기간이 정해져 있지 않으며, 무료로 사용할 수 있다. 먼저, MySQL의 개발자 홈인 https://dev.mysql.com에 접속하여, Downloads 탭을 클릭한다.

■ https://dev.mysql.com

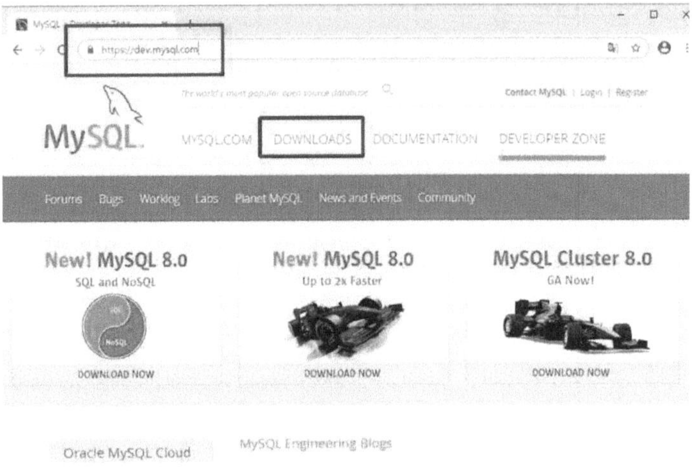

■ 설치 버전 : 8.0.28

■ 다운로드 메뉴 클릭

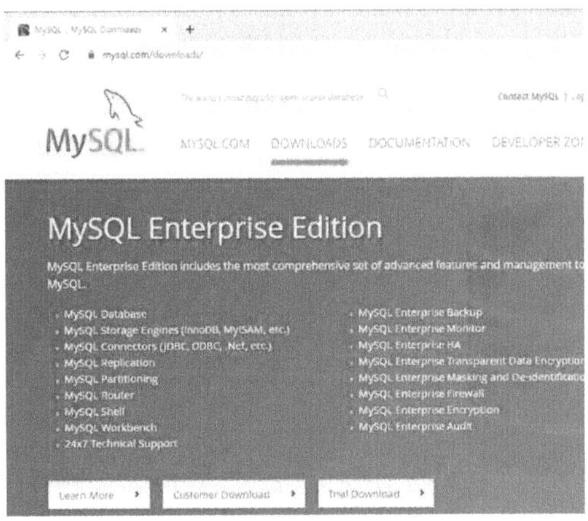

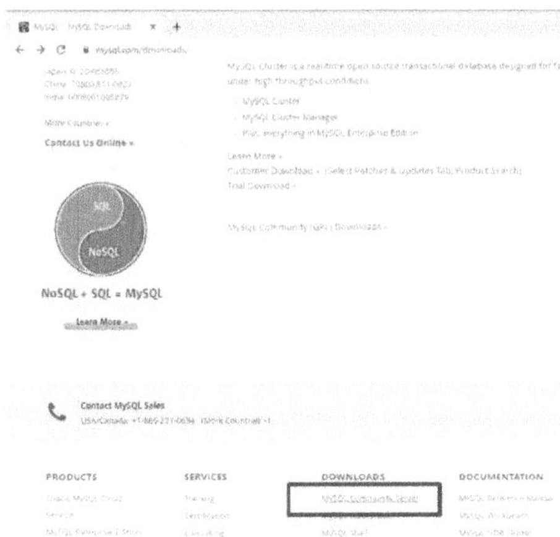

■ 윈도우즈 버전 다운로드

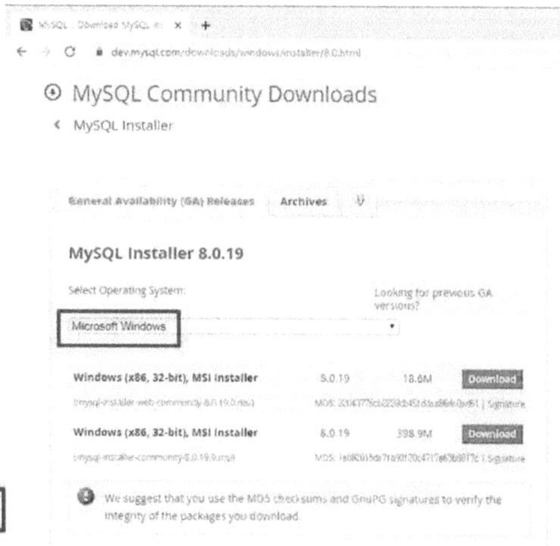

■ 로그인(가입)없이 진행, 다운 후 실행

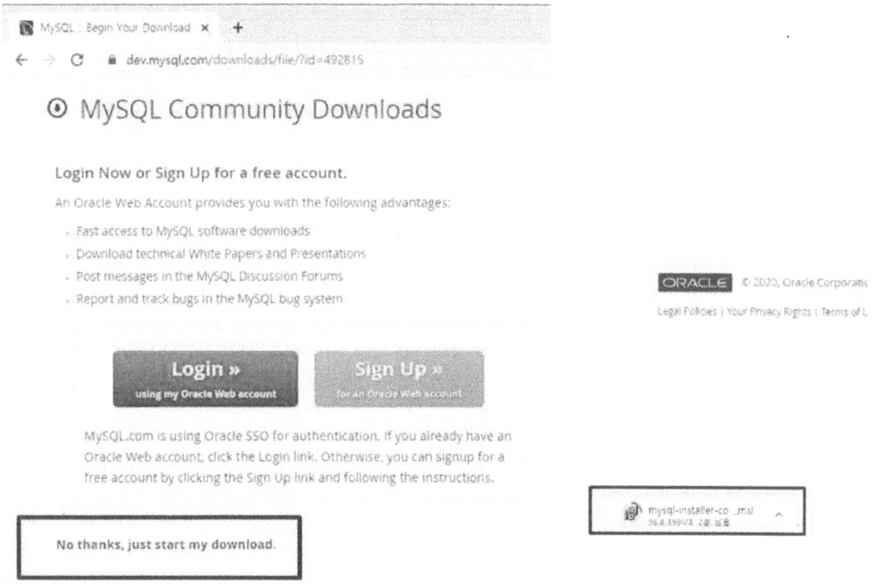

■ setup 타입 선택

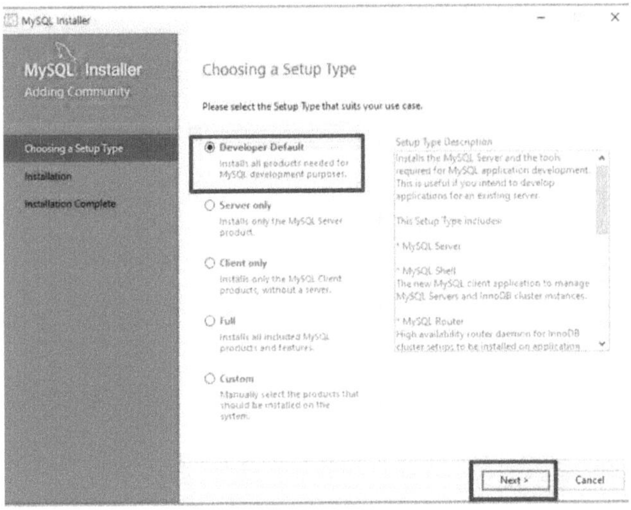

■ Execute - 동의 (진행중)

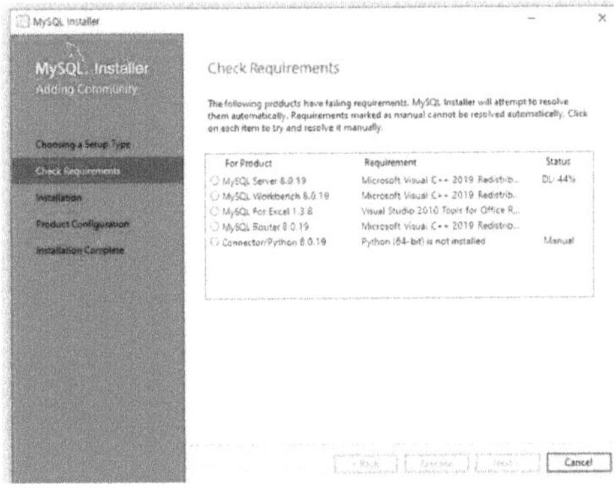

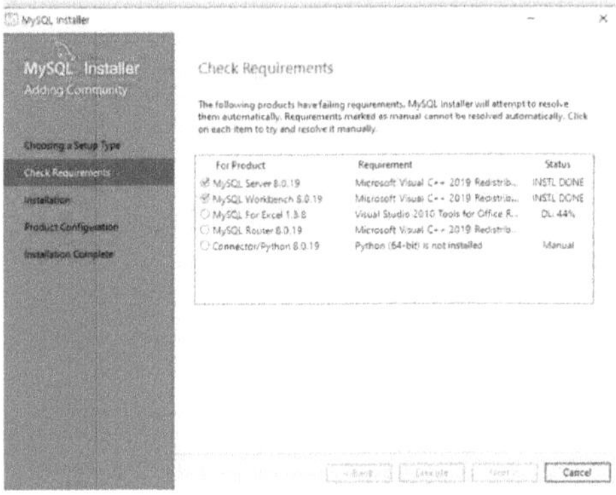

■ 사용조건 동의

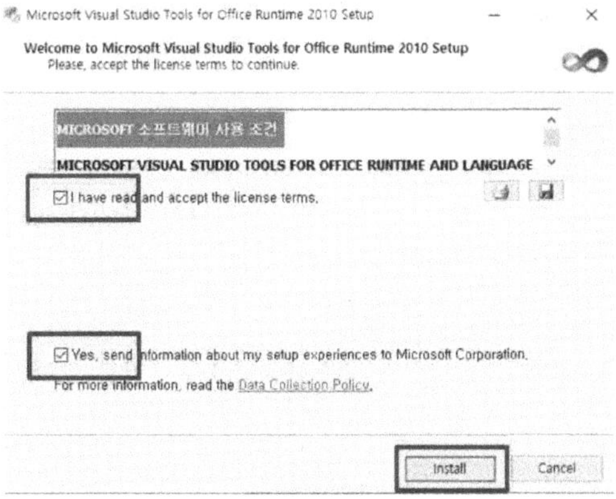

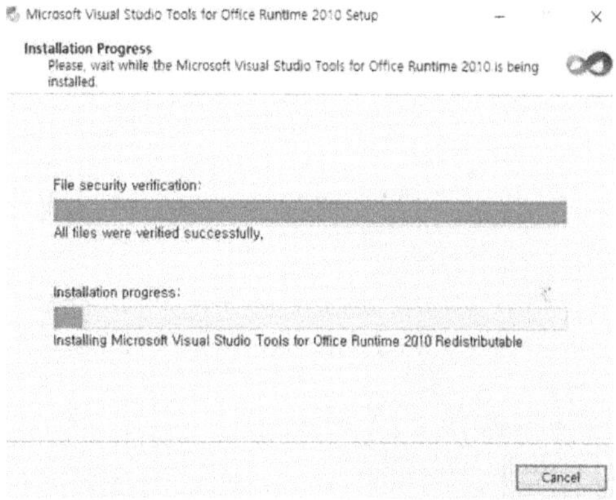

■ 인스톨 진행 및 종료

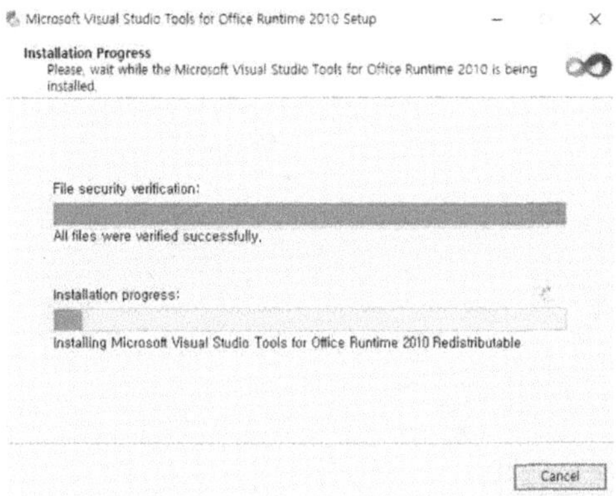

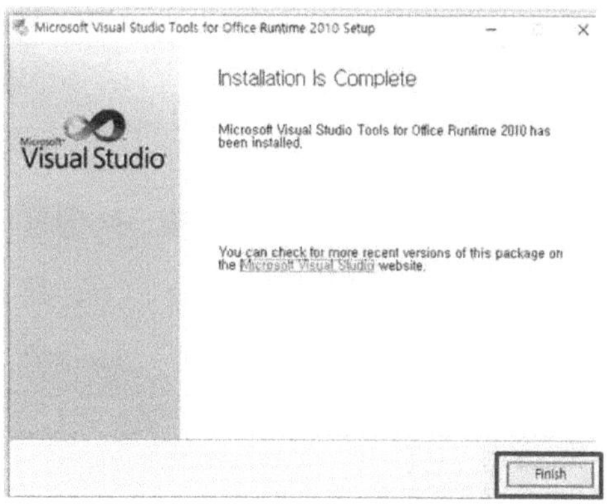

■ 요구사항 검사

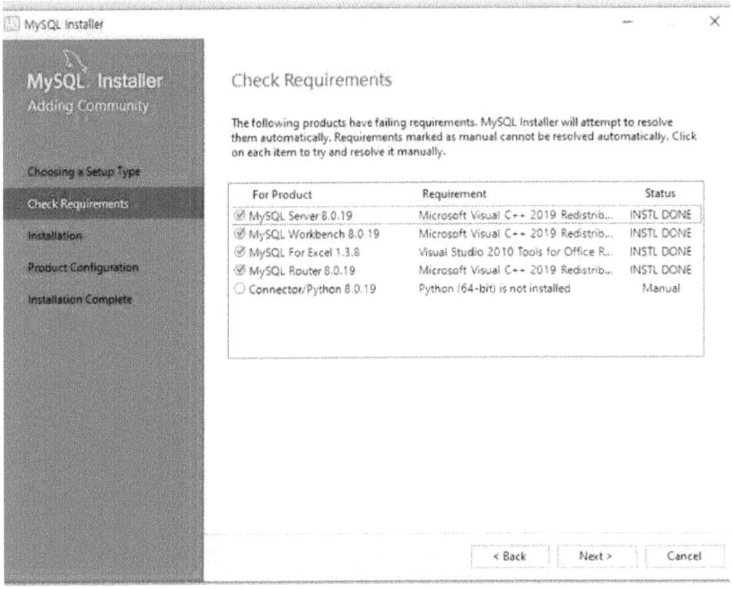

■ 요구사항 부족 메시지 (발생할 수 있음)

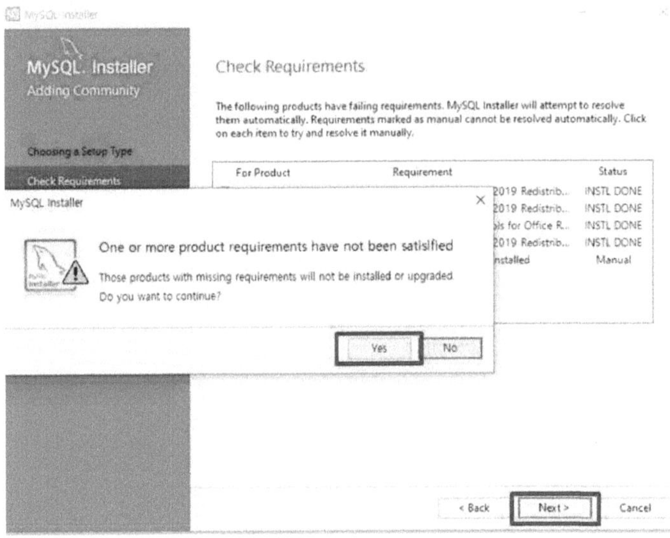

■ 인스톨 시작

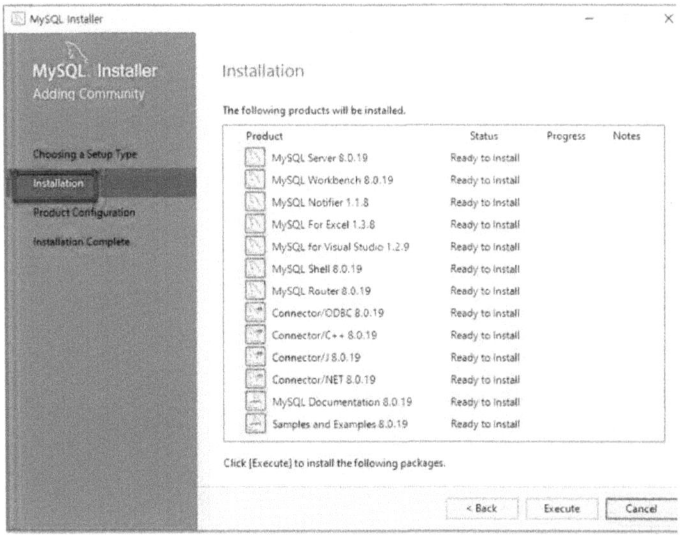

MySQL Installer
MySQL. Installer
Adding Community
Choosing a Setup Type
Installation
Product Configuration
Installation Complete
Installation
The following products will be installed.
Product
Status
Progress
Notes
MySQL Server 8.0.19
MySQL Workbench 8.0.19
MySQL Notifier 1.1.8
MySQL For Excel 1.3.8
MySQL for Visual Studio 1.2.9
MySQL Shell 8.0.19
MySQL Router 8.0.19
Connector/ODBC 8.0.19
Connector/C++ 8.0.19
Connector/J 8.0.19
Connector/NET 8.0.19
MySQL Documentation 8.0.19
Samples and Examples 8.0.19
Ready to Install
Click [Execute] to install the following packages.
< Back
Execute
Cancel

■ 진행 중

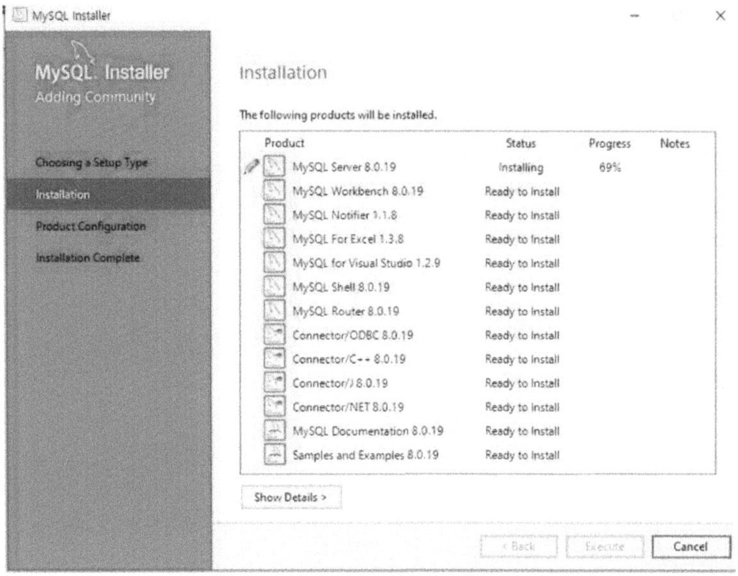

MySQL Installer
MySQL. Installer
Adding Community
Choosing a Setup Type
Installation
Product Configuration
Installation Complete
Installation
The following products will be installed.
Product
Status
Progress
Notes
MySQL Server 8.0.19
Installing
69%
MySQL Workbench 8.0.19
MySQL Notifier 1.1.8
MySQL For Excel 1.3.8
MySQL for Visual Studio 1.2.9
MySQL Shell 8.0.19
MySQL Router 8.0.19
Connector/ODBC 8.0.19
Connector/C++ 8.0.19
Connector/J 8.0.19
Connector/NET 8.0.19
MySQL Documentation 8.0.19
Samples and Examples 8.0.19
Ready to Install
Show Details >
< Back
Execute
Cancel

■ 인스톨 완료

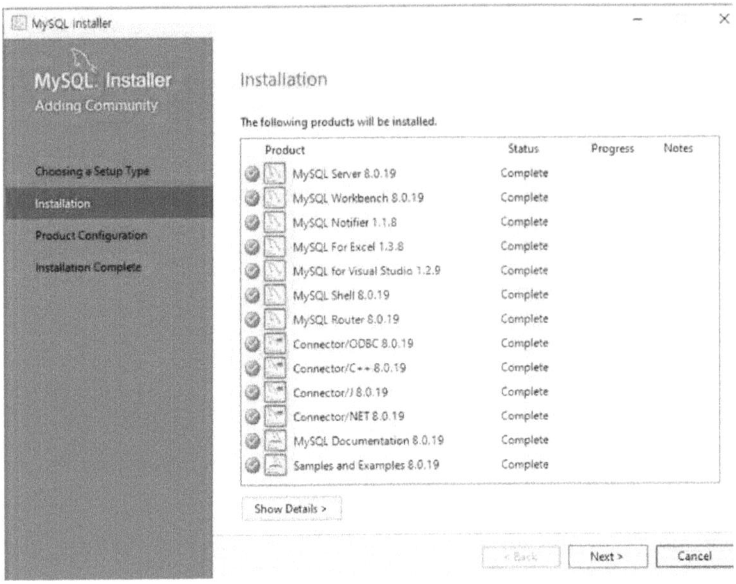
MySQL Installer
MySQL. Installer
Adding Community
Choosing a Setup Type
Installation
Product Configuration
Installation Complete
Installation
The following products will be installed.
Product
Status
Progress
Notes
MySQL Server 8.0.19
MySQL Workbench 8.0.19
MySQL Notifier 1.1.8
MySQL For Excel 1.3.8
MySQL for Visual Studio 1.2.9
MySQL Shell 8.0.19
MySQL Router 8.0.19
Connector/ODBC 8.0.19
Connector/C++ 8.0.19
Connector/J 8.0.19
Connector/NET 8.0.19
MySQL Documentation 8.0.19
Samples and Examples 8.0.19
Complete
Show Details >
< Back
Next >
Cancel

■ 설정 시작

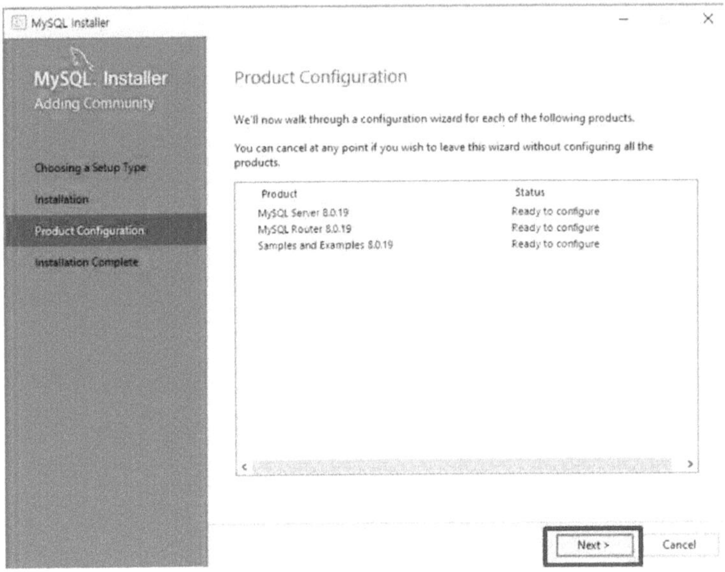
MySQL Installer
MySQL. Installer
Adding Community
Choosing a Setup Type
Installation
Product Configuration
Installation Complete
Product Configuration
We'll now walk through a configuration wizard for each of the following products.
You can cancel at any point if you wish to leave this wizard without configuring all the products.
Product
Status
MySQL Server 8.0.19
MySQL Router 8.0.19
Samples and Examples 8.0.19
Ready to configure
Ready to configure
Ready to configure
Next >
Cancel

■ 타입 선택

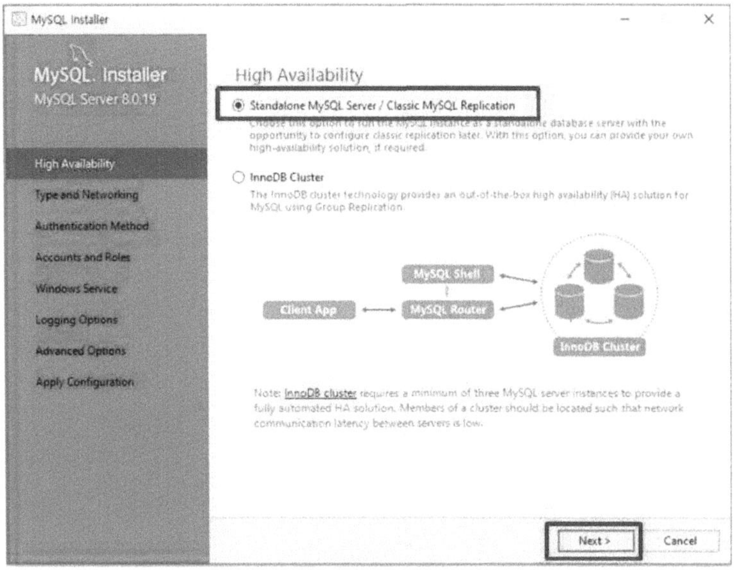

■ 서버 연결 정보 확인

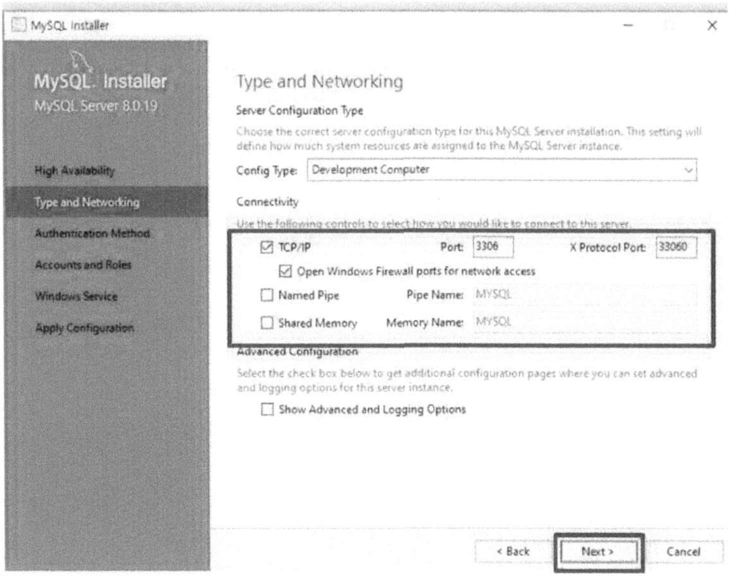

■ 인증 방법 설정

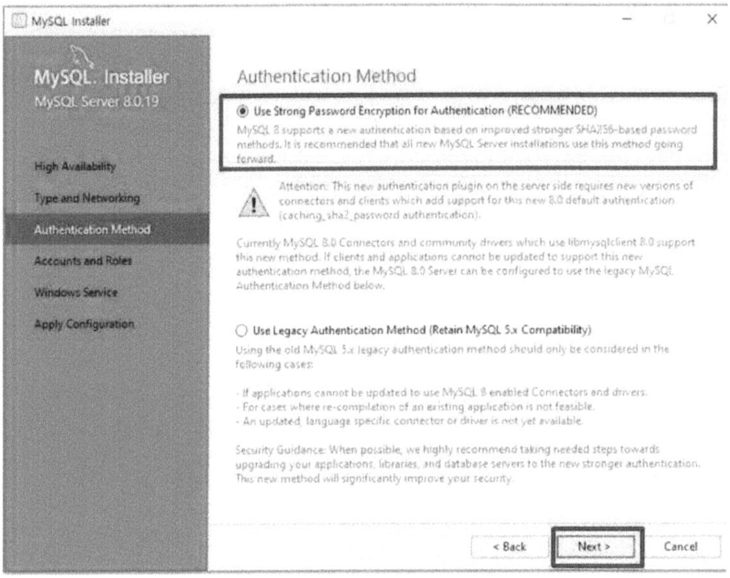

■ 루트 비밀번호 설정 : 반드시 기억해야 한다.

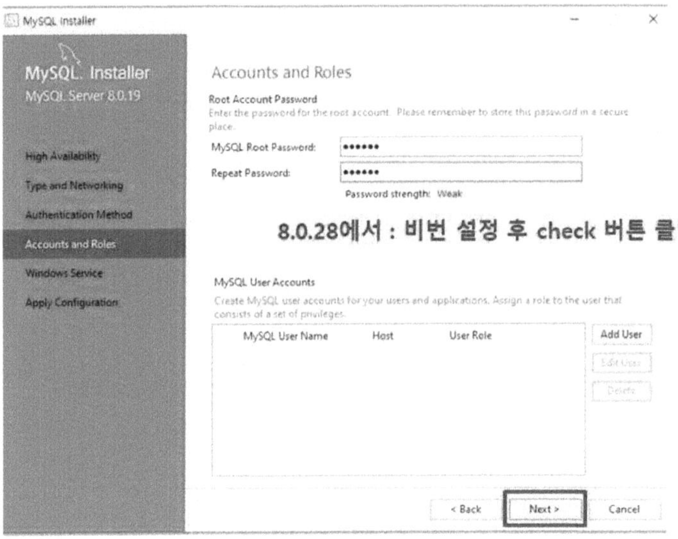

■ 윈도우 서비스 설정

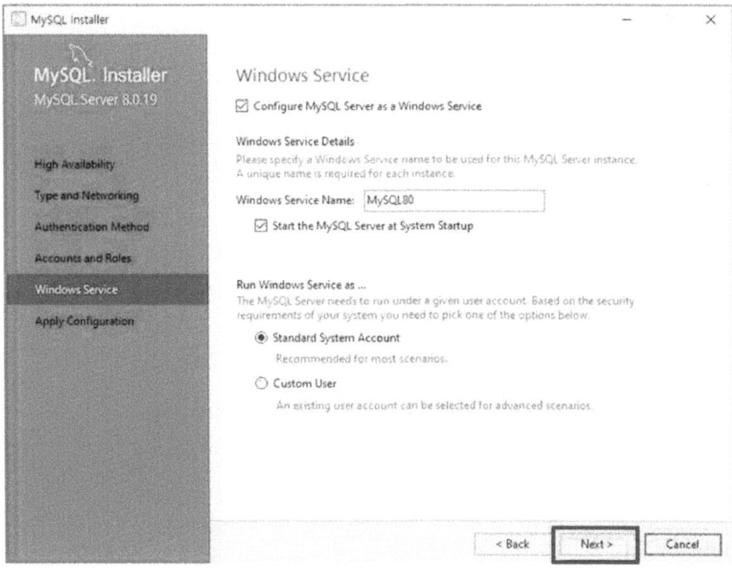

■ 설정 적용

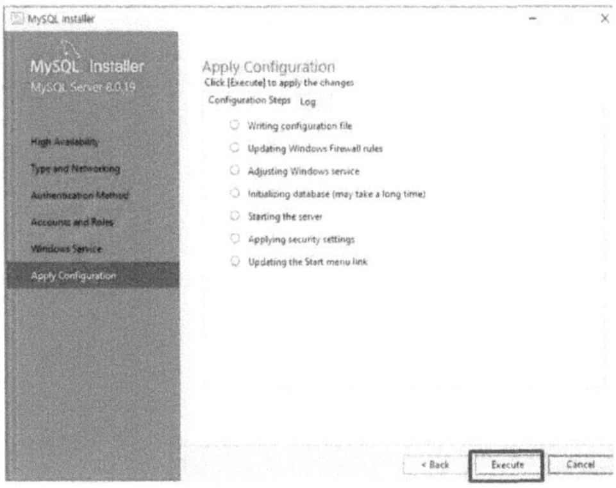

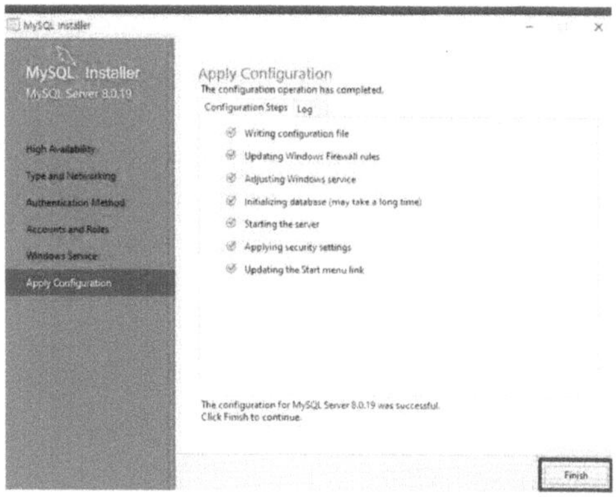

■ 제품 설정

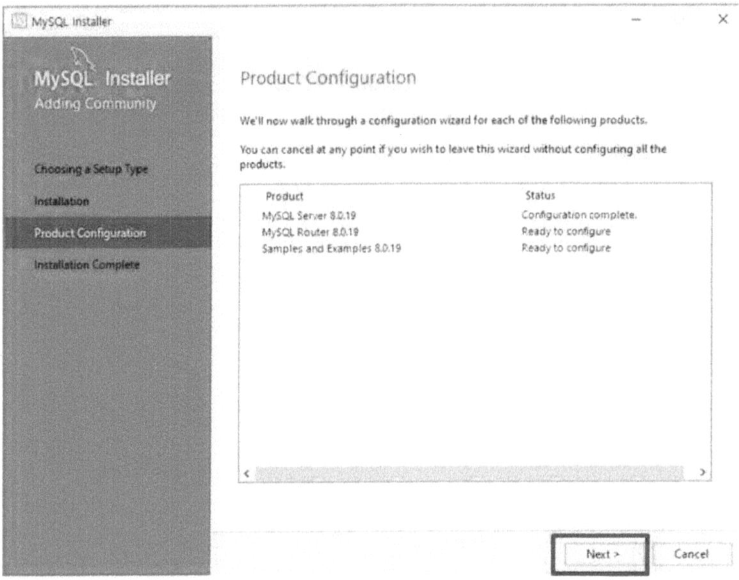
MySQL Installer
MySQL Installer
Adding Community
Choosing a Setup Type
Installation
Product Configuration
Installation Complete
Product Configuration
We'll now walk through a configuration wizard for each of the following products.
You can cancel at any point if you wish to leave this wizard without configuring all the products.
Product
Status
MySQL Server 8.0.19
Configuration complete.
MySQL Router 8.0.19
Ready to configure
Samples and Examples 8.0.19
Ready to configure
Next >
Cancel

■ 라우터 설정

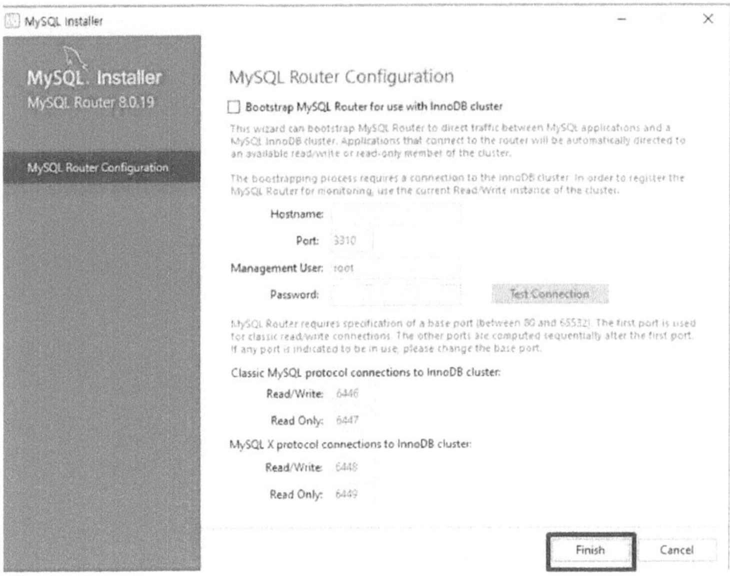
MySQL Installer
MySQL Installer
MySQL Router 8.0.19
MySQL Router Configuration
MySQL Router Configuration
Bootstrap MySQL Router for use with InnoDB cluster
Hostname:
Port:
Management User:
Password:
Test Connection
Classic MySQL protocol connections to InnoDB cluster:
Read/Write:
Read Only:
MySQL X protocol connections to InnoDB cluster:
Read/Write:
Read Only:
Finish
Cancel

■ 설정 진행

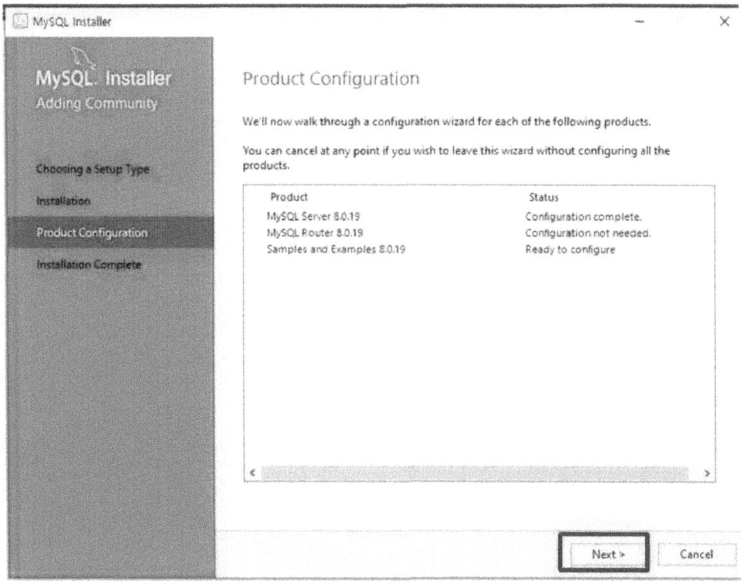
MySQL Installer
MySQL. Installer
Adding Community
Choosing a Setup Type
Installation
Product Configuration
Installation Complete
Product Configuration
We'll now walk through a configuration wizard for each of the following products.
You can cancel at any point if you wish to leave this wizard without configuring all the products.
Product
Status
MySQL Server 8.0.19
Configuration complete.
MySQL Router 8.0.19
Configuration not needed.
Samples and Examples 8.0.19
Ready to configure
Next >
Cancel

■ 서버 연결

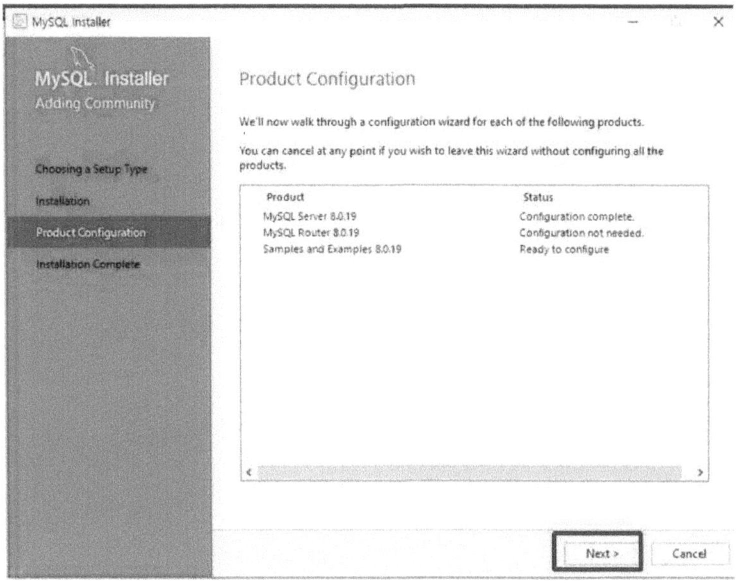
MySQL Installer
MySQL. Installer
Adding Community
Choosing a Setup Type
Installation
Product Configuration
Installation Complete
Product Configuration
We'll now walk through a configuration wizard for each of the following products.
You can cancel at any point if you wish to leave this wizard without configuring all the products.
Product
Status
MySQL Server 8.0.19
Configuration complete.
MySQL Router 8.0.19
Configuration not needed.
Samples and Examples 8.0.19
Ready to configure
Next >
Cancel

■ 설정 적용

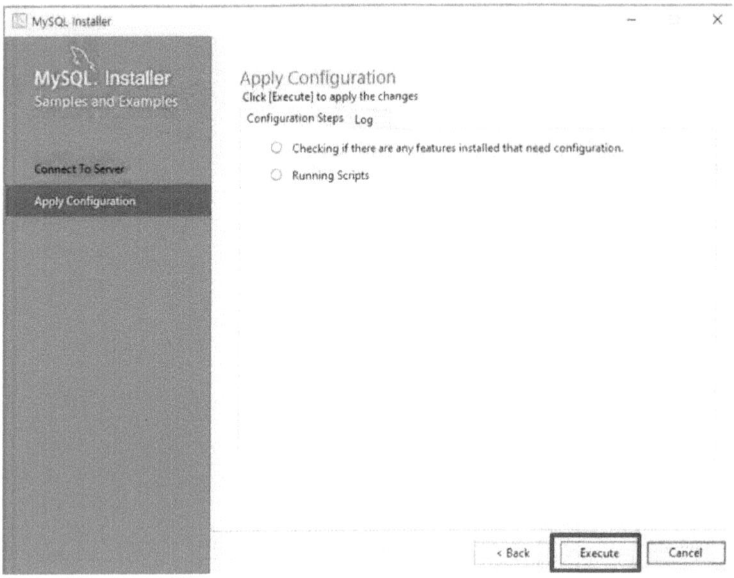
MySQL Installer
MySQL. Installer
Samples and Examples
Connect To Server
Apply Configuration
Apply Configuration
Click [Execute] to apply the changes
Configuration Steps
Log
Checking if there are any features installed that need configuration.
Running Scripts
< Back
Execute
Cancel

■ 설정 완료

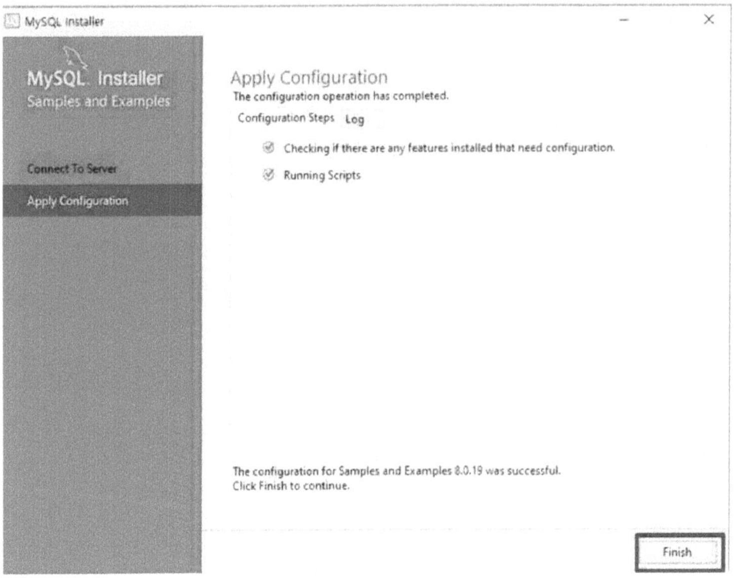
MySQL Installer
MySQL. Installer
Samples and Examples
Connect To Server
Apply Configuration
Apply Configuration
The configuration operation has completed.
Configuration Steps
Log
Checking if there are any features installed that need configuration.
Running Scripts
The configuration for Samples and Examples 8.0.19 was successful.
Click Finish to continue.
Finish

■ 설치 완료

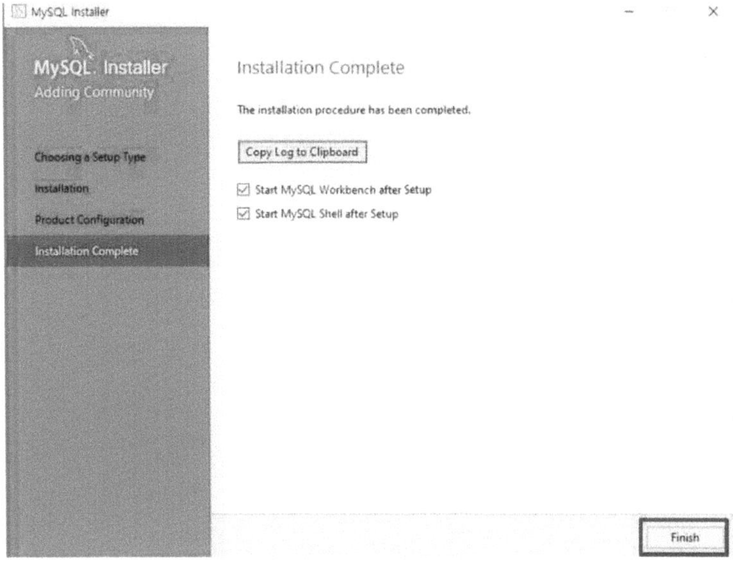

■ 실행하기 및 작동 확인

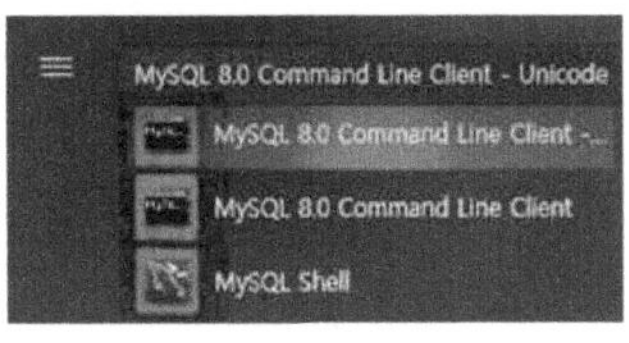

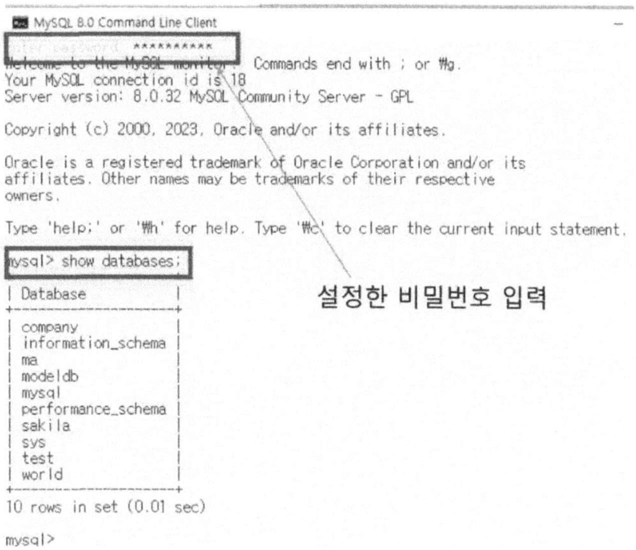

윈도우즈에서 시작 버튼을 눌러 새로 설치된 MySQL을 실행한다. 비밀 번호를 요구하면, 설치할 때 설정한 비밀번호를 입력한다. 명령 창의 프롬프트 모양이

“mysql>”로 바뀌면 MySQL 서버가 정상적으로 실행된 상태이며, 지금부터는 MySQL의 질의어들을 입력할 수 있다. MySQL을 종료하려면 “exit”를 입력한다.

제 2 장. 명령어 기본 구조

제 2 장. 명령어 기본 구조

이 장에서는 MySQL의 기본적인 언어 구조에 대하여 살펴본다. MySQL도 일종의 언어로 볼 수 있는 만큼 그 언어가 가진 기본적인 구조와 규칙에 대하여 알아보자.

2.1 언어 구조

먼저, MySQL에서 사용할 수 있는 리터럴(literal)들을 살펴본다. 리터럴이라는 의미는 어떤 타입의 예가 되는 "상수 값"을 의미한다. 예를 들어, 정수 타입의 리터럴로는 1, -1, 0 과 같은 정수 상수가 있다. MySQL에서는 문자열, 숫자, 날짜와 시간, 비트 값, 논리값, 널 값 등의 리터럴들을 사용할 수 있다.

문자열 리터럴로는 "abc"과 같은 값이 가능한데, MySQL에서 문자열은 작은 따옴표나 큰 따옴표를 사용하여 표현할 수 있다.

숫자 리터럴은 1, -2와 같은 정수 리터럴과 소수와 가수 부분을 가진 과학적 표기법 형태의 1.23이나 1.2E3의 형식의 실수 리터럴을 사용할 수 있다. 실수 표현에서 소수와 가수 부분은 모두 부호를 가질 수 있다.

날짜 타입의 리터럴은 '2017-02-12', '20150212', 20150212 등의 리터럴을 사용할 수 있다.

비트 리터럴은 'b'나 'B'의 형태의 접두사나 0bval 표기법을 사용하여 표현할 수 있다. 예를 들어, b'01'이나 B'01', 0b01은 모두 비트 값으로 판별된다.

논리 리터럴은 TRUE, FALSE 또는 1과 0으로 표현된다. 이 때 영어 대소문자는 구별하지 않는다.

널 값은 데이터가 없음을 의미하는데 NULL로 표현되며, 대소문자를 구별하지 않는다.

MySQL도 키워드와 예약어를 가지고 있다. 여기에 나열하기에는 갯수가 너무 많은 관계로 여기서는 생략하고, 자세한 내용은 다음 URL을 참고하기 바란다.

https://dev.mysql.com/doc/refman/8.3/en/keywords.html

MySQL에서 주석(comments)은 세 가지로 사용할 수 있다. 먼저, 기호 '#'로 시작하면 라인의 끝까지를 주석으로 해석한다. 두 번째로 '--' 기호 역시 줄 끝까지를 주석으로 해석한다. 마지막으로 '/* ... */' 역시 주석으로 해석된다. 사용 예는 다음과 같다.

```
mysql> SELECT 1+1;     # This comment continues to the end of line
mysql> SELECT 1+1;     -- This comment continues to the end of line
mysql> SELECT 1 /* this is an in-line comment */ + 1;
mysql> SELECT 1+
/*
this is a
multiple-line comment
*/
1;
```

2.2 데이터 타입

MySQL은 SQL이 필요로 하는 다양한 타입을 지원한다. 숫자(정수, 실수) 타입, 날짜와 시간 타입, 문자열 타입, 공간(spatial) 데이터 타입, JSON 타입 등, 질의 작성에 필요한 타입들을 지원한다. 이 절에서는 많이 사용하는 정수, 날짜와 시간, 문자열 타입의 특징과 사용법에 대하여 기술한다.

2.2.1 정수 타입

질의를 작성할 때 가장 많이 사용하는 타입 중 하나가 정수 타입이다. MySQL에서 제공하는 정수 타입의 종류와 기억 장치 요구량과 표현 범위는 아래 표와 같다.

Type	Storage (Bytes)	Minimum Value Signed	Minimum Value Unsigned	Maximum Value Signed	Maximum Value Unsigned
TINYINT	1	-128	0	127	255
SMALLINT	2	-32768	0	32767	65535
MEDIUMINT	3	-8388608	0	8388607	16777215
INT	4	-2147483648	0	2147483647	4294967295
BIGINT	8	-2^{63}	0	$2^{63}-1$	$2^{64}-1$

[정수 타입의 기억장치 요구량과 표현 범위]

2.2.2 실수 타입

소수점을 가진 근사 값을 표현하기 위한 데이터 타입으로 float과 double 타입을 제공한다. float은 4바이트 단정도 실수를 표현하며, double은 8바이트 배정도 실수를 표현할 수 있다.

2.2.3 날짜, 시간 타입

MySQL에서 날짜와 시간을 표현하기 위한 타입으로 Date, Time, DateTime, TimeStamp, Year 타입이 있다. 아래 표는 각 타입의 표준 형식과 zero-fill 형식을 보여주고 있다. 특정 날짜를 입력할 때는 따옴표를 사용하여 문자열이 형태로 입력한다. 연월일 사이에는 '−' 기호를 사용하고, 시분초 사이에는 ':'을 사용하여 구분한다.

Data Type	"Zero" Value
DATE	'0000-00-00'
TIME	'00:00:00'
DATETIME	'0000-00-00 00:00:00'
TIMESTAMP	'0000-00-00 00:00:00'
YEAR	0000

[날짜, 시간 타입의 예]

날짜와 시간 타입에 필요한 기억 장치 요구량은 다음 표와 같다.

Data Type	Storage Required as of MySQL 5.6.4
YEAR	1 byte
DATE	3 bytes
TIME	3 bytes + fractional seconds storage
DATETIME	5 bytes + fractional seconds storage
TIMESTAMP	4 bytes + fractional seconds storage

[날짜, 시간 타입의 기억 장치 요구량]

2.2.4 문자열 타입

MySQL에서 제공하는 문자열 타입으로, Char, Varchar, Binary, VarBinary, Blob, Text, Enum, Set 타입이 있다. 자주 사용되는 몇 가지 타입의 특징에 대하여 설명한다.

문자열을 표현하기 위해 가장 많이 사용하는 타입은 char과 varchar 타입이다. 두 타입은 유사하나, 데이터를 저장하고 검색하는 방법이 조금 다르다, char 타입은 고정된 길이에 문자열을 저장하고, 0~255까지의 길이를 가질 수 있다. 즉, char(30)으로 선언하면, 30 바이트가 안되는 데이터에도 모두 30바이트를 할당한다. 반면, varchar 타입은 가변 길이 문자열을 저장한다. 0~65535 길이의 문자열을 저장할 수 있으며, 실제로 입력된 문자열만큼 저장 공간을 할당한다. 다양한 문자의 인코딩 방식에 따라 기억 장치 내에서 한 글자가 차지하는 바이트 수는 다르다. 예를 들어, 영어 알파벳 한 글자는 1바이트를 차지하고, 한글 한 글자는 2바이트나 3바이트를 차지할 수 있다.

아래 표를 통해 char 타입과 varchar 타입의 차이점을 확인해보자.

Value	CHAR(4)	Storage Required	VARCHAR(4)	Storage Required
''	' '	4 bytes	''	1 byte
'ab'	'ab '	4 bytes	'ab'	3 bytes
'abcd'	'abcd'	4 bytes	'abcd'	5 bytes
'abcdefgh'	'abcd'	4 bytes	'abcd'	5 bytes

[char 타입과 varchar 타입의 차이점]

2.2.5 Binary와 VarBinary

Binary 타입과 VarBinary 타입의 차이점은 Char과 Varchar 타입의 차이점과 유사하다. 다만, 이 타입들은 문자열이 아니라, 이진수를 저장한다는 점에서 다르다. 사용 예는 다음과 같다.

```
mysql> CREATE TABLE t (c BINARY(3));
Query OK, 0 rows affected (0.01 sec)

mysql> INSERT INTO t SET c = 'a';
Query OK, 1 row affected (0.01 sec)

mysql> SELECT HEX(c), c = 'a', c = 'a\0\0' from t;
+--------+---------+-------------+
| HEX(c) | c = 'a' | c = 'a\0\0' |
+--------+---------+-------------+
| 610000 |       0 |           1 |
+--------+---------+-------------+
1 row in set (0.09 sec)
```

2.2.6 BLOB와 Text

BLOB는 Binary Large OBject의 약어이고, 가변 길이의 데이터를 저장할 수 있다. 이 타입은 TINYBLOB, BLOB, MEDIUMBLOB, LONGBLOB와 같이 네 개의 타입을 지원하며, 저장할 수 있는 데이터의 용량에 차이가 있다. Text 타입 역시, TINYTEXT, TEXT, MEDIUMTEXT와 LONGTEXT의 네 개의 타입을 지원한다. BLOB 값은 바이너리로 다뤄지는데 비하여, Text 값은 바이너리가 아닌 문자열로 다뤄진다.

2.2.7 Enum

Enum 타입은 요일과 같이 열거형으로 표현되는 문자열 값을 표현한다. 사용 예는 다음과 같다.

```
CREATE TABLE shirts (
    name VARCHAR(40),
    size ENUM('x-small', 'small', 'medium', 'large', 'x-large')
);
```

2.2.8 Set

Set 타입은 0이거나 그 이상의 값을 갖는 문자열 객체이다. 각 값은 테이블이 생성될 때 명세된 리스트로부터 선택된 값들만 허용한다. Set 타입의 각 멤버들은 ‘,’로 구분되어 명세된다. 사용 예는 다음과 같다.

```
mysql> CREATE TABLE myset (col SET('a', 'b', 'c', 'd'));
```

```
mysql> INSERT INTO myset (col) VALUES
-> ('a,d'), ('d,a'), ('a,d,a'), ('a,d,d'), ('d,a,d');
Query OK, 5 rows affected (0.01 sec)
Records: 5  Duplicates: 0  Warnings: 0
```

문자열 타입의 기억 장치 요구량은 다음 표와 같다.

Data Type	Storage Required
CHAR(*M*)	The compact family of InnoDB row formats optimize storage for variable-length character sets. See COMPACT Row Format Storage Characteristics. Otherwise, $M \times w$ bytes, <= M <= 255, where w is the number of bytes required for the maximum-length character in the character set.
BINARY(*M*)	M bytes, 0 <= M <= 255
VARCHAR(*M*), VARBINARY(*M*)	L + 1 bytes if column values require 0 − 255 bytes, L + 2 bytes if values may require more than 255 bytes
TINYBLOB, TINYTEXT	L + 1 bytes, where $L < 2^{8}$
BLOB, TEXT	L + 2 bytes, where $L < 2^{16}$
MEDIUMBLOB, MEDIUMTEXT	L + 3 bytes, where $L < 2^{24}$
LONGBLOB, LONGTEXT	L + 4 bytes, where $L < 2^{32}$
ENUM('*value1*','*value2*',...)	1 or 2 bytes, depending on the number of enumeration values (65,535 values maximum)
SET('*value1*','*value2*',...)	1, 2, 3, 4, or 8 bytes, depending on the number of set members (64 members maximum)

[문자열 타입의 기억 장치 요구량]

2.3 연산자

MySQL에서 질의에 포함될 식을 작성하기 위해서는 다양한 연산자를 필요로 한다. 우리가 고급 프로그래밍 언어에서 다루었던 산술, 관계, 논리, 비트, 할당 연산자들이 MySQL에서도 존재한다. 이 절에서는 연산자의 종류에 대해서만 기술하고, 연산자를 사용한 구체적인 예는 3장에서 다룬다.

2.3.1 산술 연산자

산술 연산자	
기호	**의미**
+	산술 덧셈
–	산술 뺄셈
*	산술 곱셈
/	산술 나눗셈
% (또는 MOD)	나머지

2.3.2 관계 연산자

관계 연산자	
기호	**의미**
>	크다
<	작다
>=	크거나 같다
<=	작거나 같다
=	같다
<>, !=	같지 않다

2.3.3 논리 연산자

논리 연산자	
기호	**의미**
AND, &&	논리 AND
OR, ||	논리 OR
NOT, !	논리 NOT

2.3.4 비트 연산자

<table>
<tr><th colspan="2">비트 연산자</th></tr>
<tr><th>기호</th><th>의미</th></tr>
<tr><td>&</td><td>비트 AND</td></tr>
<tr><td>|</td><td>비트 OR</td></tr>
<tr><td>XOR</td><td>비트 exclusive or</td></tr>
<tr><td>~</td><td>비트 부정</td></tr>
<tr><td><<, >></td><td>왼쪽 shift, 오른쪽 shift</td></tr>
</table>

2.3.5 할당 연산자

할당 연산자	
기호	의미
=	할당
:=	할당

2.3.6 기타 연산자

기타 연산자	
기호	의미
between~and	값의 범위를 표현
is null	null과 같음을 비교
is not null	null과 같지 않음을 비교
like	문자열 연산 (같음)
not like	문자열 연산 (같지 않음)
in()	집합 연산
not in()	집합 연산의 부정

제 3 장. DDL

3.1 create 명령어

3.2 alter 명령어

3.3 drop 명령어

제 3 장. DDL

SQL 명령어들은 그 성격에 따라 데이터의 정의어(DDL), 데이터 조작어(DML), 데이터 제어어(DCL)로 분류된다. 이 장에서는 DDL에 대하여 기술한다.

DDL : Data Definition Language (데이터 정의어)
DML : Data Manipulation Language (데이터 조작어)
DCL : Data Control Language (데이터 제어어)

이 교재에서 설명하는 명령어들을 이해하기 위해서는 데이터베이스의 기본적인 이론에 대한 이해가 선행되어야 한다. 스키마, 외래키, 무결성과 같은 기본적인 용어나 개념에 대한 이해가 있어야 하며, 관계 대수 등 SQL의 이론적 배경이 되는 지식이 필요하다. 이런 관련 지식을 기반으로, SQL의 명령어들을 기능별로 분류하고, 설명한 후 예를 보이고자 한다.

DDL은 데이터의 구조(스키마)를 정의하거나 변경하거나 삭제하는 명령어로 구성되는데, create, alter, drop으로 시작하는 명령어들이 해당된다. 이 명령어들을 살펴보기 전에, 데이터베이스 목록 확인, 데이터베이스 선택, 테이블 목록 확인을 위한 기본적인 명령어를 먼저 살펴본다.

● **데이터베이스 목록 확인, 선택하기**

```
mysql> show databases;
+--------------------+
| Database           |
+--------------------+
| information_schema |
| mysql              |
| performance_schema |
| php                |
| phpmyadmin         |
| proj20             |
| test               |
+--------------------+
7 rows in set (0.06 sec)
```

show 명령어는 데이터베이스나 테이블의 목록을 확인하는데 사용된다. show 명령어는 항상 복수형으로 사용하는데, 데이터베이스 목록을 확인할 때는 "show databases;"를 사용하고, 테이블의 목록을 확인할 때는 "show tables;"를 사용한다. MySQL에서 테이블은 컴퓨터에 저장되는 하나 하나의 "파일"과 유사하고, 데이터베이스는 유사한 테이블들이 저장된 "폴더"의 개념과 유사하다.

use 명령어는 특정 데이터베이스를 선택하는 명령어로, MySQL에서 질의를 작성할 때는 접근하는 테이블이 있는 데이터베이스가 먼저 선택되어야 한다. 따라서 MySQL을 실행한 후 첫 번째로 실행하는 명령어는 대부분 use 명령어가 된다. 다만, 데이터베이스를 새로 만들어 사용하고자 할 때는 create database 명령어를 통해 데이터베이스를 먼저 만들고 나서 use 명령어를 사용한다. MySQL에서는 명령어의 끝에 ';'을 사용한다는 것을 잊지 않도록 하자.

```
mysql> create database company;
Query OK, 1 row affected (0.00 sec)

mysql> show databases;
+--------------------+
| Database           |
+--------------------+
| company            |
| information_schema |
| mysql              |
| performance_schema |
| php                |
| phpmyadmin         |
| proj20             |
| test               |
+--------------------+
8 rows in set (0.00 sec)
```

```
mysql> use company
Database changed
mysql> _
```

MySQL에서 create 명령어를 적용할 수 있는 대상은 다음과 같다.

create 명령어 적용 대상
database, event, function, index, procedure, server, table, tablespace, trigger, view

3.1 create 명령어

create 명령어를 사용하여 정의할 수 있는 대상은 데이터베이스, 테이블, 도메인, 인덱스, 뷰, 트리거 등이 있다. 먼저, 주로 많이 사용하는 테이블을 생성하는 방법에 대하여 기술하고, 인덱스, 뷰, 트리거의 생성 방법에 대하여 기술한다.

3.1.1 create table

테이블을 생성하기 위해서는 테이블 이름, 컬럼 타입과 속성들, 인덱스, 외래키와 check 제약 조건 등을 기술해야 한다. 몇 개의 속성과 기본 키를 가진 테이블을 만드는 예를 보자.

```
mysql> create table employee(
    -> empno int not null,
    -> empname char(10),
    -> title char(10),
    -> manager int,
    -> dno int,
    -> primary key(empno));
Query OK, 0 rows affected (0.05 sec)
```

위에서 생성한 테이블의 이름은 employee이고, empno~dno까지 5개의 속성을 갖는다. 각 속성에 대한 이름과 타입이 정의되어 있으며, not null 속성으로 정의된 empno를 기본 키(primary key)로 정의하였다. 속성이 갖는 타입은 2장에서 설명한 MySQL에서 사용 가능한 타입으로 정의할 수 있다. MySQL에서는 개체 무결성에 의해 기본 키는 널 값을 가질 수 없다. 테이블에서 기본 키가 될 속성에는 not null을 반드시 설정한다. 테이블이 어떤 속성을 가질 것인가는 데이터베이스 설계 단계에서 결정된다. 여기서는 설계 단계가 끝나고 속성이 결정되었다고 가정한다. 이어서 department 테이블도 생성해보자.

```
mysql> create table department(
    -> deptno int not null,
    -> deptname char(10),
    -> floor int,
    -> primary key(deptno));
Query OK, 0 rows affected (0.04 sec)
```

이렇게 테이블을 정의한 후, 테이블의 구조를 확인하고 싶다면 describe이나 desc 명령어를 사용한다.

```
mysql> desc department;
+----------+----------+------+-----+---------+-------+
| Field    | Type     | Null | Key | Default | Extra |
+----------+----------+------+-----+---------+-------+
| deptno   | int(11)  | NO   | PRI | NULL    |       |
| deptname | char(10) | YES  |     | NULL    |       |
| floor    | int(11)  | YES  |     | NULL    |       |
+----------+----------+------+-----+---------+-------+
3 rows in set (0.03 sec)
```

desc 명령어를 사용하면 만들어진 테이블의 구조를 확인할 수 있다. desc 명령어를 통해 각 필드의 이름과 타입, 널 값의 유무, 키의 유무, 디폴트 값의 유무 등을 확인할 수 있다. desc 명령어는 “describe”, “explain” 명령어로도 사용할 수 있다.

- **desc, describe, explain**

```
mysql> desc department;
+----------+----------+------+-----+---------+-------+
| Field    | Type     | Null | Key | Default | Extra |
+----------+----------+------+-----+---------+-------+
| deptno   | int      | NO   | PRI | NULL    |       |
| deptname | char(10) | YES  |     | NULL    |       |
| floor    | int      | YES  |     | NULL    |       |
| tel      | char(20) | YES  |     | NULL    |       |
+----------+----------+------+-----+---------+-------+
4 rows in set (0.00 sec)

mysql> describe department;
+----------+----------+------+-----+---------+-------+
| Field    | Type     | Null | Key | Default | Extra |
+----------+----------+------+-----+---------+-------+
| deptno   | int      | NO   | PRI | NULL    |       |
| deptname | char(10) | YES  |     | NULL    |       |
| floor    | int      | YES  |     | NULL    |       |
| tel      | char(20) | YES  |     | NULL    |       |
+----------+----------+------+-----+---------+-------+
4 rows in set (0.00 sec)
```

```
mysql> explain department;
+----------+----------+------+-----+---------+-------+
| Field    | Type     | Null | Key | Default | Extra |
+----------+----------+------+-----+---------+-------+
| deptno   | int      | NO   | PRI | NULL    |       |
| deptname | char(10) | YES  |     | NULL    |       |
| floor    | int      | YES  |     | NULL    |       |
| tel      | char(20) | YES  |     | NULL    |       |
+----------+----------+------+-----+---------+-------+
4 rows in set (0.00 sec)
```

이제 좀 더 복잡한 제약을 가진 테이블을 만들어보자. 테이블의 컬럼에 unique 제약, default 제약, check 제약과 외래키 등을 설정해본다. unique 제약은 그 속성에 중복된 값이 없음을 보장하는 조건이며, default 제약은 값이 입력되지 않았을 때 초기 값을 설정할 수 있는 제약이다. 또한 check 제약은 속성이 만족해야 할 값의 범위나 조건을 명세할 수 있다. 마지막으로 외래키는 다른 테이블의 기본키를 참조함을 명세한다. 아래의 emp_foreign 테이블에는 두 개의 외래키를 설정하고 있는데, empno를 자체적으로 참조하는 manager와 department 테이블의 deptno를 참조하는 dno는 외래키이다.

```
mysql> create table emp_foreign (
   -> empno int not null,
   -> empname char(10) unique,
   -> title char(10) default '사원',
   -> manager int,
   -> salary int check(salary <6000000),
   -> dno int default 1,
   -> primary key (empno),
   -> foreign key (manager) references emp_foreign(empno),
   -> foreign key (dno) references department(deptno)
   -> on delete cascade on update cascade);
Query OK, 0 rows affected (0.06 sec)
```

어떤 테이블이 외래키를 가지고 다른 테이블을 참조할 때, 참조되는 테이블이 먼저 만들어져 있지 않으면 오류가 발생한다. emp_foreign 테이블 정의에는 department 테이블의 deptno 속성을 접근하는 외래키가 정의되고 있다. 이런 관계라면 emp_foreign 테이블을 정의하기 전에 department 테이블이 먼저 만들어져 있어야 한다는 의미이다. on delete와 on update 구문을 통해 참조하는 테이블의 변경을 반영하는 방법을 명세할 수 있다. 현재는 cascade로 설정되어 있으므로, 참조되는 테이블(department)의 변화가 참조하는 테이블(emp_foreign)에 연쇄적으로 반영된다.

외래키는 테이블 사이의 관계를 표현하는 방법으로, 참조되는 테이블의 기본 키 값 중 하나이거나 그렇지 않다면 널을 갖는다. 외래키가 갖추어야 할 무결성 조건을 참조 무결성이라고 하는데, 참조 무결성을 유지하기 위하여 MySQL에서는 cascade 외에도 아래와 같은 5가지 참조 옵션을 설정할 수 있다.

```
reference_option:
    RESTRICT | CASCADE | SET NULL | NO ACTION | SET DEFAULT
```

다음으로 create table로 속성을 생성할 때 유용하게 사용할 수 있는 auto_increment에 대하여 살펴보자. 이 절은 테이블에서 어떤 속성이 유일한 숫자 번호를 가질 때 자동으로 1씩 증가하는 값을 만들어 속성을 쉽게 생성하는 방법을 제공한다. 어떤 속성에 auto_increment를 사용할 때 주의할 점은 다음과 같다.

- **테이블당 하나의 속성만 auto_increment로 정의될 수 있다.**
- **해당 컬럼은 인덱스로 만들어져야 한다.**
- **Not null 제약을 가져야 한다.**
- **1부터 시작하여, 마지막에 삭제된 값은 재사용될 수 있다.**

auto increment를 사용하여 생성된 테이블의 속성을 살펴보자.

```
mysql> create table t (
    -> id int not null auto_increment,
    -> name char(10),
    -> primary key(id));
Query OK, 0 rows affected (0.07 sec)
```

위 테이블에서는 id 속성(기본 키)이 auto_increment로 설정되었다. 이 id 속성 값을 삽입하는 예가 아래에 기술되어 있다. id 위치에 0이나 NULL이 입력되어도 실제로는 1부터 시작하여 2, 3으로 자동 증가하는 값으로 생성된다.

```
mysql> insert into t values (0, "a"), (NULL, "b"), (0, "c");
Query OK, 3 rows affected (0.01 sec)
Records: 3  Duplicates: 0  Warnings: 0

mysql> select * from t;
+----+------+
| id | name |
+----+------+
|  1 | a    |
|  2 | b    |
|  3 | c    |
+----+------+
3 rows in set (0.00 sec)
```

아래 테이블 tt에서도 속성 c에 특별한 값을 입력하지 않아도 자동 증가되는 값이 입력됨을 확인할 수 있다.

```
mysql> create table tt (
    -> c char(10),
    -> i int auto_increment not null primary key);
Query OK, 0 rows affected (0.03 sec)

mysql> insert into tt(c) values ('a'), ('b'), ('c'), ('d'), ('e');
Query OK, 5 rows affected (0.02 sec)
Records: 5  Duplicates: 0  Warnings: 0

mysql> select * from tt;
+------+---+
| c    | i |
+------+---+
| a    | 1 |
| b    | 2 |
| c    | 3 |
| d    | 4 |
| e    | 5 |
+------+---+
5 rows in set (0.00 sec)
```

자동 증가되는 i 속성을 가진 튜플을 중간에서 삭제한다.

```
mysql> delete from tt where c in ('b', 'd');
Query OK, 2 rows affected (0.01 sec)
```

튜플을 삭제한 후의 결과이다.

```
mysql> select * from tt;
+------+---+
| c    | i |
+------+---+
| a    | 1 |
| c    | 3 |
| e    | 5 |
+------+---+
3 rows in set (0.00 sec)
```

중간에 사라진 튜플 값으로 인하여 자동 증가되는 값에 불규칙성이 생겼다. 이를 조정하기 위하여 update 명령어를 사용하여 값을 재순서화할 수도 있다.

```
mysql> insert into tt (c) values ('f'), ('g');
Query OK, 2 rows affected (0.00 sec)
Records: 2  Duplicates: 0  Warnings: 0

mysql> select * from tt;
+------+---+
| c    | i |
+------+---+
| a    | 1 |
| c    | 3 |
| e    | 5 |
| f    | 6 |
| g    | 7 |
+------+---+
5 rows in set (0.00 sec)
```

```
mysql> update tt set i=2 where c='a';
Query OK, 1 row affected (0.01 sec)
Rows matched: 1  Changed: 1  Warnings: 0

mysql> select * from tt;
+------+---+
| c    | i |
+------+---+
| a    | 2 |
| c    | 3 |
| e    | 5 |
| f    | 6 |
| g    | 7 |
+------+---+
5 rows in set (0.00 sec)
```

다음에서 기존의 기본 키와 속성 i를 삭제하고, 새로운 속성을 자동 증가하는 속성으로 추가하여 재순서화하였다.

```
mysql> alter table tt
    -> drop primary key,
    -> drop i,
    -> add i int not null auto_increment primary key,
    -> auto_increment=1;
Query OK, 0 rows affected (0.08 sec)
Records: 0  Duplicates: 0  Warnings: 0

mysql> select * from tt;
+------+---+
| c    | i |
+------+---+
| a    | 1 |
| c    | 2 |
| e    | 3 |
| f    | 4 |
| g    | 5 |
+------+---+
5 rows in set (0.00 sec)
```

3.1.2 create view

뷰는 기본 릴레이션으로부터 만들어지는 가상의 릴레이션이다. 뷰를 생성하는 문법은 다음과 같다.

```
CREATE
  [OR REPLACE]
  [ALGORITHM = {UNDEFINED | MERGE | TEMPTABLE}]
  [DEFINER = user]
  [SQL SECURITY { DEFINER | INVOKER }]
  VIEW view_name [(column_list)]
        AS select_statement
  [WITH [CASCADED | LOCAL] CHECK OPTION]
```

다음 예는 employee 테이블로부터 empname과 dno 속성만을 추출하여 뷰 emp_dno를 생성한 예이다.

```
mysql> create view emp_dno
    -> as select empname, dno
    -> from employee;
Query OK, 0 rows affected (0.01 sec)
```

기본 릴레이션을 기반으로 만들어지는 뷰는 릴레이션과 동일한 방법으로 다루어지므로, 기본 릴레이션 상에서 수행되는 다양한 연산들도 뷰 상에서 수행할 수 있다. 하지만, 우리가 뷰에서 반드시 알아야 할 사항 중 하나는 모든 뷰가 갱신가능하지 않다는 점이다. 뷰는 기본 릴레이션으로부터 만들어진 가상 릴레이션이므로 뷰에서 실행되는 각 질의들은 기본 릴레이션의 질의로 변환되어 실행된다. 따라서, 뷰에 기본 릴레이션의 기본 키 속성이 포함되어 있지 않다면 뷰에 레코드를 삽입하는 것은 기본 릴레이션의 개체 무결성에 위배되므로 실행 불가능하다. 이런 뷰를 "갱신 불가능한 뷰"라고 하는데, 다음 조건들이 포함될 때 뷰는 갱신 불가능하다.

- **뷰의 속성이 집단 함수로 만들어졌을 때**
- **distinct 구문으로 뷰가 만들어졌을 때**
- **group by나 having절로 뷰가 만들어졌을 때**
- **union이나 union all을 사용하여 뷰가 만들어졌을 때**
- **join 연산으로 뷰가 만들어졌을 때**

```
mysql> desc employee;
+----------+----------+------+-----+---------+-------+
| Field    | Type     | Null | Key | Default | Extra |
+----------+----------+------+-----+---------+-------+
| empno    | int(11)  | NO   | PRI | NULL    |       |
| empname  | char(10) | YES  |     | NULL    |       |
| title    | char(10) | YES  |     | NULL    |       |
| manager  | int(11)  | YES  |     | NULL    |       |
| dno      | int(11)  | YES  |     | NULL    |       |
+----------+----------+------+-----+---------+-------+
```

```
mysql> select * from employee;
+-------+---------+-------+---------+------+
| empno | empname | title | manager | dno  |
+-------+---------+-------+---------+------+
|   123 | 김창섭  | 대리  |     230 |    1 |
|   200 | 김민수  | 과장  |     300 |    2 |
|   300 | 이철수  | 사장  |    NULL |    3 |
+-------+---------+-------+---------+------+
```

employee 테이블은 속성 empno가 기본 키이고, 다른 몇 가지 속성을 추가로 가지고 있다. 만약 어떤 뷰 v1이 empno 속성을 포함하여 정의되었다면 v1에 대한 insert 명령어는 성공적으로 수행된다.

```
mysql> create view v1
    -> as select empno, dno
    -> from employee;
Query OK, 0 rows affected (0.01 sec)

mysql> create view v2
    -> as select empname, dno
    -> from employee;
Query OK, 0 rows affected (0.01 sec)

mysql> insert into v1 values (400, 4);
Query OK, 1 row affected (0.00 sec)

mysql> insert into v2 values ("박오랑", 4);
Query OK, 1 row affected, 1 warning (0.00 sec)

mysql> select * from employee;
+-------+---------+-------+---------+-----+
| empno | empname | title | manager | dno |
+-------+---------+-------+---------+-----+
|     0 | 박오랑  | NULL  |    NULL |   4 |
|   123 | 김창섭  | 대리  |     230 |   1 |
|   200 | 김민수  | 과장  |     300 |   2 |
|   300 | 이철수  | 사장  |    NULL |   3 |
|   400 | NULL    | NULL  |    NULL |   4 |
+-------+---------+-------+---------+-----+
5 rows in set (0.00 sec)
```

하지만 empno 속성을 포함하고 있지 않은 뷰 v2에 대한 insert 명령어는 정상적으로 수행되지 못하고 오류가 발생한다. v1이나 v2에 대한 insert 명령어는 실제로 employee에 대한 명령어로 변환되는데, 이 때 기본 키 속성이 포함되어 있지 않으면 기본 키가 Null이 되어 개체 무결성에 위배되기 때문이다. 실제로 v2에 대한 첫 번째 insert 명령어는 empno를 0으로 설정하면서 수행되나, 두 번째 insert 명령어는 기본 키 중복으로 인한 오류가 발생한다.

```
mysql> insert into v2 values ("홍길동", 2);
ERROR 1062 (23000): Duplicate entry '0' for key 'PRIMARY'
```

뷰에서 실행하는 갱신 명령어가 성공하지 못한다면 그 뷰는 갱신 불가능한 조건으로 생성된 뷰라고 할 수 있다.

3.1.3 create index

인덱스는 각 레코드들에 대한 포인터를 저장함으로써 데이터베이스에서 검색 속도를 향상시킬 수 있는 도구이다. MySQL에서는 테이블을 생성할 때 기본 키로 설정된 속성에는 기본 인덱스가 만들어진다. MySQL에서는 B-tree의 형태로 인덱스를 유지한다.

기본 인덱스 외, 별도로 인덱스를 생성하고 싶다면 create index 명령어를 사용하여 생성할 수 있다. create index 명령어의 기본 문법은 다음과 같다.

```
CREATE [UNIQUE | FULLTEXT | SPATIAL] INDEX index_name
    [index_type]
    ON tbl_name (key_part,...)
    [index_option]
    [algorithm_option | lock_option] ...
```

employee 테이블의 Dno와 Salary 속성에 복합 인덱스를 설정하고 싶다면 다음과 같은 명령어를 사용할 수 있다. DNO가 동일한 값을 가질 때 SALARY 순서로 정렬된 인덱스를 생성할 수 있다.

```
mysql> CREATE INDEX EmpIndex ON employee (DNO, SALARY);
```

3.1.4 create trigger

트리거는 데이터베이스와 연관된 객체로, 특정 이벤트가 발생하면 자동으로 활성화된다. 예를 들어, 컬럼 값이 입력될 때마다 컬럼 값의 합을 구한다거나 신입사원의 봉급이 일정 액수보다 적으면 봉급을 일정 비율만큼 조정할 수 있도록 설정할 수 있다. create trigger 명령어의 기본 문법은 다음과 같다.

```
CREATE
    [DEFINER = user]
    TRIGGER [IF NOT EXISTS] trigger_name
    trigger_time trigger_event
    ON tbl_name FOR EACH ROW
    [trigger_order]
    trigger_body

trigger_time: { BEFORE | AFTER }

trigger_event: { INSERT | UPDATE | DELETE }

trigger_order: { FOLLOWS | PRECEDES } other_trigger_name
```

이제 트리거를 하나 생성해보자. 아래 예제의 트리거 acc_sum은 account 테이블에 레코드가 삽입되기 전에 각 행들에 대하여 합을 계산하도록 설정된다. 임시로 사용할 sum 변수에 대하여 초기화를 하고 account 테이블에 레코드를 삽입하면, 자동으로 합이 계산되어 확인할 수 있다. 여기서 @sum은 MySQL에서 변수를 만드는 문장이다. 이렇게 만들어진 변수는 해당 세션 동안에만 값이 유지된다.

```
mysql> create table account (acc_num int, amount decimal(10,2));
Query OK, 0 rows affected (0.03 sec)

mysql> create trigger acc_sum before insert on account
    -> for each row set @sum=@sum+New.amount;
Query OK, 0 rows affected (0.01 sec)

mysql> set @sum=0;
Query OK, 0 rows affected (0.00 sec)

mysql> insert into account values (137, 13.98), (141, 1937.50), (97, -100.00);
Query OK, 3 rows affected (0.01 sec)
Records: 3  Duplicates: 0  Warnings: 0

mysql> select @sum as "총 잔액";
+----------+
| 총 잔액 |
+----------+
| 1851.48 |
+----------+
1 row in set (0.00 sec)
```

뒤에서 트리거를 삭제하기 위한 drop 명령어를 별도로 다룰 예정이지만, 트리거는 drop trigger 명령어로 삭제할 수 있다.

```
mysql> drop trigger acc_sum;
Query OK, 0 rows affected (0.01 sec)

mysql> show triggers;
Empty set (0.01 sec)
```

3.2 alter 명령어

alter는 이미 생성된 테이블이나 뷰의 구조를 수정할 수 있는 명령어이다. alter 명령어를 적용할 수 없는 인덱스나 뷰의 경우에는, drop 명령어로 삭제한 후 다시 생성해야 한다. 가장 많이 사용되는 alter table 명령어에 대하여 살펴본다. MySQL에서 alter 명령어를 적용할 수 있는 대상은 다음과 같다.

alter 명령어 적용 대상
database, event, function, procedure, server, table, tablespace

3.2.1 alter table

alter table 명령어의 형식은 다음과 같다.

```
ALTER [IGNORE] TABLE tbl_name
    [alter_specification [, alter_specification] ...]
```

위 형식에서 alter_specification에서 사용할 수 있는 명령어의 종류는 다음과 같다.

- add : 새로운 속성, 인덱스, 제약 조건의 삽입
- modify : 기존 속성의 타입을 변경하는 경우
- change : 기존 속성의 이름과 타입을 변경하는 경우
- alter : 디폴트 값을 가진 속성을 변경하는 경우
- drop : 기존 속성, 인덱스, 제약 조건, 외래키를 삭제하는 경우
- rename : 테이블의 이름을 바꾸는 경우

첫 번째로 add의 예를 살펴보자. 아래의 예에서는 employee 테이블에 tel 속성을 char(20) 타입으로 추가한다. 속성을 add (column)로 추가한 후 desc 명령어로 확인하면 추가된 컬럼을 확인할 수 있다.

```
mysql> alter table employee
    -> add column tel char(20);
Query OK, 0 rows affected (0.02 sec)
Records: 0  Duplicates: 0  Warnings: 0

mysql> desc employee;
+----------+----------+------+-----+---------+-------+
| Field    | Type     | Null | Key | Default | Extra |
+----------+----------+------+-----+---------+-------+
| empno    | int(11)  | NO   | PRI | NULL    |       |
| empname  | char(10) | YES  |     | NULL    |       |
| title    | char(10) | YES  |     | NULL    |       |
| manager  | int(11)  | YES  |     | NULL    |       |
| dno      | int(11)  | YES  |     | NULL    |       |
| tel      | char(20) | YES  |     | NULL    |       |
+----------+----------+------+-----+---------+-------+
6 rows in set (0.03 sec)
```

add column과 같은 alter 명령어를 사용한 후 새로 추가된 컬럼의 값은 어떻게 관리해야 하는지에 대하여 살펴보자. 아래 예에서는 테이블 product를 만들어 튜플 하나를 삽입한 후, pname 속성을 추가하였다. desc로 확인하면 추가된 속성을 확인할 수 있는데, 이 때 pname 속성은 어떤 값을 갖게 될까? 입력되지 않았으므로 첫 번째 튜플의 pname 속성은 Null 값을 갖는다. 이 널 값을 다른 값으로 수정하려면 어떤 명령어를 사용해야 할까? 이것은 DML 부분에서 다룰 문제이지만, insert가 아니라 update 명령어를 통해 Null 값을 다른 값으로 변경해야 한다는 점에 유의하자.

```
mysql> create table product (
    -> pnum int not null,
    -> weight float,
    -> import_date datetime,
    -> primary key(pnum));
Query OK, 0 rows affected (0.03 sec)
```

```
mysql> insert into product values (100, 23.2, '2021-2-23 00:00:00');
Query OK, 1 row affected (0.03 sec)

mysql> alter table product add column pname varchar(20);
Query OK, 0 rows affected (0.04 sec)
Records: 0  Duplicates: 0  Warnings: 0

mysql> desc product;
+-------------+-------------+------+-----+---------+-------+
| Field       | Type        | Null | Key | Default | Extra |
+-------------+-------------+------+-----+---------+-------+
| pnum        | int         | NO   | PRI | NULL    |       |
| weight      | float       | YES  |     | NULL    |       |
| import_date | datetime    | YES  |     | NULL    |       |
| pname       | varchar(20) | YES  |     | NULL    |       |
+-------------+-------------+------+-----+---------+-------+
4 rows in set (0.01 sec)
```

```
mysql> update product set pname="초코렛" where pnum=100;
Query OK, 1 row affected (0.02 sec)
Rows matched: 1  Changed: 1  Warnings: 0

mysql> select * from product;
+------+--------+---------------------+--------+
| pnum | weight | import_date         | pname  |
+------+--------+---------------------+--------+
|  100 |   23.2 | 2021-02-23 00:00:00 | 초코렛 |
+------+--------+---------------------+--------+
1 row in set (0.00 sec)

mysql> insert into product values (200, 1000, '2022-2-23 12:00:00', "화장지");
Query OK, 1 row affected (0.00 sec)

mysql> select * from product;
+------+--------+---------------------+--------+
| pnum | weight | import_date         | pname  |
+------+--------+---------------------+--------+
|  100 |   23.2 | 2021-02-23 00:00:00 | 초코렛 |
|  200 |   1000 | 2022-02-23 12:00:00 | 화장지 |
+------+--------+---------------------+--------+
2 rows in set (0.00 sec)
```

다음은 기존의 속성 타입을 수정하는 modify의 예이다. tel 속성을 char(20)에서 char(30)으로 변경하는 예이다. 역시 desc 명령어로 확인하면 수정된 타입을 확인할 수 있다.

```
mysql> alter table employee
    -> modify tel char(30);
Query OK, 0 rows affected (0.08 sec)
Records: 0  Duplicates: 0  Warnings: 0

mysql> desc employee;
+----------+----------+------+-----+---------+-------+
| Field    | Type     | Null | Key | Default | Extra |
+----------+----------+------+-----+---------+-------+
| empno    | int(11)  | NO   | PRI | NULL    |       |
| empname  | char(10) | YES  |     | NULL    |       |
| title    | char(10) | YES  |     | NULL    |       |
| manager  | int(11)  | YES  |     | NULL    |       |
| dno      | int(11)  | YES  |     | NULL    |       |
| tel      | char(30) | YES  |     | NULL    |       |
+----------+----------+------+-----+---------+-------+
6 rows in set (0.03 sec)
```

다음은 속성의 이름과 타입을 함께 수정하는 change (column) 명령어의 예이다. tel 속성의 이름을 phone으로 수정하고, 타입도 char(20)으로 변경한다.

```
mysql> alter table employee
    -> change column tel phone char(20);
Query OK, 0 rows affected (0.09 sec)
Records: 0  Duplicates: 0  Warnings: 0

mysql> desc employee;
+----------+----------+------+-----+---------+-------+
| Field    | Type     | Null | Key | Default | Extra |
+----------+----------+------+-----+---------+-------+
| empno    | int(11)  | NO   | PRI | NULL    |       |
| empname  | char(10) | YES  |     | NULL    |       |
| title    | char(10) | YES  |     | NULL    |       |
| manager  | int(11)  | YES  |     | NULL    |       |
| dno      | int(11)  | YES  |     | NULL    |       |
| phone    | char(20) | YES  |     | NULL    |       |
+----------+----------+------+-----+---------+-------+
6 rows in set (0.03 sec)
```

다음은 속성을 삭제하는 drop (column)의 예이다. phone 속성을 삭제한 후 desc 명령어로 변경된 부분을 확인하였다.

```
mysql> alter table employee
    -> drop column phone;
Query OK, 0 rows affected (0.01 sec)
Records: 0  Duplicates: 0  Warnings: 0

mysql> desc employee;
+---------+----------+------+-----+---------+-------+
| Field   | Type     | Null | Key | Default | Extra |
+---------+----------+------+-----+---------+-------+
| empno   | int(11)  | NO   | PRI | NULL    |       |
| empname | char(10) | YES  |     | NULL    |       |
| title   | char(10) | YES  |     | NULL    |       |
| manager | int(11)  | YES  |     | NULL    |       |
| dno     | int(11)  | YES  |     | NULL    |       |
+---------+----------+------+-----+---------+-------+
5 rows in set (0.03 sec)
```

다음은 테이블의 이름을 변경하는 rename의 예이다. employee 테이블의 이름은 두 번의 rename을 실행하여 원래대로 변경하였다.

```
mysql> alter table employee rename employeeee;
Query OK, 0 rows affected (0.02 sec)

mysql> alter table employeeee rename employee;
Query OK, 0 rows affected (0.02 sec)
```

3.3 drop 명령어

drop 명령어는 create 명령어를 통해 생성된 데이터베이스, 인덱스, 테이블, 뷰, 트리거 등을 삭제할 수 있는 명령어이다. MySQL에서 drop을 적용할 수 있는 대상은 다음과 같다.

drop 명령어 적용 대상
database, event, function, index, procedure, server, table, tablespace, trigger, view

3.3.1 drop table

drop table은 테이블 자체(스키마)를 삭제하는 명령어이다. drop table의 형식은 다음과 같다.

```
DROP [TEMPORARY] TABLE [IF EXISTS]
    tbl_name [, tbl_name] ...
    [RESTRICT | CASCADE]
```

drop 명령어를 실행하면 그 테이블은 더 이상 존재하지 않게 되므로, 주의하여 사용해야 한다.

이어서 인덱스, 뷰, 트리거 등을 삭제하는 형식은 다음과 같다.

```
DROP INDEX index_name ON tbl_name
    [algorithm_option | lock_option] ...

DROP VIEW [IF EXISTS]
    view_name [, view_name] ...
    [RESTRICT | CASCADE]

DROP TRIGGER [IF EXISTS] [schema_name.]trigger_name
```

제 4 장. DML

4.1 insert
4.2 select
4.3 집단 함수
4.4 updae
4.5 delete
4.6 연산자
4.7 시스템 정의 함수
4.8 조인
4.9 중첩 질의
4.10 저장 프로시저

제 4 장. DML

이 장에서는 DML에 대하여 설명한다. DML은 다른 부류의 명령어에 비하여 종류도 많고 변형도 많다. 또한 사용 빈도도 가장 높다. 우리가 흔히 데이터베이스 상에 수행하는 연산을 CRUD라고 한다. 이것은 Create, Read, Update, Delete를 의미하는데, Create는 3장에서 다뤘던 DDL에 해당하며, 나머지 세 개의 연산은 DML에 해당한다고 할 수 있다. 대표적으로 select 문은 다양한 변형으로 사용되므로 목적에 맞게 사용할 수 있도록 충분하게 익히는 것이 필요하다. MySQL에서 DML로 분류되는 명령어의 종류는 다음과 같다.

DML 명령어의 종류
call, delete, do, import table, insert, load data, replace, select, set operations, subqueries, update, union

이 중에서 가장 많이 사용되는 insert, select, update, delete, subquery 등의 명령어에 대하여 살펴보자.

4.1 insert

insert 명령어는 테이블에 레코드 인스턴스(행)를 삽입하는 명령어이다. 여기서 인스턴스라는 의미는 구조가 아니라 구체적인 값이라는 의미이다. create table 명령어로 테이블의 구조(스키마)를 생성했다면 구조에 맞는 구체적인 컬럼들의 값을 insert 명령어로 삽입할 수 있다. 예를 들어, 학생의 학번(id)이 char(8)의 "구조"를 갖는다면, 구체적인 "값"의 예는 "20241111"이 될 것이다.

insert 명령어는 크게 두 가지로 분류되는데, 테이블 전체 컬럼을 삽입하는 경우와 부분 컬럼을 삽입하는 경우로 나누어진다. insert 명령어의 형식은 다음과 같다.

```
INSERT [LOW_PRIORITY | DELAYED | HIGH_PRIORITY] [IGNORE]
    [INTO] tbl_name [(col_name,...)]
    {VALUES | VALUE} ({expr | DEFAULT},...),(...),...
    [ ON DUPLICATE KEY UPDATE
      col_name=expr
        [, col_name=expr] ... ]
```

Or:

```
INSERT [LOW_PRIORITY | DELAYED | HIGH_PRIORITY] [IGNORE]
    [INTO] tbl_name
    SET col_name={expr | DEFAULT}, ...
    [ ON DUPLICATE KEY UPDATE
      col_name=expr
        [, col_name=expr] ... ]
```

Or:

```
INSERT [LOW_PRIORITY | HIGH_PRIORITY] [IGNORE]
    [INTO] tbl_name [(col_name,...)]
    SELECT ...
    [ ON DUPLICATE KEY UPDATE
      col_name=expr
        [, col_name=expr] ... ]
```

다음 예는 department 테이블에 하나의 레코드를 삽입하는 예이다. create table로 구조가 정의된 department 테이블 이름 다음에 values(s에 유의한다.) 구문을 사용한 후, 속성의 개수만큼 값을 입력한다. 이 때 문자열 값의 경우에는 따옴표('' 또는 "")를 사용한다. 삽입한 튜플을 확인하기 위하여 select 문을 사용하였다. select 문의 문법에 대해서는 뒷부분에서 기술한다.

```
mysql> insert into department values (1, "개발", 3);
Query OK, 1 row affected (0.00 sec)

mysql> select * from department;
+--------+----------+-------+
| deptno | deptname | floor |
+--------+----------+-------+
|      1 | 개발     |     3 |
+--------+----------+-------+
1 row in set (0.00 sec)
```

연이어 department와 employee 테이블에 레코드를 추가로 삽입하는 예이다.

```
mysql> insert into department values (2, "홍보", 24);
Query OK, 1 row affected (0.00 sec)

mysql> select * from department;
+--------+----------+-------+
| deptno | deptname | floor |
+--------+----------+-------+
|      1 | 개발     |     3 |
|      2 | 홍보     |    24 |
+--------+----------+-------+
2 rows in set (0.00 sec)
mysql> insert into employee values (123, "김창섭", "대리", 230, 1);
Query OK, 1 row affected (0.01 sec)

mysql> select * from employee;
+-------+---------+-------+---------+------+
| empno | empname | title | manager | dno  |
+-------+---------+-------+---------+------+
|   123 | 김창섭  | 대리  |     230 |    1 |
+-------+---------+-------+---------+------+
1 row in set (0.00 sec)
```

다음 예는 하나의 insert 명령어로 여러 개의 레코드를 삽입하는 예이다. ()안에 기술된 여러 개의 값을 콤마로 구분하여 나열함으로써 동시에 여러 개의 레코드를 삽입할 수 있다.

```
mysql> insert into department values
    -> (3, "기획", 7),
    -> (4, "인사", 12);
Query OK, 2 rows affected (0.00 sec)
Records: 2  Duplicates: 0  Warnings: 0
```

department 테이블에 tel 컬럼을 추가한 후 일부 컬럼 값만 추가하는 예를 보자. alter table 명령어로 컬럼을 추가하였고, desc 명령어로 추가된 컬럼 이름과 타입을 확인하였다.

```
mysql> alter table department add column tel char(20);
Query OK, 0 rows affected (0.03 sec)
Records: 0  Duplicates: 0  Warnings: 0

mysql> desc department;
+----------+----------+------+-----+---------+-------+
| Field    | Type     | Null | Key | Default | Extra |
+----------+----------+------+-----+---------+-------+
| deptno   | int      | NO   | PRI | NULL    |       |
| deptname | char(10) | YES  |     | NULL    |       |
| floor    | int      | YES  |     | NULL    |       |
| tel      | char(20) | YES  |     | NULL    |       |
+----------+----------+------+-----+---------+-------+
4 rows in set (0.00 sec)
```

현재 department 테이블에는 총 4개의 컬럼이 있다. 이 중, deptno와 deptname 컬럼에만 값을 삽입하고 싶다면 values 구문 앞에 추가할 컬럼의 이름을 괄호 안에 명세한 후, values 구문에 값을 기술한다. 입력되지 않은 컬럼들에는 널 값이 입력된다. select 명령어의 결과에 마지막에 출력되는 레코드에 부분값이 삽입된 상태를 보인다.

```
mysql> insert department (deptno, deptname) values (5, "총무");
Query OK, 1 row affected (0.00 sec)

mysql> select * from department;
+--------+----------+-------+------+
| deptno | deptname | floor | tel  |
+--------+----------+-------+------+
|      1 | 개발     |     3 | NULL |
|      2 | 홍보     |    24 | NULL |
|      3 | 기획     |     7 | NULL |
|      4 | 인사     |    12 | NULL |
|      5 | 총무     |  NULL | NULL |
+--------+----------+-------+------+
5 rows in set (0.00 sec)
```

이 때 유의할 점이 있다. alter 명령어로 새롭게 추가된 tel 속성은 Null 값으로 보여지는데, 이 값을 정상적인 전화번호로 입력하고 싶다면 어떤 명령어를 사용해야 하는가? 이 때 초보자들은 insert 명령어를 사용하려고 시도할 것이다. 하지만 이렇게 하면 아래와 같은 오류 메시지를 만나게 된다.

```
mysql> insert into department (tel) values ("061-240-7262") where deptno=5;
ERROR 1064 (42000): You have an error in your SQL syntax; check the manual that corresponds
 to your MySQL server version for the right syntax to use near 'where deptno=5' at line 1
mysql>
```

해결 방법은 insert 명령어가 아니라 뒤에서 다룰 update 명령어를 사용해야 한다는 것이다. 이것은 현재 Null로 저장된 값을 다른 값으로 "바꾸는" 작업을 해야 하므로 insert 명령어가 아니라 기존의 값을 다른 값으로 변경하는 update 명령어를 사용해야 한다. insert 명령어는 아무 값도 입력되지 않은 튜플의 값을 처음으로 입력할 때 사용한다. update 명령어는 뒤에서 설명하겠지만, 일단 다음의 명령어로 Null로 설정되어 있는 전화번호를 임시로 바꿔보자. select 명령어를 통해 변경된 값들을 확인할 수 있다.

```
mysql> update department set tel="240-7111" where deptno=1;
Query OK, 1 row affected (0.00 sec)
Rows matched: 1  Changed: 1  Warnings: 0

mysql> update department set tel="240-7114" where deptno=2;
Query OK, 1 row affected (0.01 sec)
Rows matched: 1  Changed: 1  Warnings: 0

mysql> update department set tel="240-7115" where deptno=3;
Query OK, 1 row affected (0.01 sec)
Rows matched: 1  Changed: 1  Warnings: 0

mysql> update department set tel="240-7118" where deptno=4;
Query OK, 1 row affected (0.00 sec)
Rows matched: 1  Changed: 1  Warnings: 0

mysql> update department set tel="240-7200" where deptno=5;
Query OK, 1 row affected (0.01 sec)
Rows matched: 1  Changed: 1  Warnings: 0

mysql> select * from department;
+--------+----------+-------+----------+
| deptno | deptname | floor | tel      |
+--------+----------+-------+----------+
|      1 | 개발     |     3 | 240-7111 |
|      2 | 홍보     |    24 | 240-7114 |
|      3 | 기획     |     7 | 240-7115 |
|      4 | 인사     |    12 | 240-7118 |
|      5 | 총무     |  NULL | 240-7200 |
+--------+----------+-------+----------+
5 rows in set (0.00 sec)
```

4.2 select

select 명령어는 아마도 SQL 질의어 중에 가장 사용 빈도가 높다고 해도 과언이 아닌 명령어이다. 이미 앞의 예에서 사용한 경험이 있어 대충 무슨 기능을 수행하는지에 대해 이해가 있을 것이다. 먼저 select 명령어의 형식에 대하여 살펴보자.

```
SELECT
    [ALL | DISTINCT | DISTINCTROW ]
      [HIGH_PRIORITY]
      [STRAIGHT_JOIN]
      [SQL_SMALL_RESULT] [SQL_BIG_RESULT] [SQL_BUFFER_RESULT]
      [SQL_CACHE | SQL_NO_CACHE] [SQL_CALC_FOUND_ROWS]
    select_expr [, select_expr ...]
    [FROM table_references
    [WHERE where_condition]
    [GROUP BY {col_name | expr | position}
      [ASC | DESC], ... [WITH ROLLUP]]
    [HAVING where_condition]
    [ORDER BY {col_name | expr | position}
      [ASC | DESC], ...]
    [LIMIT {[offset,] row_count | row_count OFFSET offset}]
    [PROCEDURE procedure_name(argument_list)]
    [INTO OUTFILE 'file_name' export_options
      | INTO DUMPFILE 'file_name'
      | INTO var_name [, var_name]]
    [FOR UPDATE | LOCK IN SHARE MODE]]
```

select는 하나나 그 이상의 테이블로부터 특정 행이나 컬럼을 검색하여 출력하는 명령어이다. 검색을 위해 기본적으로 테이블 이름(from)과 조건(where)을 명세하고, 집단 함수를 위한 그룹화, 정렬, 보여질 행 수의 제한, 검색 결과를 파일에 출력하는 등의 기능을 수행할 수 있다. 먼저, 가장 기본적인 명령어 유형을 살펴본다.

흔히들 select 명령어를 select-from-where 구조라고 한다. select 다음에 '*' 기호를 사용하면 행 전체의 속성을 검색하게 되며, 검색할 속성 이름들을 기술하면 기술된 속성들만 검색한다. from절 다음에는 검색할 테이블 이름을 기술하며, where절 다음에는 검색할 조건을 명세한다.

```
select 검색할 속성명
from 테이블명
where 검색 조건;
```

department 테이블로부터 모든 속성들을 검색한 결과는 다음과 같다.

```
mysql> select * from department;
+--------+----------+-------+----------+
| deptno | deptname | floor | tel      |
+--------+----------+-------+----------+
|      1 | 개발     |     3 | 240-7111 |
|      2 | 홍보     |    24 | 240-7114 |
|      3 | 기획     |     7 | 240-7115 |
|      4 | 인사     |    12 | 240-7118 |
|      5 | 총무     |  NULL | 240-7200 |
+--------+----------+-------+----------+
5 rows in set (0.00 sec)
```

department 테이블로부터 부서 이름(deptname) 속성만 검색한 결과는 다음과 같다.

```
mysql> select deptname from department;
+----------+
| deptname |
+----------+
| 개발     |
| 홍보     |
| 기획     |
| 인사     |
| 총무     |
+----------+
5 rows in set (0.00 sec)
```

department 테이블로부터 부서 이름과 전화번호(tel) 속성을 검색한 결과는 다음과 같다.

```
mysql> select deptname, tel from department;
+----------+----------+
| deptname | tel      |
+----------+----------+
| 개발     | 240-7111 |
| 홍보     | 240-7114 |
| 기획     | 240-7115 |
| 인사     | 240-7118 |
| 총무     | 240-7200 |
+----------+----------+
5 rows in set (0.00 sec)
```

- **select-from-where**

이번에는 where절 다음에 검색에 포함될 조건을 명세해보자. 부서 이름이 “개발”인 행에 대하여 deptname과 tel 속성을 검색하였다.

```
mysql> select deptname, tel from department
    -> where deptname="개발";
+----------+----------+
| deptname | tel      |
+----------+----------+
| 개발     | 240-7111 |
+----------+----------+
1 row in set (0.00 sec)
```

다음에 실행할 예제들을 위하여 employee 테이블을 준비하자. 필요하다면 create table, insert 명령어를 사용하여 다음과 같은 상태로 만들어보자.

```
mysql> select * from employee;
+-------+---------+-------+---------+---------+------+
| empno | empname | title | manager | salary  | dno  |
+-------+---------+-------+---------+---------+------+
|  1003 | 조민희  | 과장  |    4377 | 3000000 |    2 |
|  1365 | 김상원  | 사원  |    3426 | 1500000 |    1 |
|  2106 | 김창섭  | 대리  |    1003 | 2500000 |    2 |
|  3011 | 이수민  | 부장  |    4377 | 4000000 |    3 |
|  3426 | 박영권  | 과장  |    4377 | 3000000 |    1 |
|  3427 | 최종철  | 사원  |    3011 | 1500000 |    3 |
|  4377 | 이성래  | 사장  |    4377 | 5000000 |    2 |
+-------+---------+-------+---------+---------+------+
7 rows in set (0.00 sec)
```

- **group by**

group by는 명세된 컬럼으로 행들을 그룹화하기 위하여 사용한다. 행들을 그룹화한 후 적용할 수 있는 함수를 집단·함수(aggregate function)라고 한다. 예를 들어, 동일한 값으로 그룹화된 행들을 대상으로, 합, 평균, 최대값, 최소값 등을 구하는 함수이다. 아래 예에서는 employee 테이블의 행들을 부서 번호(dno)별로 그룹화하고, 각 그룹에 대하여 봉급(salary)의 평균을 구하였다.

```
mysql> select dno, avg(salary) from employee
    -> group by dno;
+------+--------------+
| dno  | avg(salary)  |
+------+--------------+
|    2 | 3500000.0000 |
|    1 | 2250000.0000 |
|    3 | 2750000.0000 |
+------+--------------+
3 rows in set (0.00 sec)
```

MySQL에서 지원하는 집단 함수는 다음과 같다. 집단 함수를 사용한 예에 대해서는 4.3절에서 기술한다.

Name	Description
AVG()	Return the average value of the argument
BIT_AND()	Return bitwise AND
BIT_OR()	Return bitwise OR
BIT_XOR()	Return bitwise XOR
COUNT()	Return a count of the number of rows returned
COUNT(DISTINCT)	Return the count of a number of different values
GROUP_CONCAT()	Return a concatenated string
JSON_ARRAYAGG()	Return result set as a single JSON array
JSON_OBJECTAGG()	Return result set as a single JSON object
MAX()	Return the maximum value
MIN()	Return the minimum value
STD()	Return the population standard deviation
STDDEV()	Return the population standard deviation
STDDEV_POP()	Return the population standard deviation
STDDEV_SAMP()	Return the sample standard deviation
SUM()	Return the sum
VAR_POP()	Return the population standard variance
VAR_SAMP()	Return the sample variance
VARIANCE()	Return the population standard variance

[MySQL의 집단 함수]

- **group by와 having**

group by절을 사용하여 그룹화를 할 때, 검색 결과에 포함될 조건을 명세하고 싶다면 where 절이 아니라 having절을 사용해야 한다. 다시 말해, having 절은 그룹에 적용할 조건을 명세하는데 사용된다. 다음 예에서는 부서별 평균 봉급을 검색하되, 평균 봉급이 3백만원 이상인 조건을 만족하는 그룹에 대해서만 결과에 출력하는 질의를 보여주고 있다. 질의에서 group by를 사용할 때 필요한 조건의 명세는 where절이 아니라 having절에 작성해야 한다.

```
mysql> select dno, avg(salary) from employee
    -> group by dno
    -> having avg(salary)>3000000;
+-------+---------------+
| dno   | avg(salary)   |
+-------+---------------+
|     2 | 3500000.0000  |
+-------+---------------+
1 row in set (0.00 sec)
```

- **order by**

다음으로 검색한 튜플들을 정렬하는 방법에 대하여 기술한다. 정렬을 위해서는 정렬 기준(속성)과 정렬 방법(오름차순, 내림차순)을 결정해야 한다. 예를 들어, 학생 테이블을 이름순(정렬 기준)으로 오름차순 정렬할 수 있다. 정렬 방법은 오름차순이면 asc(ascending), 내림차순이면 desc(descending)로 기술할 수 있으나 기본이 오름차순이므로 asc는 생략할 수 있다.

다음의 예는 employee 테이블에서 부서 번호(dno)를 기준으로 오름차순 정렬한 예이다. 보다 정확한 질의는 "select * from employee order by dno asc;"이다. 두 번째 예는 사원 이름순으로 오름차순 정렬한 예이다.

```
mysql> select * from employee order by dno;
+-------+---------+-------+---------+---------+-----+
| empno | empname | title | manager | salary  | dno |
+-------+---------+-------+---------+---------+-----+
|  1365 | 김상원  | 사원  |    3426 | 1500000 |   1 |
|  3426 | 박영권  | 과장  |    4377 | 3000000 |   1 |
|  1003 | 조민희  | 과장  |    4377 | 3000000 |   2 |
|  2106 | 김창섭  | 대리  |    1003 | 2500000 |   2 |
|  4377 | 이성래  | 사장  |    4377 | 5000000 |   2 |
|  3011 | 이수민  | 부장  |    4377 | 4000000 |   3 |
|  3427 | 최종철  | 사원  |    3011 | 1500000 |   3 |
+-------+---------+-------+---------+---------+-----+
7 rows in set (0.00 sec)

mysql> select * from employee order by empname;
+-------+---------+-------+---------+---------+-----+
| empno | empname | title | manager | salary  | dno |
+-------+---------+-------+---------+---------+-----+
|  1365 | 김상원  | 사원  |    3426 | 1500000 |   1 |
|  2106 | 김창섭  | 대리  |    1003 | 2500000 |   2 |
|  3426 | 박영권  | 과장  |    4377 | 3000000 |   1 |
|  4377 | 이성래  | 사장  |    4377 | 5000000 |   2 |
|  3011 | 이수민  | 부장  |    4377 | 4000000 |   3 |
|  1003 | 조민희  | 과장  |    4377 | 3000000 |   2 |
|  3427 | 최종철  | 사원  |    3011 | 1500000 |   3 |
+-------+---------+-------+---------+---------+-----+
7 rows in set (0.00 sec)
```

내림차순 정렬의 경우에는 정렬 기준 다음에 "desc"를 반드시 명세해야 한다. 다음 예에서는 부서 번호 순으로 내림차순 정렬한 결과를 보여주고 있다.

```
mysql> select * from employee order by dno desc;
+-------+---------+-------+---------+---------+-----+
| empno | empname | title | manager | salary  | dno |
+-------+---------+-------+---------+---------+-----+
|  3011 | 이수민  | 부장  |    4377 | 4000000 |   3 |
|  3427 | 최종철  | 사원  |    3011 | 1500000 |   3 |
|  1003 | 조민희  | 과장  |    4377 | 3000000 |   2 |
|  2106 | 김창섭  | 대리  |    1003 | 2500000 |   2 |
|  4377 | 이성래  | 사장  |    4377 | 5000000 |   2 |
|  1365 | 김상원  | 사원  |    3426 | 1500000 |   1 |
|  3426 | 박영권  | 과장  |    4377 | 3000000 |   1 |
+-------+---------+-------+---------+---------+-----+
7 rows in set (0.00 sec)
```

한글은 영문과 문자셋이 달라서 SQL 명령어를 적용할 때 영문과 결과가 다른 경우가 있어 주의를 기울여야 한다. 다음은 한글 값을 가진 컬럼에 대하여 정렬을 적용한 예이다. 문제없이 작동하고 있음을 확인할 수 있다.

```
mysql> select * from employee order by title;
+-------+---------+-------+---------+---------+-----+
| empno | empname | title | manager | salary  | dno |
+-------+---------+-------+---------+---------+-----+
|  1003 | 조민희  | 과장  |    4377 | 3000000 |   2 |
|  3426 | 박영권  | 과장  |    4377 | 3000000 |   1 |
|  2106 | 김창섭  | 대리  |    1003 | 2500000 |   2 |
|  3011 | 이수민  | 부장  |    4377 | 4000000 |   3 |
|  1365 | 김상원  | 사원  |    3426 | 1500000 |   1 |
|  3427 | 최종철  | 사원  |    3011 | 1500000 |   3 |
|  4377 | 이성래  | 사장  |    4377 | 5000000 |   2 |
+-------+---------+-------+---------+---------+-----+
7 rows in set (0.00 sec)

mysql> select * from employee order by binary(title);
+-------+---------+-------+---------+---------+-----+
| empno | empname | title | manager | salary  | dno |
+-------+---------+-------+---------+---------+-----+
|  1003 | 조민희  | 과장  |    4377 | 3000000 |   2 |
|  3426 | 박영권  | 과장  |    4377 | 3000000 |   1 |
|  2106 | 김창섭  | 대리  |    1003 | 2500000 |   2 |
|  3011 | 이수민  | 부장  |    4377 | 4000000 |   3 |
|  1365 | 김상원  | 사원  |    3426 | 1500000 |   1 |
|  3427 | 최종철  | 사원  |    3011 | 1500000 |   3 |
|  4377 | 이성래  | 사장  |    4377 | 5000000 |   2 |
+-------+---------+-------+---------+---------+-----+
7 rows in set, 1 warning (0.00 sec)
```

정렬할 때 두 가지 이상의 기준으로 정렬을 해야 하는 경우도 있다. 예를 들어,

학생(stud) 테이블의 튜플들을 학과(depart) 순으로 먼저 정렬하고, 동일한 학과 안에서는 다시 이름(name) 순으로 정렬하고 싶을 때가 있다. 이런 경우에는 다음과 같은 질의를 사용할 수 있다. 주의할 점은 내림차순 정렬인 경우에는 desc를 생략하지 않고 기술해야 한다는 점이다.

```
# 학과순 오름차순, 학생 이름순 오름차순
mysql> select depart, name from stud order by depart, name;

# 학과순 오름차순, 학생 이름순 내림차순
mysql> select depart, name from stud order by depart, name desc;

# 학과순 내림차순, 학생 이름순 내림차순
mysql> select depart, name from stud order by depart desc, name desc;
```

- **limit**

limit는 select의 결과로 출력되는 튜플의 수를 제한하는 명령어이다. 때로, select의 결과가 너무 길거나, 관심 있는 튜플이 전체가 아닐 때 출력되는 튜플의 수나 범위를 제한할 수 있다. 이 때 limit절을 사용하여 출력될 튜플의 수를 제한할 수 있다

첫 번째 예처럼 봉급을 기준으로 오름차순 정렬 후 한 개의 튜플만 출력하면 월급을 가장 적게 받는 사원의 정보를 출력할 수 있고, 봉급을 기준으로 내림차순 정렬 후 한 개의 튜플만 출력하면 월급을 가장 많이 받는 사원의 정보를 출력하는 효과를 낼 수 있다.

```
mysql> select * from employee order by salary limit 1;
+-------+---------+-------+---------+---------+-----+
| empno | empname | title | manager | salary  | dno |
+-------+---------+-------+---------+---------+-----+
|  1365 | 김상원  | 사원  |    3426 | 1500000 |   1 |
+-------+---------+-------+---------+---------+-----+
1 row in set (0.02 sec)

mysql> select * from employee order by salary asc limit 1;
+-------+---------+-------+---------+---------+-----+
| empno | empname | title | manager | salary  | dno |
+-------+---------+-------+---------+---------+-----+
|  1365 | 김상원  | 사원  |    3426 | 1500000 |   1 |
+-------+---------+-------+---------+---------+-----+
1 row in set (0.00 sec)
```

```
mysql> select * from employee order by salary desc limit 1
    -> ;
+-------+---------+-------+---------+---------+------+
| empno | empname | title | manager | salary  | dno  |
+-------+---------+-------+---------+---------+------+
|  4377 | 이성래  | 사장  |    4377 | 5000000 |    2 |
+-------+---------+-------+---------+---------+------+
1 row in set (0.00 sec)
```

만약 tbl 테이블의 6번째부터 15번째까지의 레코드만 검색하고 싶다면 다음과 같은 질의를 작성한다.

mysql> SELECT * FROM tbl LIMIT 5,10; # 6번째부터 10개의 레코드 검색

- **alias**

alias는 테이블 이름에 대한 별칭을 설정한다. 질의를 작성할 때 테이블의 이름이 너무 길면 작성하는데 시간이 많이 걸리거나, 오타로 인하여 오류가 발생할 수 있다. 이를 위하여 질의를 간단하게 하기 위해 테이블 이름에 대한 별칭을 사용한다.

아래의 예처럼 from절에 "employee as emp"라고 사용하면 계속되는 질의에서 employee 대신 emp를 사용할 수 있다. 그래서 where 절에 emp.title이라는 표현이 나타나는데, 이것은 실제로 employee.title 속성을 의미하게 된다. 특히, alias는 다른 테이블에 동일한 이름의 속성이 존재하는 경우, '.' 연산자로 속성의 소속을 명확하게 표현하는데 유용하게 사용된다.

```
mysql> select * from employee as emp
    -> where emp.title="사원";
+-------+---------+-------+---------+---------+------+
| empno | empname | title | manager | salary  | dno  |
+-------+---------+-------+---------+---------+------+
|  1365 | 김상원  | 사원  |    3426 | 1500000 |    1 |
|  2987 | 홍길동  | 사원  |    4377 | 1500000 |    4 |
|  3427 | 최종철  | 사원  |    3011 | 1500000 |    3 |
+-------+---------+-------+---------+---------+------+
3 rows in set (0.00 sec)
```

● **like**

like은 문자열 연산을 위한 방법을 제공한다. 튜플을 검색할 때 특정 문자열이 포함된 레코드들만 검색해야 하는 경우에 where절에서 like을 사용한다. 정확히 사원 이름이 "홍길동"인 튜플만 검색하고 싶다면 where empname="홍길동";으로 작성하면 된다. like은 어떤 부분 문자열을 포함하고 있거나, 특정 문자열로 시작하거나, 특정 문자열이 포함되어 있는 질의를 작성할 때 사용한다.

이를 위하여 두 개의 문자열 연산자('%', '_')를 사용한다. '%'는 0글자 이상의 임의의 문자열과 매칭되며, '_'는 정확히 한 글자의 임의의 문자와 매칭된다. 두 개의 연산자를 조합하여 다양한 문자열 패턴을 표현할 수 있다.

첫 번째 예에서 사용한 패턴은 "김%"이다. 이 패턴의 의미는 사원의 이름이 "김"으로 시작하고, 다음엔 몇 글자가 되어도 상관없는 이름들이 있는 레코드들을 검색한다. '%'가 0글자 이상을 의미하므로, 어떤 사원의 이름이 "김"으로만 되어 있어도 검색에 포함된다. 자연스럽게 표현한다면 김씨 성을 가진 사원들을 검색하는 질의로 해석할 수 있다.

```
mysql> select * from employee where empname like "김%";
+-------+---------+-------+---------+---------+-----+
| empno | empname | title | manager | salary  | dno |
+-------+---------+-------+---------+---------+-----+
|  1365 | 김상원  | 사원  |    3426 | 1500000 |   1 |
|  2106 | 김창섭  | 대리  |    1003 | 2500000 |   2 |
+-------+---------+-------+---------+---------+-----+
2 rows in set (0.01 sec)
```

다음은 '_'연산자를 사용한 예이다. '_'는 정확히 한 글자에 해당하는 패턴이므로 "김_"의 의미는 총 두 글자로 구성된 이름을 가진 사원 중, 김으로 시작하는 즉, 성이 김이고 이름이 한 글자인 사원의 정보를 검색하게 된다.

```
mysql> select * from employee where empname like '김_';
Empty set (0.00 sec)

mysql> select * from employee where empname like '김%';
+-------+---------+-------+---------+---------+-----+
| empno | empname | title | manager | salary  | dno |
+-------+---------+-------+---------+---------+-----+
|  1365 | 김상원  | 사원  |    3426 | 1500000 |   1 |
|  2106 | 김창섭  | 대리  |    1003 | 2500000 |   2 |
+-------+---------+-------+---------+---------+-----+
2 rows in set (0.00 sec)
```

다음 예에서는 '_' 연산자를 두 번 사용한 예와, % 연산자를 문자열의 뒤에서 사용한 예를 보여준다. 만약에 '%장%'와 같은 패턴을 사용한다면 문자열의 중간에 '장'을 포함한 속성들을 검색할 수 있다. '_' 연산자와 '%' 연산자를 조합한다면 다양한 패턴을 가진 문자열들을 검색할 수 있다.

```
mysql> select * from employee where empname like '김__'
+-------+---------+-------+---------+---------+-----+
| empno | empname | title | manager | salary  | dno |
+-------+---------+-------+---------+---------+-----+
|  1365 | 김상원  | 사원  |    3426 | 1500000 |   1 |
|  2106 | 김창섭  | 대리  |    1003 | 2500000 |   2 |
+-------+---------+-------+---------+---------+-----+
2 rows in set (0.00 sec)

mysql> select * from employee where title like '%장';
+-------+---------+-------+---------+---------+-----+
| empno | empname | title | manager | salary  | dno |
+-------+---------+-------+---------+---------+-----+
|  1003 | 조민희  | 과장  |    4377 | 3000000 |   2 |
|  3011 | 이수민  | 부장  |    4377 | 4000000 |   3 |
|  3426 | 박영권  | 과장  |    4377 | 3000000 |   1 |
|  4377 | 이성래  | 사장  |    4377 | 5000000 |   2 |
+-------+---------+-------+---------+---------+-----+
4 rows in set (0.00 sec)
```

- **distinct**

distinct절은 중복되지 않은 상이한 값만을 검색의 결과로 포함시킬 때 사용한다. 따라서 select title과 select distinct title은 결과가 다를 수 있다.

```
mysql> select title from employee;
+--------+
| title |
+--------+
| 과장  |
| 사원  |
| 대리  |
| 사원  |
| 부장  |
| 과장  |
| 사원  |
| 과장  |
| 사장  |
+--------+
9 rows in set (0.00 sec)
```

```
mysql> select distinct title from employee;
+--------+
| title |
+--------+
| 과장  |
| 사원  |
| 대리  |
| 부장  |
| 사장  |
+--------+
5 rows in set (0.00 sec)
```

4.3 집단 함수

집단 함수(aggregate functions)는 몇 개의 그룹화된 튜플을 대상으로 기능을 수행하는 함수를 말한다. 합을 구하거나 평균을 구하는 일은 여러 개의 튜플이 있어야 가능하다. 이런 함수를 집단 함수라고 하는데, 여기서는 평균을 구하는 avg(), 최소/최대값을 구하는 min(), max(), 레코드의 수를 세는 count() 함수의 사용 예를 보인다.

- **avg()**

부서 번호별 봉급의 평균을 구하는 집단 함수 avg()의 예이다. as를 사용하여 출력되는 결과의 타이틀을 변경하였다.

```
mysql> select dno, avg(salary) as "평균봉급"
    -> from employee
    -> group by dno;
+------+---------------+
| dno  | 평균봉급      |
+------+---------------+
|    1 | 2250000.0000 |
|    2 | 3500000.0000 |
|    3 | 2750000.0000 |
|    4 | 1500000.0000 |
|    5 | 3100000.0000 |
+------+---------------+
5 rows in set (0.00 sec)
```

- **min(), max()**

최솟값 min()과 최댓값 max() 함수의 예이다. 정렬이나 그룹화를 하지 않아도 간단하게 최소, 최대값을 찾을 수 있다.

```
mysql> select min(salary) from employee;
+-------------+
| min(salary) |
+-------------+
|     1500000 |
+-------------+
1 row in set (0.00 sec)

mysql> select max(salary) from employee;
+-------------+
| max(salary) |
+-------------+
|     5000000 |
+-------------+
1 row in set (0.00 sec)
```

- **count()**

count()는 사용 빈도가 높은 집단 함수의 하나이다. 이 함수는 결과에 포함된 값의 갯수를 계산하여 돌려준다. 다음의 두 가지 형식으로 사용될 수 있다.

COUNT(DISTINCT)	Return the count of a number of different values
COUNT()	Return a count of the number of rows returned

employee와 department 테이블의 상태가 다음과 같을 때 count() 함수의 실행 예는 다음과 같다.

```
mysql> select * from employee;
+-------+----------+-------+---------+---------+------+------------+
| empno | empname  | title | manager | salary  | dno  | start_date |
+-------+----------+-------+---------+---------+------+------------+
|  1003 | 조민희   | 과장  |    4377 | 3000000 |    2 | 2021-03-02 |
|  1365 | 김상원   | 사원  |    3426 | 1500000 |    1 | 2021-03-02 |
|  2106 | 김창섭   | 대리  |    1003 | 2500000 |    2 | 2021-03-02 |
|  3011 | 이수민   | 부장  |    4377 | 4000000 |    3 | 2001-09-12 |
|  3426 | 박영권   | 과장  |    4377 | 3000000 |    1 | 2021-03-02 |
|  3427 | 최종철   | 사원  |    3011 | 1500000 |    3 | 2020-04-05 |
|  3827 | 유진초이 | 과장  |    4377 | 3100000 |    5 | 2021-03-02 |
|  4377 | 이성래   | 사장  |    4377 | 5900000 |    2 | 2021-03-02 |
+-------+----------+-------+---------+---------+------+------------+
8 rows in set (0.00 sec)
```

```
mysql> select * from department;
+--------+----------+-------+----------+
| deptno | deptname | floor | tel      |
+--------+----------+-------+----------+
|      1 | 개발     |     3 | 240-7111 |
|      2 | 홍보     |    24 | 240-7114 |
|      3 | 기획     |     7 | 240-7115 |
|      4 | 인사     |    12 | 240-7118 |
|      5 | 총무     |  NULL | 240-7200 |
+--------+----------+-------+----------+
5 rows in set (0.00 sec)
```

다음 예에서는 employee 테이블과 department 테이블의 총 튜플 수를 출력하였다. count(*)에서 '*'는 전체를 의미한다. 두 번째 예에서는 as를 사용하여 출력 결과의 타이틀을 변경하였다.

```
mysql> select count(*) from employee;
+----------+
| count(*) |
+----------+
|        8 |
+----------+
1 row in set (0.00 sec)
```

```
mysql> select count(*) as "튜플수" from department;
+--------+
| 튜플수 |
+--------+
|      5 |
+--------+
1 row in set (0.00 sec)
```

count() 함수를 사용할 때 where 절에서 특정 조건을 명세하면, 조건을 만족하는 튜플들만 검색하여 수를 반환한다. 아래 예에서는 직급이 "사원"인 조건을 만족하는 튜플의 수만 검색하였고, floor 속성의 수를 검색한 결과를 보여주고 있다.

```
mysql> select count(*) as "사원수"
    -> from employee
    -> where title="사원";
+--------+
| 사원수 |
+--------+
|      2 |
+--------+
1 row in set (0.00 sec)
```

```
mysql> select count(floor) from department;
+--------------+
| count(floor) |
+--------------+
|            4 |
+--------------+
1 row in set (0.00 sec)
```

4.4 update

이 절에서는 insert 명령어를 통해 삽입된 테이블 인스턴스 값을 다른 값으로 변경하기 위한 update 명령어에 대하여 살펴본다. update 명령어의 형식은 다음과 같다. 튜플의 값을 변경하기 위해서는 테이블 이름과 바꿀 속성, 그리고 변경할 속성 값이 필요하다. 추가로 order by나 limit를 함께 사용할 수 있다.

```
UPDATE [LOW_PRIORITY] [IGNORE] table_reference
    SET col_name1={expr1|DEFAULT} [, col_name2={expr2|DEFAULT}] ...
    [WHERE where_condition]
    [ORDER BY ...]
    [LIMIT row_count]
```

employee 테이블에서 4377 사원의 월급을 수정해보자. 다음과 같이 update 명령어를 실행하면 오류가 발생한다.

```
mysql> update employee set salary=6999999 where empno=4377;
ERROR 3819 (HY000): Check constraint 'employee_chk_1' is violated.
mysql>
```

이는 테이블을 생성할 때 설정한 무결성 조건에 위배되었기 때문이다. 3장에서 employee 테이블은 다음과 같은 명령어로 생성되었다.

```
mysql> create table emp_foreign (
    -> empno int not null,
    -> empname char(10) unique,
    -> title char(10) default '사원',
    -> manager int,
    -> salary int check(salary <6000000),
    -> dno int default 1,
    -> primary key (empno),
    -> foreign key (manager) references emp_foreign(empno),
    -> foreign key (dno) references department(deptno)
    -> on delete cascade on update cascade);
Query OK, 0 rows affected (0.06 sec)
```

위 명령어에서 봉급(salary) 속성은 600만원을 넘을 수 없도록 제한되어 있다. 따라서 update 명령어를 통해 사장의 월급을 600만원 이상으로 수정하려면 오류가 발생한다. 이 오류를 피하려면 salary 값을 600만원보다 적게 설정하면 된다.

```
mysql> update employee set salary=5900000 where empno=4377;
Query OK, 1 row affected (0.00 sec)
Rows matched: 1  Changed: 1  Warnings: 0

mysql> select * from employee;
+-------+----------+-------+---------+---------+-----+------------+
| empno | empname  | title | manager | salary  | dno | start_date |
+-------+----------+-------+---------+---------+-----+------------+
|  1003 | 조민희   | 과장  |    4377 | 3000000 |   2 | 2021-03-02 |
|  1365 | 김상원   | 사원  |    3426 | 1500000 |   1 | 2021-03-02 |
|  2106 | 김창섭   | 대리  |    1003 | 2500000 |   2 | 2021-03-02 |
|  2987 | 홍길동   | 사원  |    4377 | 1500000 |   4 | 2021-03-02 |
|  3011 | 이수민   | 부장  |    4377 | 4000000 |   3 | 2001-09-12 |
|  3426 | 박영권   | 과장  |    4377 | 3000000 |   1 | 2021-03-02 |
|  3427 | 최종철   | 사원  |    3011 | 1500000 |   3 | 2020-04-05 |
|  3827 | 유진초이 | 과장  |    4377 | 3100000 |   5 | 2021-03-02 |
|  4377 | 이성래   | 사장  |    4377 | 5900000 |   2 | 2021-03-02 |
+-------+----------+-------+---------+---------+-----+------------+
9 rows in set (0.00 sec)
```

update 명령어를 사용할 때 where절을 생략하면 테이블의 모든 튜플이 수정 대상이 된다는 점에 유의하기 바란다.

4.5 delete

delete 명령어는 튜플을 삭제하는 명령어이다. 튜플을 삭제하기 위해서는 테이블 이름과 삭제할 튜플을 명세할 조건이 필요하다. delete 명령어의 형식은 다음과 같다.

```
DELETE [LOW_PRIORITY] [QUICK] [IGNORE] FROM tbl_name
    [WHERE where_condition]
    [ORDER BY ...]
    [LIMIT row_count]
```

delete 명령어를 실행하기 전에 테이블의 상태는 다음과 같다.

```
mysql> select * from employee;
+-------+----------+-------+---------+---------+------+
| empno | empname  | title | manager | salary  | dno  |
+-------+----------+-------+---------+---------+------+
|  1003 | 조민희   | 과장  |    4377 | 3000000 |    2 |
|  1365 | 김상원   | 사원  |    3426 | 1500000 |    1 |
|  2106 | 김창섭   | 대리  |    1003 | 2500000 |    2 |
|  2987 | 홍길동   | 사원  |    4377 | 1500000 |    4 |
|  3011 | 이수민   | 부장  |    4377 | 4000000 |    3 |
|  3426 | 박영권   | 과장  |    4377 | 3000000 |    1 |
|  3427 | 최종철   | 사원  |    3011 | 1500000 |    3 |
|  3827 | 유진초이 | 과장  |    4377 | 3100000 |    5 |
|  4377 | 이성래   | 사장  |    4377 | 5000000 |    2 |
+-------+----------+-------+---------+---------+------+
9 rows in set (0.00 sec)
```

사원의 이름이 "홍길동"인 튜플을 삭제하는 명령어이다. where 절에 사원의 이름 조건을 명세하였다.

```
mysql> delete from employee where empname="홍길동";
Query OK, 1 row affected (0.00 sec)

mysql> select * from employee;
+-------+----------+-------+---------+---------+------+
| empno | empname  | title | manager | salary  | dno  |
+-------+----------+-------+---------+---------+------+
|  1003 | 조민희   | 과장  |    4377 | 3000000 |    2 |
|  1365 | 김상원   | 사원  |    3426 | 1500000 |    1 |
|  2106 | 김창섭   | 대리  |    1003 | 2500000 |    2 |
|  3011 | 이수민   | 부장  |    4377 | 4000000 |    3 |
|  3426 | 박영권   | 과장  |    4377 | 3000000 |    1 |
|  3427 | 최종철   | 사원  |    3011 | 1500000 |    3 |
|  3827 | 유진초이 | 과장  |    4377 | 3100000 |    5 |
|  4377 | 이성래   | 사장  |    4377 | 5000000 |    2 |
+-------+----------+-------+---------+---------+------+
8 rows in set (0.00 sec)
```

delete 명령어를 사용할 때 where 절을 생략하면 어떻게 될까? 테이블의 모든 튜플이 삭제되므로 매우 주의해야 한다. 애쓰고 입력한 모든 인스턴스들이 삭제되므로 사용에 주의를 요한다. delete 명령어로 모든 튜플이 사라진다고 해도 테이블의 구조(스키마)는 남는다. 즉, 테이블의 cardinality가 0이 될 뿐, degree까지 0이 되지는 않는다. 테이블을 구조까지 완전히 삭제하고 싶을 때는 drop table 명령어를 사용한다.

4.6 연산자

이 절에서는 MySQL의 연산자들에 대한 사용 예를 보인다. MySQL이 지원하는 연산자 목록은 2장에서 다루었다. +, −와 같이 직관적으로 이해할 수 있는 연산자들은 제외하고, 특징적인 몇 가지 연산자들의 사용 예를 다루고자 한다.

4.6.1 논리 연산자

논리 연산자 and는 두 개 이상이 조건이 동시에 만족되어야 할 때 사용한다. MySQL은 대소문자를 구분하지 않으므로 영문으로 “and”, “AND”와 같이 사용하여도 되고, 기호로 “&&”를 사용하여도 된다.

아래 예에서는 직원의 직급이 “사원”인 조건과 근무부서 번호가 1번인 조건을 만족하는 직원의 데이터를 검색하였다.

```
mysql> select * from employee where title="사원" and dno=1;
+-------+---------+-------+---------+---------+-----+
| empno | empname | title | manager | salary  | dno |
+-------+---------+-------+---------+---------+-----+
|  1365 | 김상원  | 사원  |    3426 | 1500000 |   1 |
+-------+---------+-------+---------+---------+-----+
1 row in set (0.00 sec)
```

논리 연산자 OR는 두 개 이상의 조건 중 하나만 만족하면 출력에 포함된다. 아래 예에서는 직원이 근무부서 번호가 1번이거나 2번인 직원들의 데이터를 검색하였다.

```
mysql> select * from employee where dno=1 or dno=2;
+-------+---------+-------+---------+---------+-----+
| empno | empname | title | manager | salary  | dno |
+-------+---------+-------+---------+---------+-----+
|  1365 | 김상원  | 사원  |    3426 | 1500000 |   1 |
|  3426 | 박영권  | 과장  |    4377 | 3000000 |   1 |
|  1003 | 조민희  | 과장  |    4377 | 3000000 |   2 |
|  2106 | 김창섭  | 대리  |    1003 | 2500000 |   2 |
|  4377 | 이성래  | 사장  |    4377 | 5000000 |   2 |
+-------+---------+-------+---------+---------+-----+
```

4.6.2 관계 연산자

관계 연산자는 값들의 크기를 비교하는 연산자이다. 크다, 작다와 같이 직관적으로 이해가 가능한 연산자 외에, 같다(equal)와 같지 않다(not equal)를 표현하는 연산자는 프로그래밍 언어별로 연산자가 조금씩 다르므로 주의가 필요하다. MySQL에서 동등을 의미하는 연산자는 '='를 사용하여, 이는 할당 연산자와 동일하다. 문맥에 따라 동등과 할당의 의미를 구분한다. 같지 않다는 의미하는 연산자로 '<>'나 '!='를 사용한다. 아래 예는 '<>'를 사용하여 근무부서가 1번이 아닌 직원들의 데이터를 검색하였다.

```
mysql> select * from employee where dno<>1;
+-------+----------+-------+---------+---------+-----+
| empno | empname  | title | manager | salary  | dno |
+-------+----------+-------+---------+---------+-----+
|  1003 | 조민희   | 과장  |    4377 | 3000000 |   2 |
|  2106 | 김창섭   | 대리  |    1003 | 2500000 |   2 |
|  2987 | 홍길동   | 사원  |    4377 | 1500000 |   4 |
|  3011 | 이수민   | 부장  |    4377 | 4000000 |   3 |
|  3427 | 최종철   | 사원  |    3011 | 1500000 |   3 |
|  3827 | 유진초이 | 과장  |    4377 | 3100000 |   5 |
|  4377 | 이성래   | 사장  |    4377 | 5000000 |   2 |
+-------+----------+-------+---------+---------+-----+
7 rows in set (0.00 sec)
```

4.6.3 집합 연산자

MySQL에서 집합 연산자는 유용하게 사용된다. 대표적으로 in()과 union 연산자에 대하여 살펴본다.

• **집합 연산자 : in()**

```
mysql> select * from employee where dno in(1, 2, 3);
+-------+---------+-------+---------+---------+-----+
| empno | empname | title | manager | salary  | dno |
+-------+---------+-------+---------+---------+-----+
|  1365 | 김상원  | 사원  |    3426 | 1500000 |   1 |
|  3426 | 박영권  | 과장  |    4377 | 3000000 |   1 |
|  1003 | 조민희  | 과장  |    4377 | 3000000 |   2 |
|  2106 | 김창섭  | 대리  |    1003 | 2500000 |   2 |
|  4377 | 이성래  | 사장  |    4377 | 5000000 |   2 |
|  3011 | 이수민  | 부장  |    4377 | 4000000 |   3 |
|  3427 | 최종철  | 사원  |    3011 | 1500000 |   3 |
+-------+---------+-------+---------+---------+-----+
7 rows in set (0.00 sec)
```

집합 연산자 in은 어떤 속성이 여러 개의 값 중 하나에 있는지 검색할 수 있다. 위의 예처럼 사용하면 dno 속성이 1이거나, 2이거나, 3에 해당하는 튜플들을 검색할 수 있다. 따라서 in 연산자는 다음과 같이 논리 or 연산을 사용하여 동일한 의미를 표현할 수 있다.

- **in() 연산자를 대체하는 or 연산자**

```
mysql> select * from employee
    -> where dno=1 or dno=2 or dno=3;
+-------+---------+-------+---------+---------+-----+
| empno | empname | title | manager | salary  | dno |
+-------+---------+-------+---------+---------+-----+
|  1365 | 김상원  | 사원  |    3426 | 1500000 |   1 |
|  3426 | 박영권  | 과장  |    4377 | 3000000 |   1 |
|  1003 | 조민희  | 과장  |    4377 | 3000000 |   2 |
|  2106 | 김창섭  | 대리  |    1003 | 2500000 |   2 |
|  4377 | 이성래  | 사장  |    4377 | 5000000 |   2 |
|  3011 | 이수민  | 부장  |    4377 | 4000000 |   3 |
|  3427 | 최종철  | 사원  |    3011 | 1500000 |   3 |
+-------+---------+-------+---------+---------+-----+
7 rows in set (0.01 sec)
```

- **union**

합집합을 의미하는 union 연산은 두 개의 select 연산의 결과 테이블을 합집합하여 하나의 테이블로 합치는 기능을 한다. 다음의 union 연산자의 형식에서 보는 것처럼 union 연산자는 (두 개의) select문 사이에서 사용한다.

```
SELECT ...
UNION [ALL | DISTINCT] SELECT ...
[UNION [ALL | DISTINCT] SELECT ...]
```

UNION is used to combine the result from multiple SELECT statements into a single result set.

MySQL의 이론적 배경이 되는 관계 대수에서는 두 개의 테이블이 합집합이 가능하기 위해서는 “합집합 호환”이 되어야 한다고 정의한다. 두 테이블이 합집합 호환이 되려면, 테이블들의 차수(degree)가 같아야 하고, 각 속성의 도메인이 동일해야 한다.

다음의 예에서 첫 번째 select 문에서는 사원 번호가 1003인 직원의 직원 번호를 검색하고, 두 번째 select문에서는 사원 이름이 “홍길동”인 사원의 직원 번호를 검색한다. 이 두 select의 결과 테이블은 합집합 호환이 되므로, union 연산자로 합집합이 가능하다.

```
mysql> select empno from employee where empno=1003
    -> union
    -> select empno from employee where empname="홍길동";
+--------+
| empno |
+--------+
|  1003 |
|  2987 |
+--------+
2 rows in set (0.00 sec)
```

다음의 예도 동일한 원리로 수행가능하다.

```
mysql> select empname, empno from employee where empno=1003
    -> union
    -> select empname, empno from employee where empname="홍길동";
+----------+--------+
| empname | empno |
+----------+--------+
| 조민희   |  1003 |
| 홍길동   |  2987 |
+----------+--------+
2 rows in set (0.00 sec)
```

4.6.4 between ~ and

between~and는 어떤 속성이 범위 값을 가질 때 간결하게 표현할 수 있다. 이 연산자가 없다면 1과 100 사이를 표현하려면, 1보다 크거나 같고, 100보다 작거나 같다를 관계 연산자와 논리 AND를 사용하여 표현해야 한다.

```
mysql> select empname, salary
    -> from employee
    -> where salary between 3000000 and 5000000;
+----------+---------+
| empname  | salary  |
+----------+---------+
| 조민희   | 3000000 |
| 이수민   | 4000000 |
| 박영권   | 3000000 |
| 유진초이 | 3100000 |
+----------+---------+
4 rows in set (0.01 sec)
```

위의 예에서는 사원의 봉급이 300만원과 500만원 사이임을 between~and를 사용하여 표현하였다. 이 때 사용되는 값들은 등호가 포함되어 있는 것으로 해석하여 300만원과 500만원도 검색 결과에 포함된다.

4.6.5 is null, is not null

MySQL에서 어떤 속성이 Null일 때 이 값을 Null과 동등하다는 의미를 표현하기 위해서는 '=' 연산자를 사용하지 않는다. 예를 들어 is null이나 Null이 아닐 때는 is not null을 사용하여 표현한다.

```
mysql> select * from department;
+--------+----------+-------+----------+
| deptno | deptname | floor | tel      |
+--------+----------+-------+----------+
|      1 | 개발     |     3 | 240-7111 |
|      2 | 홍보     |    24 | 240-7114 |
|      3 | 기획     |     7 | 240-7115 |
|      4 | 인사     |    12 | 240-7118 |
|      5 | 총무     |  NULL | 240-7200 |
+--------+----------+-------+----------+
5 rows in set (0.01 sec)
```

위 테이블에서 5번 부서의 floor 속성이 Null이다. floor 속성이 Null인 튜플의 부서 이름을 검색하기 위해 '=' 연산자를 사용하면 결과는 정상적이지 않다. 즉, Null 값은 동등 연산자로 판별되지 않는다.

```
mysql> select deptname from department where floor=NULL;
Empty set (0.00 sec)
```

이번에는 is null과 is not null 연산자를 사용하여 다음과 같이 작성한 질의는 정상적으로 작동함을 확인할 수 있다. 어떤 컬럼 값이 Null과 같음을 식으로 표현하고 싶을 때는 반드시 is null 연산자를 사용하자.

```
mysql> select deptname from department where floor is null;
+----------+
| deptname |
+----------+
| 총무     |
+----------+
1 row in set (0.00 sec)
```

```
mysql> select deptname from department where floor is not null;
+-----------+
| deptname |
+-----------+
| 개발      |
| 홍보      |
| 기획      |
| 인사      |
+-----------+
4 rows in set (0.00 sec)
```

4.7 시스템 정의 함수

이 절에서는 MySQL이 제공하는 다양한 시스템 정의 함수에 대하여 살펴본다. 시스템 정의 함수는 이름과 적절한 매개변수를 전달하는 것만으로 그 기능을 수행할 수 있다. 주로 많이 사용하는 문자열 함수와 수학 함수, 그리고 날짜와 시간에 관련된 함수들을 살펴본다.

4.7.1 문자열 함수

MySQL에는 많은 종류의 문자열 함수가 존재한다. 모든 함수를 모두 나열하기는 어려운만큼, 문자열의 길이를 구하는 length() 함수와 문자열 비교를 위한 strcmp() 함수에 대하여 기술한다.

- **length()**

일반적으로 문자열의 길이는 문자열을 구성하는 문자가 차지하는 메모리 바이트 수에 따라 다르게 판별한다. 예를 들어, 한 글자당 1바이트 차지하는 영문 3글자와 길이와 한 글자당 2(또는 3)바이트를 차지하는 한글 3글자의 길이는 다르다고 판별한다. 여기서 애매모호함은 문자열의 길이를 메모리에서 차지하는 바이트 수로 판단할지, 알파벳의 수로 판단할지에 따라 문자열의 길이는 달라질 수 있다는 것이다. 이를 위해 MySQL에서는 문자열의 길이 판별을 위한 두 개의 함수를 제공한다.

length(str) 함수는 str이 차지하는 메모리 바이트 수로 길이를 측정한다. 한 글자가 여러 바이트를 차지하는 문자열은 글자 수에 바이트 수를 곱해야 한다.

char_length(str) 함수는 문자열에 포함된 글자의 수로 문자열의 길이를 판별한다. 한 글자가 여러 바이트를 차지하더라도 한 글자로 판단한다.

영문 한 글자는 메모리 1바이트를 차지하고, 한글 한 글자는 메모리 2바이트를 차지하도록 인코딩되었을 때 length() 함수의 결과는 다음과 같다.

```
mysql> select length("abcd");
+----------------+
| length("abcd") |
+----------------+
|              4 |
+----------------+
1 row in set (0.00 sec)
```

```
mysql> select length("김치연");
+------------------+
| length("김치연") |
+------------------+
|                6 |
+------------------+
1 row in set (0.00 sec)
```

한 글자가 2바이트를 차지하는 한글에 char_length() 함수를 적용하면 결과는 다음과 같다.

```
mysql> select char_length("김치연");
+-----------------------+
| char_length("김치연") |
+-----------------------+
|                     3 |
+-----------------------+
1 row in set (0.00 sec)
```

이 결과는, 특히 한글의 경우, 어떤 인코딩 방식을 사용하느냐에 따라 메모리에서 차지하는 바이트 수가 달라지기 때문에, 문자의 인코딩 방식을 확인할 필요가 있다. MySQL에서 문자 인코딩 방식에 따른 바이트 수는 다음 표와 같다.

Character Set	Supported Characters	Required Storage Per Character
utf8mb3, utf8	BMP only	1, 2, or 3 bytes
ucs2	BMP only	2 bytes
utf8mb4	BMP and supplementary	1, 2, 3, or 4 bytes
utf16	BMP and supplementary	2 or 4 bytes
utf16le	BMP and supplementary	2 or 4 bytes
utf32	BMP and supplementary	4 bytes

[인코딩 방식에 따른 바이트 수]

현재 사용하는 서버에서 어떤 인코딩 방식을 허용하는지 확인하고 싶다면 다음과 같은 show 명령어를 사용하여 확인할 수 있다. (결과 중략)

```
mysql> show character set;
+----------+-----------------------------+---------------------+--------+
| Charset  | Description                 | Default collation   | Maxlen |
+----------+-----------------------------+---------------------+--------+
| big5     | Big5 Traditional Chinese    | big5_chinese_ci     |      2 |
| dec8     | DEC West European           | dec8_swedish_ci     |      1 |
| cp850    | DOS West European           | cp850_general_ci    |      1 |
| hp8      | HP West European            | hp8_english_ci      |      1 |
| koi8r    | KOI8-R Relcom Russian       | koi8r_general_ci    |      1 |
| latin1   | cp1252 West European        | latin1_swedish_ci   |      1 |
| latin2   | ISO 8859-2 Central European | latin2_general_ci   |      1 |
| swe7     | 7bit Swedish                | swe7_swedish_ci     |      1 |
| ascii    | US ASCII                    | ascii_general_ci    |      1 |
| ujis     | EUC-JP Japanese             | ujis_japanese_ci    |      3 |
| sjis     | Shift-JIS Japanese          | sjis_japanese_ci    |      2 |
| hebrew   | ISO 8859-8 Hebrew           | hebrew_general_ci   |      1 |
| tis620   | TIS620 Thai                 | tis620_thai_ci      |      1 |
| euckr    | EUC-KR Korean               | euckr_korean_ci     |      2 |
```

마지막으로 한글을 위한 인코딩 방식을 확인해보자. 현재 저자가 사용하는 서버의 한글 인코딩은 euckr 방식을 사용하고 있어서 한글 한 글자당 2바이트를 차지함을 확인할 수 있다. 하지만 utf8 방식을 사용한다면 한글 한 글자가 3바이트를 차지할 수도 있다.

```
mysql> show character set where description like '%korean%';
+---------+---------------+-------------------+--------+
| Charset | Description   | Default collation | Maxlen |
+---------+---------------+-------------------+--------+
| euckr   | EUC-KR Korean | euckr_korean_ci   |      2 |
+---------+---------------+-------------------+--------+
1 row in set (0.00 sec)
```

- **strcmp()**

strcmp() 함수는 문자열 비교를 위한 함수이다. 다른 고급 언어들에서도 동일한 기능을 하는 함수들을 제공하고 있는데, 결과 값의 표현 방법에 유의한다. 두 개의 문자열을 비교하면 동일하지 않다면, 사전순으로 크거나 작다는 결과가 나온다. MySQL의 strcmp() 함수는 두 문자열이 동일한 경우의 결과는 0이고, 크거나 작다면 1이나 -1의 결과가 나온다. 다음을 참고하자.

```
mysql> SELECT STRCMP('text', 'text2');
        -> -1
mysql> SELECT STRCMP('text2', 'text');
        -> 1
mysql> SELECT STRCMP('text', 'text');
        -> 0
```

strcmp() 함수의 기능을 예제를 통해 확인해보자.

```
mysql> select strcmp("kim", "kim");
+----------------------+
| strcmp("kim", "kim") |
+----------------------+
|                    0 |
+----------------------+
1 row in set (0.00 sec)

mysql> select strcmp("kim", "Kim");
+----------------------+
| strcmp("kim", "Kim") |
+----------------------+
|                    0 |
+----------------------+
1 row in set (0.00 sec)
```

```
mysql> select strcmp("kim", "abc");
+----------------------+
| strcmp("kim", "abc") |
+----------------------+
|                    1 |
+----------------------+
1 row in set (0.00 sec)

mysql> select strcmp("abc", "kim");
+----------------------+
| strcmp("abc", "kim") |
+----------------------+
|                   -1 |
+----------------------+
1 row in set (0.00 sec)
```

위의 결과에서 특이한 점은 영문 대소문자는 다르다고 판별하지 않는다는 점이다. 즉, 'k'와 'K"는 동일하다고 판별한다. 'k'로 시작하는 문자열과 'a'로 시작하는 문자열의 비교는 'k'가 사전 순에서 더 뒤에 있기 때문에 1의 결과가 나오고, 반대로 비교하면 -1의 결과가 나옴을 확인할 수 있다.

4.7.2 숫자 함수

이 절에서는 MySQL에서 지원하는 숫자와 관련된 수학 함수에 대하여 기술한다. MySQL에서 지원하는 숫자와 관련한 함수들의 종류는 많다. 다음 표는 알파벳 순으로 나열된 함수 목록의 일부이다.

ABS()	Return the absolute value
ACOS()	Return the arc cosine
ASIN()	Return the arc sine
ATAN()	Return the arc tangent
ATAN2(), ATAN()	Return the arc tangent of the two arguments
CEIL()	Return the smallest integer value not less than the argument
CEILING()	Return the smallest integer value not less than the argument
CONV()	Convert numbers between different number bases
COS()	Return the cosine

[숫자 함수의 예]

이 중 주로 몇 개 함수에 대한 예를 보인다.

- **sqrt(), ceil(), floor(), round()**

제곱근을 구하는 sqrt() 함수의 예이다.

```
mysql> select sqrt(5);
+------------------+
| sqrt(5)          |
+------------------+
| 2.23606797749979 |
+------------------+
1 row in set (0.00 sec)
```

다음은 올림을 수행하는 ceil() 함수의 예이다.

```
mysql> select ceil(3.114);
+-------------+
| ceil(3.114) |
+-------------+
|           4 |
+-------------+
1 row in set (0.00 sec)
```

다음은 버림(floor())과 반올림(round()) 함수의 예이다.

```
mysql> select floor(3.114);
+--------------+
| floor(3.114) |
+--------------+
|            3 |
+--------------+
1 row in set (0.00 sec)
```

```
mysql> select floor(3.514);
+--------------+
| floor(3.514) |
+--------------+
|            3 |
+--------------+
1 row in set (0.00 sec)
```

```
mysql> select round(3.514);
+--------------+
| round(3.514) |
+--------------+
|            4 |
+--------------+
1 row in set (0.00 sec)
```

4.7.3 날짜/시간 함수

날짜와 시간을 다루는 함수들 중 몇 가지 함수를 소개한다.

- **now(), curdate(), curtime()**

현재의 날짜와 시간을 알려주는 함수는 now()이다. 현재 날짜와 시간 중 날짜만 출력하는 함수는 curdate()이고, 시간만 출력하는 함수는 curtime()이다.

```
mysql> select now();
+---------------------+
| now()               |
+---------------------+
| 2022-04-13 14:12:51 |
+---------------------+
1 row in set (0.00 sec)
```

```
mysql> select curdate();
+------------+
| curdate()  |
+------------+
| 2022-04-13 |
+------------+
1 row in set (0.00 sec)
```

```
mysql> select curtime();
+-----------+
| curtime() |
+-----------+
| 14:13:04  |
+-----------+
1 row in set (0.00 sec)
```

- **month(), year()**

현재 날짜에서 년도와 월만 추출할 수도 있다. year() 함수와 month() 함수를 사용하면 된다.

```
mysql> select year(now());
+-------------+
| year(now()) |
+-------------+
|        2022 |
+-------------+
1 row in set (0.00 sec)
```

```
mysql> select month(now());
+--------------+
| month(now()) |
+--------------+
|            4 |
+--------------+
1 row in set (0.00 sec)
```

• **makedate()**

다음으로 현재의 날짜와 시간이 아니라, 특정 년도의 날짜와 시간 값을 저장하기 위해 사용하는 함수로 makedate() 함수가 있다 makedate() 함수의 매개변수는 년도(year)와 해당 년도의 날짜에 해당하는 날 수(dayofyear)이다. 두 번째 매개변수는 평년의 1월 1일을 1로 시작하여, 12월 31일을 365로 계산할 때 해당하는 날짜의 날 수이다. 다음은 makedate() 함수의 형식이다.

MAKEDATE(*year*,*dayofyear*)

Returns a date, given year and day-of-year values. *dayofyear* must be greater than 0 or the result is NULL.

```
mysql> SELECT MAKEDATE(2011,31), MAKEDATE(2011,32);
        -> '2011-01-31', '2011-02-01'
mysql> SELECT MAKEDATE(2011,365), MAKEDATE(2014,365);
        -> '2011-12-31', '2014-12-31'
mysql> SELECT MAKEDATE(2011,0);
        -> NULL
```

날짜 속성을 다뤄보기 위해 employee 테이블의 구조를 수정해보자. (다음은 employee 테이블에 alter table add 명령어를 사용하여 start_date 속성을 추가한 결과이다.)

```
mysql> desc employee;
+------------+-------------+------+-----+---------+-------+
| Field      | Type        | Null | Key | Default | Extra |
+------------+-------------+------+-----+---------+-------+
| empno      | int         | NO   | PRI | NULL    |       |
| empname    | varchar(15) | YES  | UNI | NULL    |       |
| title      | varchar(10) | YES  |     | 사원    |       |
| manager    | int         | YES  | MUL | NULL    |       |
| salary     | int         | YES  |     | NULL    |       |
| dno        | int         | YES  | MUL | 1       |       |
| start_date | date        | YES  |     | NULL    |       |
+------------+-------------+------+-----+---------+-------+
7 rows in set (0.01 sec)
```

employee 테이블에 start_date 속성을 추가하게 되면 값이 있는 튜플들에서 start_date 속성만 Null 값으로 저장되어 있다. 이를 update 명령어로 수정해보자.

makedate(2014, 364)를 사용했으므로 (2014년도는 윤년이 아니다), 12월 30일이 일괄적으로 저장되었다.

```
mysql> update employee set start_date=makedate(2014, 364);
Query OK, 1 row affected (0.01 sec)
Rows matched: 9  Changed: 1  Warnings: 0

mysql> select * from employee;
+-------+----------+-------+---------+---------+------+------------+
| empno | empname  | title | manager | salary  | dno  | start_date |
+-------+----------+-------+---------+---------+------+------------+
|  1003 | 조민희   | 과장  |    4377 | 3000000 |    2 | 2014-12-30 |
|  1365 | 김상원   | 사원  |    3426 | 1500000 |    1 | 2014-12-30 |
|  2106 | 김창섭   | 대리  |    1003 | 2500000 |    2 | 2014-12-30 |
|  3011 | 이수민   | 부장  |    4377 | 4000000 |    3 | 2014-12-30 |
|  3426 | 박영권   | 과장  |    4377 | 3000000 |    1 | 2014-12-30 |
|  3427 | 최종철   | 사원  |    3011 | 1500000 |    3 | 2014-12-30 |
|  3827 | 유진조이 | 과장  |    4377 | 3100000 |    5 | 2014-12-30 |
|  4377 | 이성래   | 사장  |    4377 | 5900000 |    2 | 2014-12-30 |
|  7890 | 스폰지밥 | 사원  |    NULL |    NULL |    1 | 2014-12-30 |
+-------+----------+-------+---------+---------+------+------------+
9 rows in set (0.00 sec)
```

이렇게 일괄적으로 수정된 날짜의 특정 튜플만 다른 날짜(2021-03-02)로 변경해보자. 이 예제를 통해 이해해야 하는 부분은 "년-월-일"로 구성된 날짜를 속성 값으로 입력할 때는, 따옴표를 사용하여 문자열로 다루면 된다는 점이다.

```
mysql> update employee set start_date="2021-03-02" where empno=2106;
Query OK, 1 row affected (0.01 sec)
Rows matched: 1  Changed: 1  Warnings: 0

mysql> select * from employee;
+-------+----------+-------+---------+---------+------+------------+
| empno | empname  | title | manager | salary  | dno  | start_date |
+-------+----------+-------+---------+---------+------+------------+
|  1003 | 조민희   | 과장  |    4377 | 3000000 |    2 | 2014-12-30 |
|  1365 | 김상원   | 사원  |    3426 | 1500000 |    1 | 2014-12-30 |
|  2106 | 김창섭   | 대리  |    1003 | 2500000 |    2 | 2021-03-02 |
|  3011 | 이수민   | 부장  |    4377 | 4000000 |    3 | 2014-12-30 |
|  3426 | 박영권   | 과장  |    4377 | 3000000 |    1 | 2014-12-30 |
|  3427 | 최종철   | 사원  |    3011 | 1500000 |    3 | 2014-12-30 |
|  3827 | 유진조이 | 과장  |    4377 | 3100000 |    5 | 2014-12-30 |
|  4377 | 이성래   | 사장  |    4377 | 5900000 |    2 | 2014-12-30 |
|  7890 | 스폰지밥 | 사원  |    NULL |    NULL |    1 | 2014-12-30 |
+-------+----------+-------+---------+---------+------+------------+
9 rows in set (0.00 sec)
```

4.8 join

join 명령어는 연관 있는 두 개 이상의 테이블로부터 데이터를 검색할 때 사용하는 명령어이다. 지금까지의 명령어들은 모두 하나의 테이블로부터 데이터를 검색하거나 수정, 삭제하는 명령어들이었으나, join 명령어는 조인 속성을 기준으로 두 개 이상의 테이블을 참조하여 원하는 데이터를 검색할 수 있다. 먼저, join 명령어의 형식은 다음과 같다.

```
SELECT
    [ALL | DISTINCT | DISTINCTROW ]
    [HIGH_PRIORITY]
    [STRAIGHT_JOIN]
    [SQL_SMALL_RESULT] [SQL_BIG_RESULT] [SQL_BUFFER_RESULT]
    [SQL_NO_CACHE] [SQL_CALC_FOUND_ROWS]
    select_expr [, select_expr] ...
    [into_option]
    [FROM table_references

joined_table: {
    table_reference {[INNER | CROSS] JOIN | STRAIGHT_JOIN} table_factor [join_specification]
  | table_reference {LEFT|RIGHT} [OUTER] JOIN table_reference join_specification
  | table_reference NATURAL [INNER | {LEFT|RIGHT} [OUTER]] JOIN table_factor
}

join_specification: {
    ON search_condition
  | USING (join_column_list)
}
```

조인 명령어는 select 명령어의 from절 다음에 table reference를 사용하는 방법에 따라 결정된다. 지금까지의 명령어들은 from절에 나열되는 테이블의 수가 하나였으나, 조인을 수행하려면 from절 다음에 연관 있는 테이블이 두 개 이상 나열된다.

조인 명령어의 형식에서 알 수 있는 것은 조인의 종류이다. inner 조인, cross 조인, 왼쪽/오른쪽 외부(outer)조인, 자연 조인 등이 가장 많이 사용되는 조인의 종류이다. 다양한 조인의 간단한 특징은 다음과 같다.

- Inner join : 두 테이블에 동일한 속성이 있으면, 자연 조인과 동일하다. 동등 조인

을 위해 조인 속성을 기술한다.

- Outer join : 외부 조인 (왼쪽 외부 조인, 오른쪽 외부 조인)
- Cross join : 카티션곱과 결과가 동일하다.
- Natural join : 두 테이블에 동일한 속성이 있을 때만 실행. 조인 속성을 기술하지 않는다.

다양한 조인 명령어의 예를 살펴보면 다음과 같다.

```
SELECT * FROM table1, table2;

SELECT * FROM table1 INNER JOIN table2 ON table1.id = table2.id;

SELECT * FROM table1 LEFT JOIN table2 ON table1.id = table2.id;

SELECT * FROM table1 LEFT JOIN table2 USING (id);

SELECT * FROM table1 LEFT JOIN table2 ON table1.id = table2.id
  LEFT JOIN table3 ON table2.id = table3.id;
```

각 조인 명령어를 구체적으로 살펴보기 전에 조인에 필요한 테이블을 준비하자. employee 테이블과 department 테이블의 상태가 다음과 같다고 가정한다.

- **employee 테이블의 상태**

```
mysql> select * from employee;
+-------+----------+-------+---------+---------+-----+------------+
| empno | empname  | title | manager | salary  | dno | start_date |
+-------+----------+-------+---------+---------+-----+------------+
|  1003 | 조민희   | 과장  |    4377 | 3000000 |   2 | 2021-03-02 |
|  1365 | 김상원   | 사원  |    3426 | 1500000 |   1 | 2021-03-02 |
|  2106 | 김창섭   | 대리  |    1003 | 2500000 |   2 | 2021-03-02 |
|  3011 | 이수민   | 부장  |    4377 | 4000000 |   3 | 2001-09-12 |
|  3426 | 박영권   | 과장  |    4377 | 3000000 |   1 | 2021-03-02 |
|  3427 | 최종철   | 사원  |    3011 | 1500000 |   3 | 2020-04-05 |
|  3827 | 유진초이 | 과장  |    4377 | 3100000 |   5 | 2021-03-02 |
|  4377 | 이성래   | 사장  |    4377 | 5900000 |   2 | 2021-03-02 |
+-------+----------+-------+---------+---------+-----+------------+
8 rows in set (0.00 sec)
```

• **department 테이블의 상태**

```
mysql> select * from department;
+--------+----------+-------+----------+
| deptno | deptname | floor | tel      |
+--------+----------+-------+----------+
|      1 | 개발     |     3 | 240-7111 |
|      2 | 홍보     |    24 | 240-7114 |
|      3 | 기획     |     7 | 240-7115 |
|      4 | 인사     |    12 | 240-7118 |
|      5 | 총무     |  NULL | 240-7200 |
+--------+----------+-------+----------+
5 rows in set (0.03 sec)
```

어떤 두 개의 테이블이 조인이 가능하려면 "조인 속성"이 필요하다. 조인 속성이란 조인하려는 두 개의 테이블에서 동시에 가지고 있는 공통 속성이다. employee 테이블의 dno와 department 테이블의 deptno는 속성의 이름은 다르지만, 그것이 의미하는 바가 직원들이 근무하는 부서의 번호를 의미하며 그 도메인이 같기 때문에 조인 속성으로 사용할 수 있다. 따라서 employee 테이블과 department 테이블은 이 속성을 이용하여 조인이 가능하다. 조인 연산은 쉽게 말해, 조인 속성을 "연결 고리"로 삼아 두 개의 테이블에 저장된 데이터를 합치는 연산이라고 생각할 수 있다. 조인 속성은 select 문의 where 절에 동등 연산자를 사용하여 기술한다. 조인 속성이 없는 두 테이블의 조인 결과는 cross join에서 다루기로 한다.

다음의 예에서는 사원의 이름과 각 사원이 근무하는 부서의 이름을 검색하고자 한다. 사원의 이름과 부서 번호는 employee 테이블에 저장되어 있고, 부서 번호에 대한 부서 이름은 department 테이블에 저장되어 있다. 따라서 사원의 이름과 사원이 근무하는 부서의 이름을 검색하려면 두 개의 테이블을 연결하여 데이터를 검색해야 한다. 작성된 다음 질의를 살펴보자.

```
mysql> select empname, deptname   # 검색할 속성들
       from employee, department  # 조인할 테이블들
       where dno=deptno;           # 조인 속성의 기술
```

두 개 이상의 테이블을 조인할 때는 from절 다음에 테이블의 이름을 ','로 구분

하여 나열한다. 다음 몇 가지 질의들을 조인으로 작성해보자.

• 각 사원의 근무 부서 이름을 검색하시오.

```
mysql> select empname, deptname
    -> from employee, department
    -> where dno=deptno;
+----------+----------+
| empname  | deptname |
+----------+----------+
| 김상원   | 개발     |
| 박영권   | 개발     |
| 조민희   | 홍보     |
| 김창섭   | 홍보     |
| 이성래   | 홍보     |
| 이수민   | 기획     |
| 최종철   | 기획     |
| 유진조이 | 총무     |
+----------+----------+
8 rows in set (0.00 sec)
```

이 질의에서 약간의 변형을 생각해볼 수 있다. 현재는 두 테이블에 저장된 조인 속성의 이름이 각각 dno, deptno로 명확히 다르다. 이런 경우에는 속성 이름만으로 조인 속성을 기술할 수 있으나, 어떤 경우에는 속성의 이름이 두 개의 테이블에서 동일(dno)할 수도 있다. 이런 경우에는 속성 이름 앞에 테이블 이름을 붙여서 명확하게 구별해야 한다.

```
mysql> select empname, deptname from employee, department
       where employee.dno=department.dno;  # 동일한 이름의 조인 속성을 구분
```

다음은 질의를 간단하게 하기 위해 테이블 이름에 alias를 사용하여 변형된 예를 보자.

```
mysql> select empname, deptname
    -> from employee as e, department as d
    -> where e.dno=d.deptno;
+-----------+----------+
| empname   | deptname |
+-----------+----------+
| 김상원    | 개발     |
| 박영권    | 개발     |
| 조민희    | 홍보     |
| 김창섭    | 홍보     |
| 이성래    | 홍보     |
| 이수민    | 기획     |
| 최종철    | 기획     |
| 유진조이  | 총무     |
+-----------+----------+
8 rows in set (0.00 sec)
```

사원의 이름과 전화번호를 검색하는 다음 조인 명령어의 형식은 from절에 "join" 명령어를 삽입하여 두 개의 테이블의 조인을 명세하고 있다.

```
mysql> select empname, tel
    -> from employee as e join department as d
    -> on e.dno=d.deptno;
+-----------+----------+
| empname   | tel      |
+-----------+----------+
| 김상원    | 240-7111 |
| 박영권    | 240-7111 |
| 조민희    | 240-7114 |
| 김창섭    | 240-7114 |
| 이성래    | 240-7114 |
| 이수민    | 240-7115 |
| 최종철    | 240-7115 |
| 유진조이  | 240-7200 |
+-----------+----------+
8 rows in set (0.00 sec)
```

다음으로, 조인을 수행하여 결과를 검색하되, 추가적인 조건이 있는 경우의 예를 살펴본다. 아래 질의에서는 모든 사원의 부서 이름이 아니라, "조민희" 사원이 근무하는 부서 이름을 검색하려고 한다. 조민희 사원의 부서 이름을 검색하려면 일단 조인을 해서 사원의 이름과 부서 이름 결과를 만든 다음, 그 안에서 사원의 이름이 조민희인 사원만의 결과를 추출해야 한다. 결국, 두 개의 조건이 AND 연산으로 연결된 조인을 실행해야 한다.

- **"조민희" 사원이 근무하는 부서 이름을 검색하시오.**

```
mysql> select empname, deptname
    -> from employee as e, department as d
    -> where e.dno=d.deptno and e.empname="조민희";
+---------+----------+
| empname | deptname |
+---------+----------+
| 조민희  | 홍보     |
+---------+----------+
1 row in set (0.00 sec)
```

조인 명령어를 실행하려면 두 개의 테이블에 공통으로 존재하는 조인 속성이 존재해야 한다고 언급하였다. 이번에는 조인 속성이 없는 테이블의 조인 결과에 대하여 살펴본다.

조인 속성이 없거나, 기술하지 않고 테이블을 조인하면, 관계 대수에서 다룬 "카티션 곱"의 결과가 도출된다. 조인 속성이 없기 때문에 두 개의 테이블에 존재하는 모든 튜플에 대하여 1:1 대응을 시킨 결과가 나온다. 이런 조인을 "cross join"이라 한다.

다음은 크로스 조인의 예이다. 작성된 질의에서는 from절에 나열된 테이블 이름 사이에 cross join 명령어를 사용하고, where절을 생략함으로써 크로스 조인의 결과를 도출하였다.

- **employee 테이블과 department 테이블의 크로스 조인**

```
mysql> select empname, tel
    -> from employee as e cross join department as d;  /* 카티션 곱 */
+---------+----------+
| empname | tel      |
+---------+----------+
| 김상원  | 240-7200 |
| 김상원  | 240-7118 |
| 김상원  | 240-7115 |
| 김상원  | 240-7114 |
| 김상원  | 240-7111 |
| 김창섭  | 240-7200 |
| 김창섭  | 240-7118 |
| 김창섭  | 240-7115 |
| 김창섭  | 240-7114 |
| 김창섭  | 240-7111 |
| 박영권  | 240-7200 |
```

조인하려는 두 테이블에서 조인 속성의 이름이 동일하다면 "테이블이름.속성이름"으로 조인 속성을 기술해야 함을 앞에서 언급하였다. 조인 속성의 이름이 동일한 경우 사용할 수 있는 다른 명령어인 using을 살펴보자. 먼저, 두 테이블의 속성 이름을 동일하게 설정하기 위해 alter 명령어를 사용하였다.

```
mysql> alter table department change deptno dno int;
Query OK, 0 rows affected (0.04 sec)
Records: 0  Duplicates: 0  Warnings: 0
```

변경된 결과를 select문으로 확인하였다.

```
mysql> select * from department;
+-----+----------+-------+----------+
| dno | deptname | floor | tel      |
+-----+----------+-------+----------+
|   1 | 개발     |     3 | 240-7111 |
|   2 | 홍보     |    24 | 240-7114 |
|   3 | 기획     |     7 | 240-7115 |
|   4 | 인사     |    12 | 240-7118 |
|   5 | 총무     |  NULL | 240-7200 |
+-----+----------+-------+----------+
5 rows in set (0.00 sec)
```

다음은 using을 사용하여 조인을 작성한 예이다. from절에서 join 명령어로 두 테이블의 이름을 나열하고, using의 괄호 안에 동일한 속성 이름을 기술하였다.

```
mysql> select empname, deptname
    -> from employee join department
    -> using(dno);
+----------+----------+
| empname  | deptname |
+----------+----------+
| 조민희   | 홍보     |
| 김상원   | 개발     |
| 김창섭   | 홍보     |
| 이수민   | 기획     |
| 박영권   | 개발     |
| 최종철   | 기획     |
| 유진조이 | 총무     |
| 이성래   | 홍보     |
+----------+----------+
8 rows in set (0.00 sec)
```

마지막으로 살펴볼 조인의 종류는 외부 조인이다. 외부 조인은 조인하려는 두 테이블에 Null 값이 있을 때 이를 조인의 결과에 포함시키는 방법이다. 외부 조인은 왼쪽 외부 조인과 오른쪽 외부 조인이 있다. 관계 대수에서 정리된 외부 조인의 결과는 다음과 같다.

- **왼쪽 외부 조인의 결과**

R

A	B	C
a1	b1	c1
a2	b2	c2

R ⟕ S

S

C	D	E
c1	d1	e1
c3	d2	e2

➡ RESULT

A	B	C	D	E
a1	b1	c1	d1	e1
a2	b2	c2	∧	∧

- **오른쪽 외부 조인의 결과**

R

A	B	C
a1	b1	c1
a2	b2	c2

R ⟖ S

S

C	D	E
c1	d1	e1
c3	d2	e2

➡ RESULT

A	B	C	D	E
a1	b1	c1	d1	e1
∧	∧	c3	d2	e2

왼쪽 외부 조인을 질의로 작성하여 보자. from절에 두 테이블 이름 사이에 "left join" 명령어를 사용하고, on절 다음에 조인 속성을 기술하였다.

```
mysql> select empname, title, dno, deptname
    -> from employee left join department
    -> on employee.dno=department.deptno;
+----------+-------+-----+----------+
| empname  | title | dno | deptname |
+----------+-------+-----+----------+
| 조민희   | 과장  |   2 | 홍보     |
| 김상원   | 사원  |   1 | 개발     |
| 김창섭   | 대리  |   2 | 홍보     |
| 이수민   | 부장  |   3 | 기획     |
| 박영권   | 과장  |   1 | 개발     |
| 최종철   | 사원  |   3 | 기획     |
| 유진초이 | 과장  |   5 | 총무     |
| 이성래   | 사장  |   2 | 홍보     |
+----------+-------+-----+----------+
8 rows in set (0.00 sec)
```

유사한 방법으로 오른쪽 외부 조인(right join)을 기술할 수 있다. employee 테이블을 보면, "인사" 부서에 근무하는 사원이 없다. 출력 결과에 포함된 empname, title, dno 속성은 employee 테이블에서 가져오는 값이기 때문에 Null로 출력됨을 확인할 수 있다.

```
mysql> select empname, title, dno, deptname
    -> from employee right join department
    -> on employee.dno=department.deptno;
+----------+-------+------+----------+
| empname  | title | dno  | deptname |
+----------+-------+------+----------+
| 김상원   | 사원  |    1 | 개발     |
| 박영권   | 과장  |    1 | 개발     |
| 조민희   | 과장  |    2 | 홍보     |
| 김창섭   | 대리  |    2 | 홍보     |
| 이성래   | 사장  |    2 | 홍보     |
| 이수민   | 부장  |    3 | 기획     |
| 최종철   | 사원  |    3 | 기획     |
| NULL     | NULL  | NULL | 인사     |
| 유진초이 | 과장  |    5 | 총무     |
+----------+-------+------+----------+
9 rows in set (0.00 sec)
```

4.9 중첩 질의 (subquery)

이 절에서는 중첩 질의에 대하여 다뤄본다. 형식적으로 중첩 질의는 select문 안에 select문이 포함된 구조를 가진다. 이 때 포함된 질의를 중첩 질의라고 한다. 다음 그림을 참고하자.

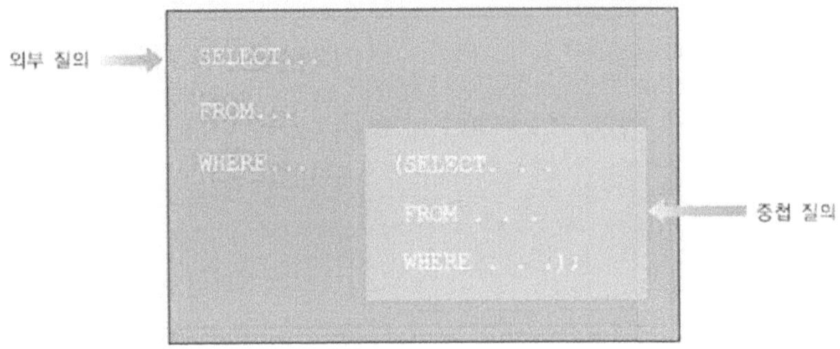

중첩 질의를 사용함으로써 얻을 수 있는 장점은 다음과 같다.

- 질의를 "구조적"으로 작성할 수 있다. 질의의 각 부분은 독립되어 사용할 수 있다.
- 복잡한 조인 연산과 합집합 연산을 대체하는 방법을 제공한다.
- 중첩 질의는 복잡한 조인이나 합집합보다는 가독성이 뛰어나다.

중첩 질의 작성을 위해 먼저 두 테이블의 상태를 확인한다.

- **employee 테이블 상태**

```
mysql> select * from employee;
+--------+----------+-------+---------+---------+------+------------+
| empno  | empname  | title | manager | salary  | dno  | start_date |
+--------+----------+-------+---------+---------+------+------------+
|  1003  | 조민희   | 과장  |    4377 | 3000000 |    2 | 2021-03-02 |
|  1365  | 김상원   | 사원  |    3426 | 1500000 |    1 | 2021-03-02 |
|  2106  | 김창섭   | 대리  |    1003 | 2500000 |    2 | 2021-03-02 |
|  3011  | 이수민   | 부장  |    4377 | 4000000 |    3 | 2001-09-12 |
|  3426  | 박영권   | 과장  |    4377 | 3000000 |    1 | 2021-03-02 |
|  3427  | 최종철   | 사원  |    3011 | 1500000 |    3 | 2020-04-05 |
|  3827  | 유진초이 | 과장  |    4377 | 3100000 |    5 | 2021-03-02 |
|  4377  | 이성래   | 사장  |    4377 | 5900000 |    2 | 2021-03-02 |
+--------+----------+-------+---------+---------+------+------------+
8 rows in set (0.00 sec)
```

- **department 테이블 상태**

```
mysql> select * from department;
+--------+----------+-------+----------+
| deptno | deptname | floor | tel      |
+--------+----------+-------+----------+
|      1 | 개발     |     3 | 240-7111 |
|      2 | 홍보     |    24 | 240-7114 |
|      3 | 기획     |     7 | 240-7115 |
|      4 | 인사     |    12 | 240-7118 |
|      5 | 총무     |  NULL | 240-7200 |
+--------+----------+-------+----------+
5 rows in set (0.03 sec)
```

"조민희" 사원이 근무하는 부서 이름을 검색하는 질의를 생각해보자. 조민희 사원의 근무부서 번호는 employee 테이블에 있고, 부서 번호에 대한 부서 이름은 department 테이블에 있으므로, 최종 결과를 만들어내려면 두 테이블의 조인이 필요하다. 다음과 같이 조인을 작성하였다.

```
mysql> select deptname
    -> from employee, department
    -> where employee.dno=department.deptno and employee.empname="조민희";
+----------+
| deptname |
+----------+
| 홍보     |
+----------+
1 row in set (0.00 sec)
```

이번에는 이 질의를 중첩 질의로 작성해보자. where 조건에서 찾는 부서 번호(deptno)가 중첩 질의로 작성되었다.

```
mysql> select deptname from department where deptno=
    -> (select dno from employee where empname="조민희");
+-----------+
| deptname |
+-----------+
| 홍보      |
+-----------+
1 row in set (0.00 sec)
```

중첩 질의가 함께 사용되는 몇 개의 연산자들을 살펴본다. 중첩 질의를 사용할 때 유용하게 사용되는 연산자로 in, any, some, all, exists와 같은 연산자들이 있다. 먼저, in, any, some 연산자의 형식을 살펴보자.

```
operand comparison_operator ANY (subquery)
operand IN (subquery)
operand comparison_operator SOME (subquery)
```

Where **comparison_operator** is one of these operators:

```
=  >  <  >=  <=  <>  !=
```

in 연산자를 사용한 질의의 예는 다음과 같다. 홍보나 개발 부서에 근무하는 사원의 이름을 검색하는 질의이다.

```
mysql> select empname from employee
    -> where dno in (
    -> select deptno from department
    -> where deptname="홍보" or deptname="개발");
+----------+
| empname |
+----------+
| 김상원   |
| 박영권   |
| 조민희   |
| 김창섭   |
| 이성래   |
+----------+
5 rows in set (0.00 sec)
```

in 연산자는 “=any” 연산자와 동격이다. in 연산자를 =any로 변경하여도 결과는 같다.

```
mysql> select empname from employee
    -> where dno =any (
    -> select deptno from department
    -> where deptname="홍보" or deptname="개발");
+----------+
| empname  |
+----------+
| 김상원   |
| 박영권   |
| 조민희   |
| 김창섭   |
| 이성래   |
+----------+
5 rows in set (0.00 sec)
```

다음은 exists의 예이다. “홍보”나 “개발” 부서에 근무하는 사원의 이름을 다음과 같이 검색할 수 있다.

• exists : “홍보” 나 “개발” 부서에 근무하는 사원의 이름의 검색

```
mysql> select empname from employee e
    -> where exists (
    -> select * from department d
    -> where e.dno=d.deptno and (deptname="홍보" or deptname="개발"));
+----------+
| empname  |
+----------+
| 김상원   |
| 박영권   |
| 조민희   |
| 김창섭   |
| 이성래   |
+----------+
5 rows in set (0.00 sec)
```

4.10 저장 프로시저 (stored procedure)

MySQL에서는 블록이나 복합문처럼 일련의 SQL 문장들을 모아 별도의 이름으로 저장하고, 함수처럼 필요할 때마다 사용할 수 있다. 이를 저장 프로시저(또는 프로그램)라고 한다. 저장 프로시저의 작성 예는 다음과 같다.

```
CREATE PROCEDURE dorepeat(p1 INT)
BEGIN
  SET @x = 0;
  REPEAT SET @x = @x + 1; UNTIL @x > p1 END REPEAT;
END;
```

저장 프로시저는 create procedure 명령어로 생성하고, begin ~ end 문 사이에는 프로시저의 몸체를 작성한다. 이렇게 작성된 프로시저는 프로시저 이름을 call 명령어로 호출하여 실행할 수 있다. 프로시저를 정의할 때 사용하는 delimiter는 프로시저 정의가 끝나기 전까지 끝이 아님을 알리기 위해 별도의 delimiter를 정의하여 사용한다. 이 때 사용하는 delimiter는 #, $ 기호 등을 선호한다. 프로시저 이름에 대해 show나 drop을 사용할 수 있다.

저장 프로시저를 생성하고 실행하는 예를 보자. 프로시저 정의에 필요한 flower 테이블을 먼저 생성하고 정의한다.

```
mysql> create table flower (
    -> code int not null,
    -> fname varchar(20),
    -> season varchar(20),
    -> primary key(code));
Query OK, 0 rows affected (0.36 sec)

mysql> select * from flower;
+------+----------+--------+
| code | fname    | season |
+------+----------+--------+
|    1 | 민들레   | 봄     |
|    2 | 해바라기 | 여름   |
|    3 | 수선화   | 봄     |
|    4 | 치자     | 여름   |
|    5 | 튤립     | 여름   |
+------+----------+--------+
5 rows in set (0.00 sec)
```

저장 프로시저를 정의하기 위해 먼저 구분자(delimiter)를 '//'로 정의하였다. 프로시저 sea_count()는 하나의 문자열 입력 매개변수와 하나의 정수형 출력 매개변수를 갖는다. 몸체 안에서는 입력 매개변수 ss와 같은 계절을 가진 꽃들의 수를 출력한다. call 명령어로 sea_count()를 호출할 때 첫 번째 매개변수에 "봄"을 전달하여 봄에 피는 꽃의 수를 계산하여 출력할 수 있다.

```
mysql> delimiter //
mysql> create procedure sea_count (in ss char(20), out s_cnt int)
    -> begin
    ->   select count(*) into s_cnt from flower
    ->   where season=ss;
    -> end//
Query OK, 0 rows affected (0.03 sec)

mysql> call sea_count("봄", @s_cnt)//
Query OK, 1 row affected (0.01 sec)

mysql> select @s_cnt//
+---------+
| @s_cnt |
+---------+
|       2 |
+---------+
1 row in set (0.00 sec)

mysql> delimiter ;
```

제 5 장. DCL

제 5 장. DCL

MySQL 명령어의 마지막 부류는 DCL이다. DCL은 트랜잭션의 수행과 그를 위한 잠금 관리, 그리고 사용자의 권한에 관한 기능을 주로 수행한다. 이 장에서는 트랜잭션 수행과 관련된 DCL과 사용자 권한이 부여와 취소에 관련된 DCL을 기술한다.

5.1 트랜잭션의 작성 및 실행

간단한 이체 트랜잭션 실행을 위해 다음과 같이 account 테이블을 만들어서, "kim"의 계좌로부터 "lee"의 계좌로 1000원을 이체하는 과정을 실행해보자.

```
mysql> create table account(
    -> cus_num char(10) not null,
    -> cus_name char(20),
    -> balance int,
    -> primary key(cus_num));
Query OK, 0 rows affected (0.05 sec)

mysql> insert into account values ("a101", "kim", 20000);
Query OK, 1 row affected (0.01 sec)

mysql> insert into account values ("a103", "lee", 300);
Query OK, 1 row affected (0.00 sec)

mysql> start transaction;
Query OK, 0 rows affected (0.00 sec)

mysql> update account set balance=balance-1000 where cus_name="kim";
Query OK, 1 row affected (0.01 sec)
Rows matched: 1  Changed: 1  Warnings: 0

mysql> update account set balance=balance+1000 where cus_name="lee";
Query OK, 1 row affected (0.00 sec)
Rows matched: 1  Changed: 1  Warnings: 0

mysql> commit;
Query OK, 0 rows affected (0.00 sec)
```

MySQL의 트랜잭션은 "start transaction" 명령으로 시작한다. 이 명령어부터 commit이나 rollback 명령어를 실행할 때까지 실행하는 연산들 모두가 트랜잭션을 구성하는 연산이 된다. 예에서는 "kim"의 계좌로부터 1000원을 빼는 update

명령어와 "lee"의 계좌에 1000원을 더하는 update 명령어가 트랜잭션의 연산이 된다. 두 개의 update 연산을 모두 성공적으로 실행했다면 트랜잭션은 성공적으로 완료할 수 있다. commit의 의미가 그것이다. 만약 어떤 이유로 트랜잭션을 성공적으로 완료하지 못했다면 "rollback" 명령어를 사용하여 실행한 갱신을 모두 취소한다. 여기서, start transaction, commit, rollback은 DCL에 해당하는 명령어이다. 트랜잭션 실행 후의 테이블의 상태는 다음과 같다.

```
mysql> select * from account;
+---------+----------+---------+
| cus_num | cus_name | balance |
+---------+----------+---------+
| a101    | kim      |   19000 |
| a103    | lee      |    1300 |
+---------+----------+---------+
2 rows in set (0.00 sec)
```

5.2 권한 관리

DCL이 수행하는 두 번째 기능은 사용자의 권한 관리이다. 사용자의 권한은 DBA에 의해 grant와 revoke 명령어로 부여되거나 취소된다. 이 두 개의 명령어는 DCL에 해당한다.

grant 명령어의 기본 형식은 다음과 같다.

```
GRANT
    priv_type [(column_list)]
      [, priv_type [(column_list)]] ...
    ON [object_type] priv_level
    TO user_or_role [, user_or_role] ...
    [WITH GRANT OPTION]
    [AS user
        [WITH ROLE
            DEFAULT
          | NONE
          | ALL
          | ALL EXCEPT role [, role ] ...
          | role [, role ] ...
        ]
    ]
}
```

부여할 권한의 종류를 나열하고, on절 다음에 테이블 이름을 명세한 후, to 다음에 권한을 부여할 역할이나 사용자 이름을 명세한다. 본인이 가진 권한을 다른 사용자에게 연쇄적으로 이양하기 위한 with check option은 사용하거나 생략할 수 있다.

grant 명령어의 예는 다음과 같다.

```
CREATE USER 'jeffrey'@'localhost' IDENTIFIED BY 'password';
GRANT ALL ON db1.* TO 'jeffrey'@'localhost';
GRANT SELECT ON db2.invoice TO 'jeffrey'@'localhost';
```

알파벳 순으로 나열된 권한의 종류(일부분)는 다음과 같다.

Privilege	Meaning and Grantable Levels
ALL [PRIVILEGES]	Grant all privileges at specified access level except GRANT OPTION and PROXY.
ALTER	Enable use of ALTER TABLE. Levels: Global, database, table.
ALTER ROUTINE	Enable stored routines to be altered or dropped. Levels: Global, database, routine.
CREATE	Enable database and table creation. Levels: Global, database, table.
CREATE ROLE	Enable role creation. Level: Global.
CREATE ROUTINE	Enable stored routine creation. Levels: Global, database.
CREATE TABLESPACE	Enable tablespaces and log file groups to be created, altered, or dropped. Level: Global.
CREATE TEMPORARY TABLES	Enable use of CREATE TEMPORARY TABLE. Levels: Global, database.
CREATE USER	Enable use of CREATE USER, DROP USER, RENAME USER, and REVOKE ALL PRIVILEGES. Level: Global.
CREATE VIEW	Enable views to be created or altered. Levels: Global, database, table.
DELETE	Enable use of DELETE. Level: Global, database, table.
DROP	Enable databases, tables, and views to be dropped. Levels: Global, database, table.
DROP ROLE	Enable roles to be dropped. Level: Global.
EVENT	Enable use of events for the Event Scheduler. Levels: Global, database.
EXECUTE	Enable the user to execute stored routines. Levels: Global, database, routine.

[권한의 종류 (일부)]

부여된 권한을 취소하기 위해서는 revoke 명령어를 사용한다. revoke 명령어의 형식은 다음과 같다.

```
REVOKE [IF EXISTS]
    priv_type [(column_list)]
      [, priv_type [(column_list)]] ...
    ON [object_type] priv_level
    FROM user_or_role [, user_or_role] ...
    [IGNORE UNKNOWN USER]
```

취소할 권한의 종류를 나열하고, on절 다음에 테이블 이름을 명세한 후, from절 다음에 역할이나 사용자 이름을 명세한다. 본인이 가진 권한이 취소되면 with check option으로 다른 사람에게 이양된 권한도 연쇄적으로 취소된다.

revoke 명령어의 예는 다음과 같다.

```
REVOKE INSERT ON *.* FROM 'jeffrey'@'localhost';
REVOKE 'role1', 'role2' FROM 'user1'@'localhost', 'user2'@'localhost';
REVOKE SELECT ON world.* FROM 'role3';
```

제 6 장. Workbench

제 6 장. Workbench

6.1 워크벤치 개요

MySQL workbench는 데이터베이스와 서버를 위한 그래픽 도구이다. MySQL 버전 5.5 이상이면 MySQL 서버를 인스톨할 때 함께 자동으로 설치된다.

Workbench를 통해 수행할 수 있는 기능을 요약하면 다음과 같다.

- SQL 개발 : 서버 연결과 관련된 연결 설정 등이 가능하다. SQL 질의들을 빌트인 에디터를 사용하여 작성하고 실행하는 것이 가능하다.
- 데이터 모델링 : 데이터베이스 스키마 모델을 그래픽을 이용하여 생성할 수 있다. 직관적으로 이해가능한 테이블 에디터를 이용하여 리버스 엔지니어링과 포워드 엔지니어링이 가능하다. 테이블 에디터를 사용하여 테이블이나 컬럼, 인덱스, 트리거, 파티션 옵션, 권한의 추가와 뷰 등을 쉽게 편집할 수 있다.
- 서버 관리 : 서버 인스턴스를 생성할 수 있다.
- 데이터 마이그레이션 : MS SQL Server, Sybase ASE, SQLite, SQL Anywhere, PostgreSQL 등 다른 RDBMS 테이블로부터 데이터를 옮길 수 있다.

MySQL Workbench는 1장에서 MySQL Community Server를 설치할 때 동시에 설치되므로, 다음 절의 내용들을 참고하여 SQL과 수행과 데이터 모델링을 경험해보기 바란다.

6.2 SQL 질의 수행

■ 시작하기

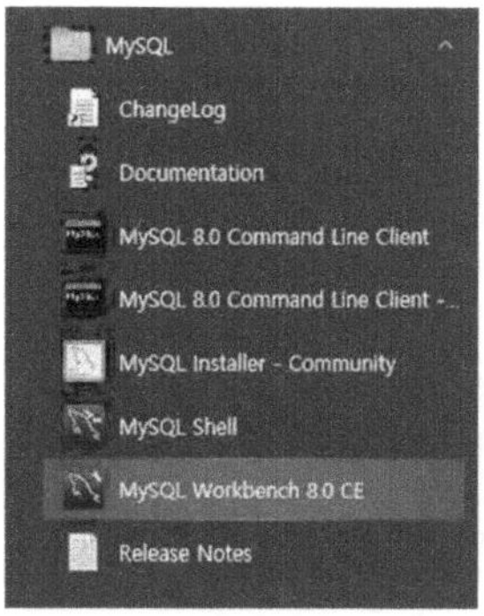

■ 서버 연결하기

■ 첫화면

■ 화면 구성

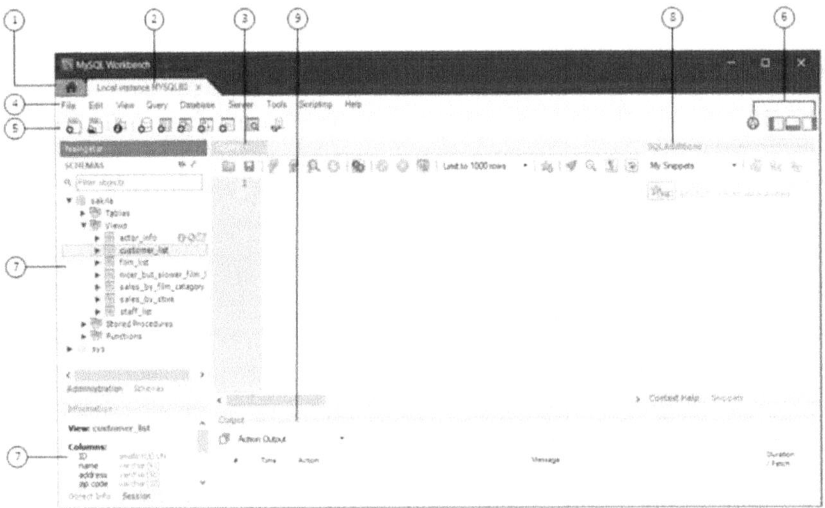

■ 화면 기능

1. Home screen tab
2. Connection tab.
3. SQL query tab.
4. Main menu bar.
5. Main toolbar.
6. Shortcut actions.
7. Sidebar panel.
8. Secondary sidebar panel (SQL Additions).
9. Output area panel.

■ SQL 쿼리 탭

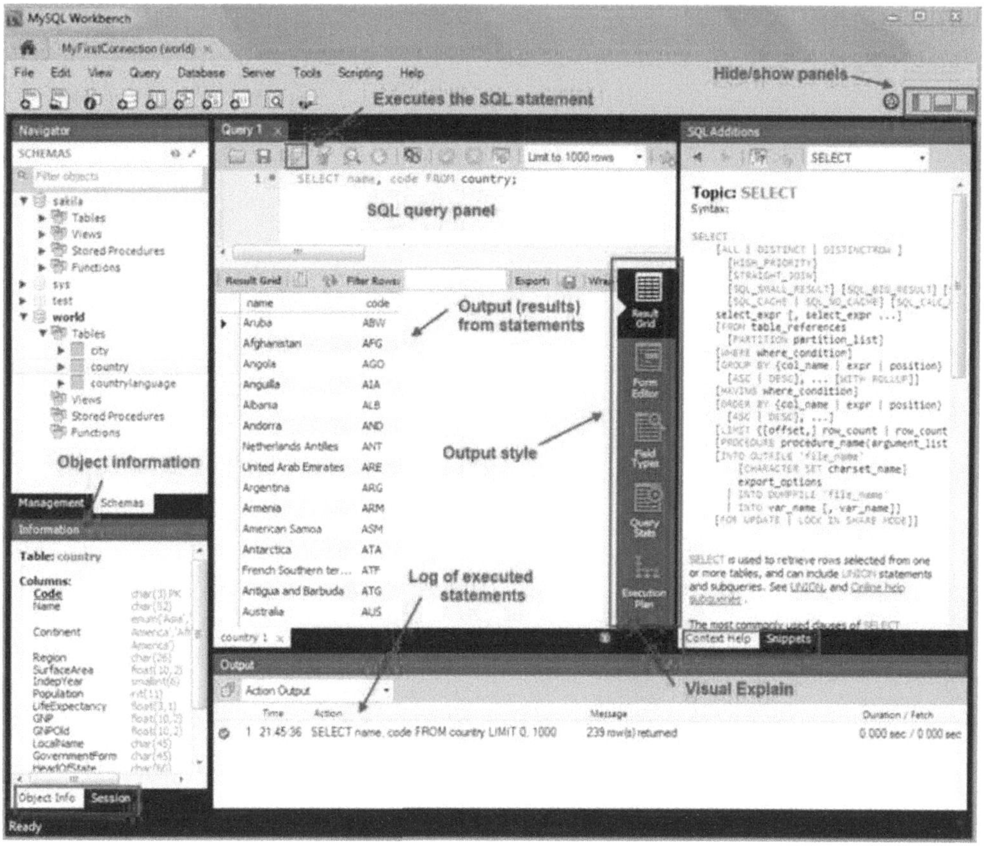

■ SQL 쿼리 툴 바

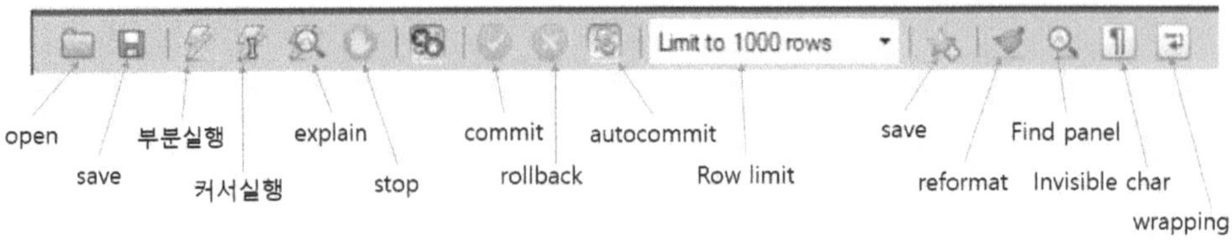

■ 쿼리 메뉴

- **Execute (All or Selection)**: Executes all statements in the SQL Query area, or only the selected statements.
- **Execute (All or Selection) to Text**: Executes all statements in the SQL Query area, or only the selected statements, and displays it in plain text like the standard MySQL command line console.
- **Execute Current Statement**: Executes the current SQL statement.
- **Execute Current Statement (Vertical Text Output)**: Executes all statements in the SQL Query area, or only the selected statements, and displays it in plain text like the MySQL command line console does vertically (\G).
- **Explain Current Statement**: Describes the current statement by using the MySQL EXPLAIN statement.
- **Visual Explain Current Statement**: Visually describes the current statement, based on EXPLAIN information provided by MySQL Server 5.6 and above. MySQL Workbench parses the EXPLAIN (JSON) output from MySQL server 5.6+, and outputs a visual representation.
- **Auto-Commit Transactions**: Enable to auto-commit transactions.
- **Commit Transaction**: Commits a database transaction.
- **Rollback Transaction**: Rolls back a database transaction.
- **Commit Result Edits**: Commits any changes you have made to the server.
- **Discard Result Edits**: Discards any changes you have made.
- **Export Results**: Exports result sets to a file. Selecting this option displays the **Export Query Results to File** dialog. The dialog enables you to select which result set you wish to export, the file format (CSV, HTML, XML), and the name and location of the output file. Then click [Export] to export the data.
- **Stop**: Stops executing the currently running script.
- **Stop Script Execution On Errors**: If enabled, MySQL Workbench stops executing the a query if errors are found. It can be enabled/disabled from this menu.
- **Limit Rows**: By default, the number of returned rows (LIMIT) is 1000. Values defined here affects subsequent statements. The number ranges from 10 to 50000, and "Don't Limit".
- **Collect Performance Schema Stats**: Provides data to the **Query Stats** result set view, which includes statement specific information about Timing, Rows processed, Temporary tables, Joins per type, Sorting, and Index usage.
- **Collect Resultset Field Metadata**: Provides data to the **Form Editor** and **Field Types** result set views.
- **Reconnect to Server**: Reconnects to the MySQL server.
- **New Tab to Current Server**: Creates a duplicate of the current SQL Editor tab.

■ Edit 메뉴

- **Beautify Query**: Reformats the query selected in the query tab and lays it out in nicely indented fashion.
- **UPCASE Keywords**: Converts keywords to uppercase in the currently selected query in the query tab.
- **lowercase Keywords**: Converts keywords to lowercase in the currently selected query in the query tab.
- **Un/Comment Selection**: Comments the lines currently selected in the query tab. If the lines are already commented, this operation removes the comments.
- **Auto-complete**: Triggers the auto-completion wizard. This is enabled (and triggered) by default, and can be disabled with **Preferences**, **SQL Editor**, **Automatically Start Code Completion**. Auto-completion will list functions, keywords, schema names, table names and column names.

■ show databases, 번개 모양 아이콘 클릭

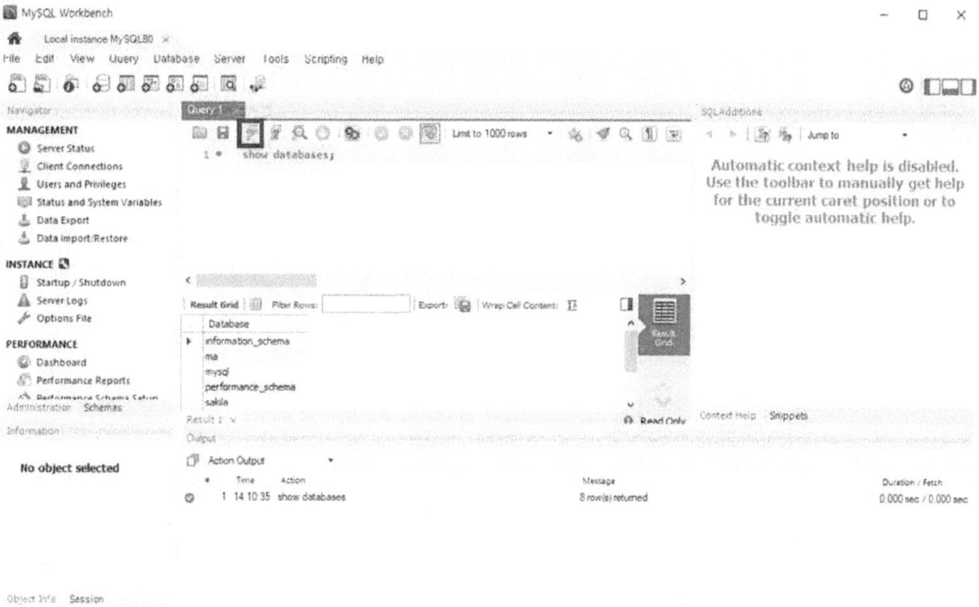

■ **쿼리 실행 방법**

- 질의 입력 후 번개 모양 아이콘 클릭.
- 질의어 입력 후 실행 아이콘이나 메뉴를 선택하지 않으면 쿼리는 실행되지 않음.
- 쿼리는 마우스로 드래그하여 실행할 명령어의 영역을 설정할 수 있음.
- 입력 순서와 실행 순서는 다를 수 있음.

■ **Employee와 Department 테이블 생성**

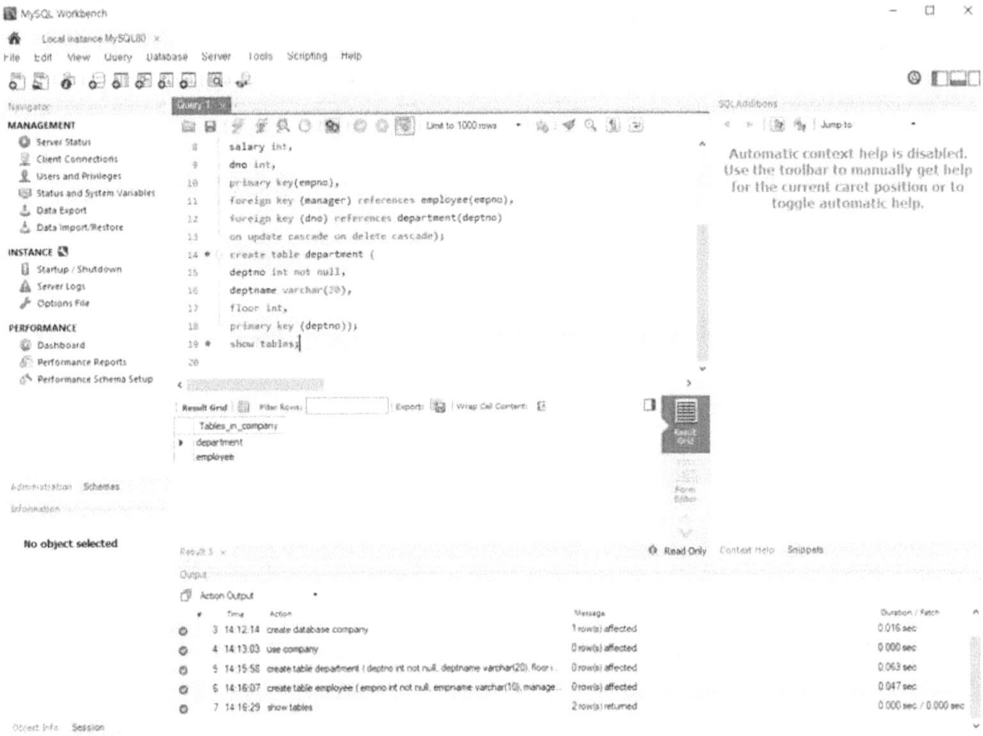

■ 테이블 에디터

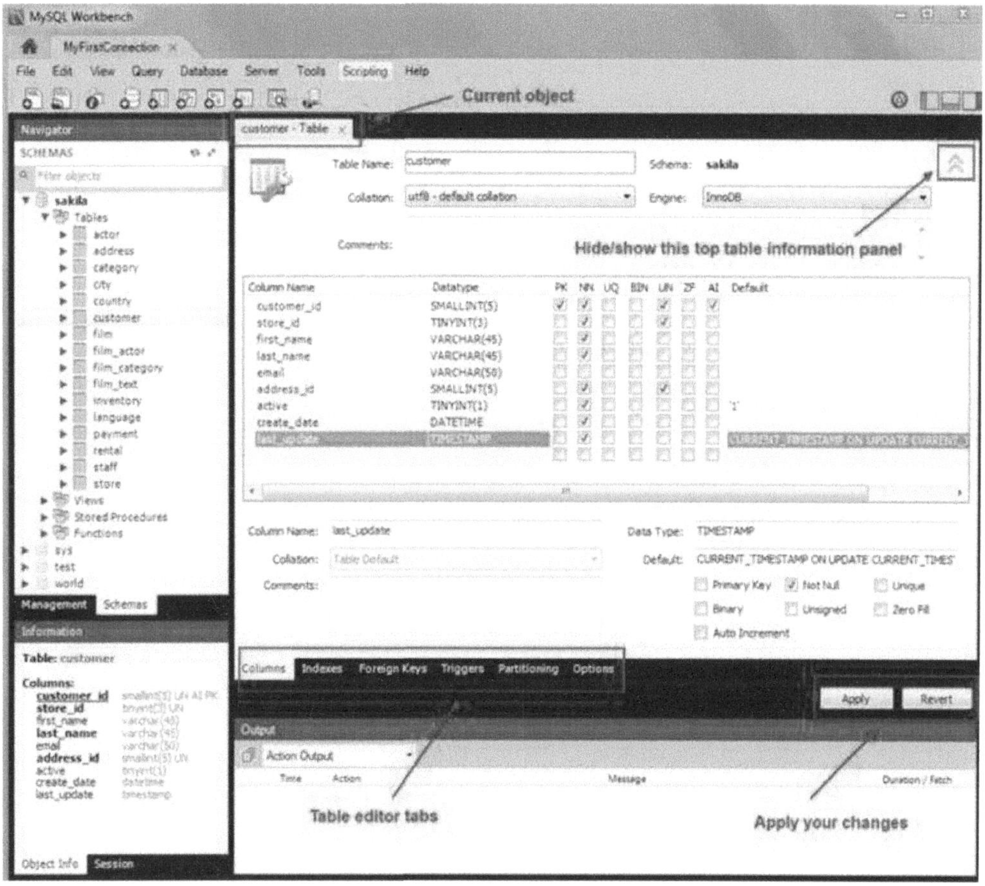
MySQL Workbench
Current object
Hide/show this top table information panel
Table editor tabs
Apply your changes

■ schemas

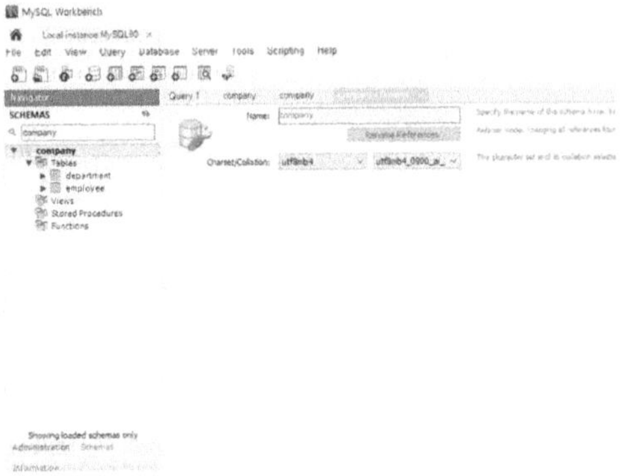

■ 테이블 정보

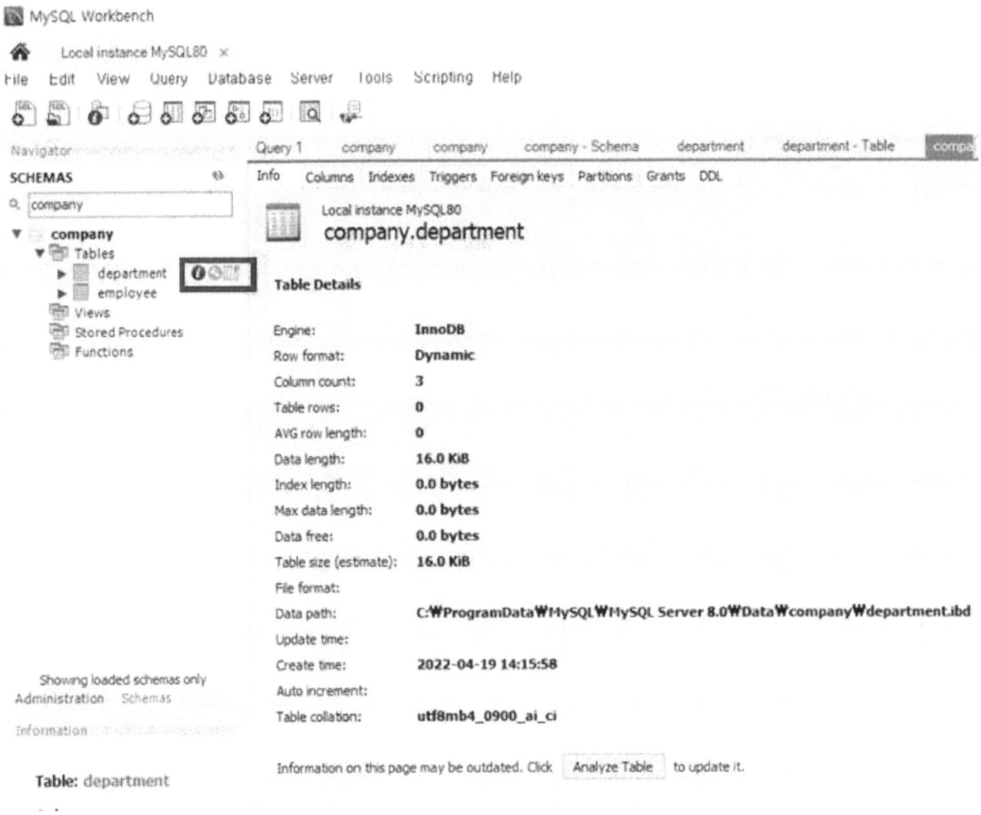

■ 테이블 에디터

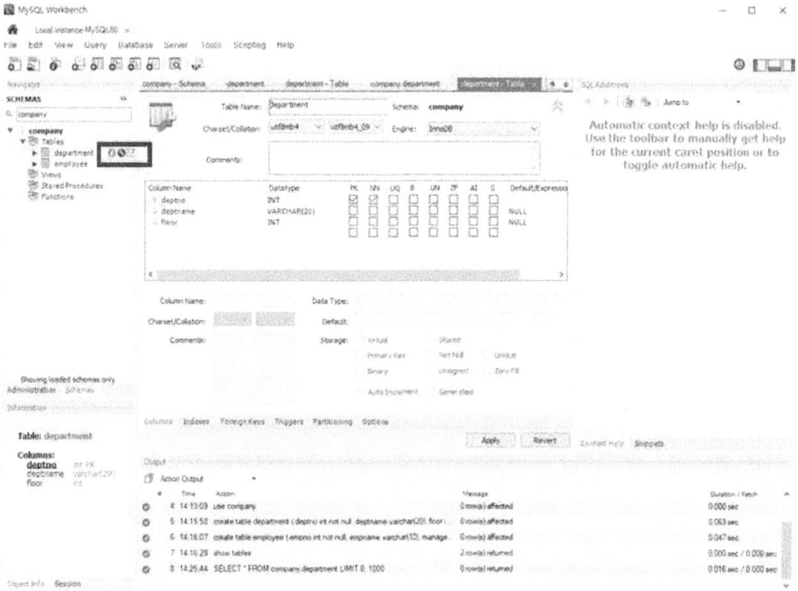

■ 테이블 상태

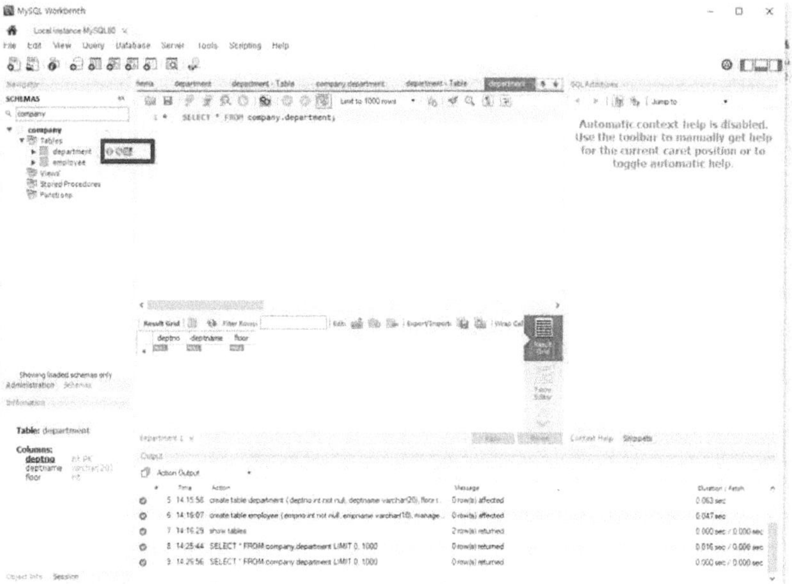

■ 튜플 삽입

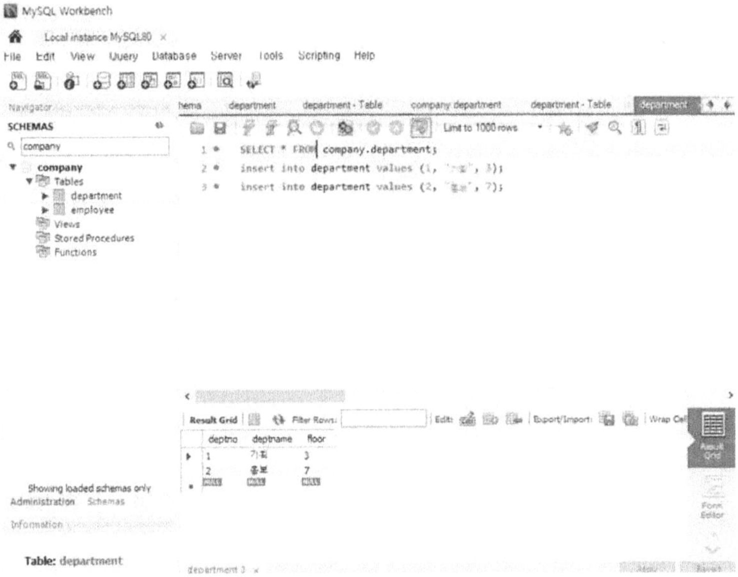

■ 튜플 삽입 : 폼 에디터

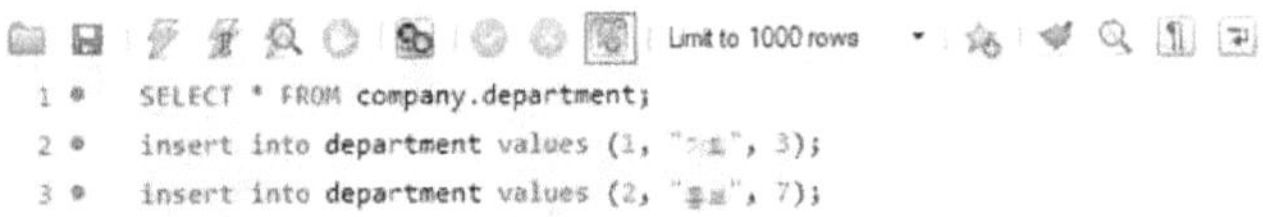

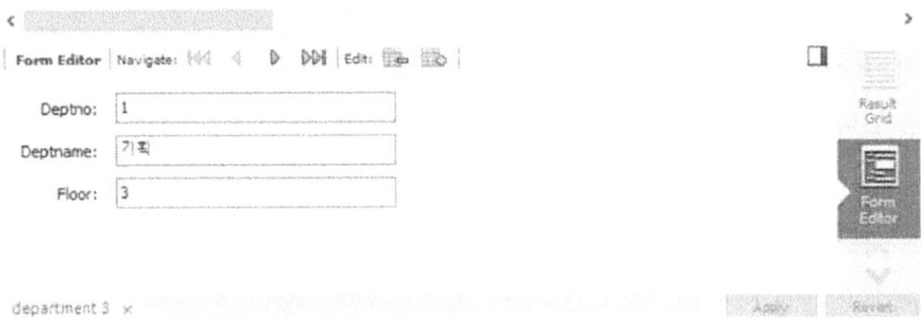

■ 새로 삽입

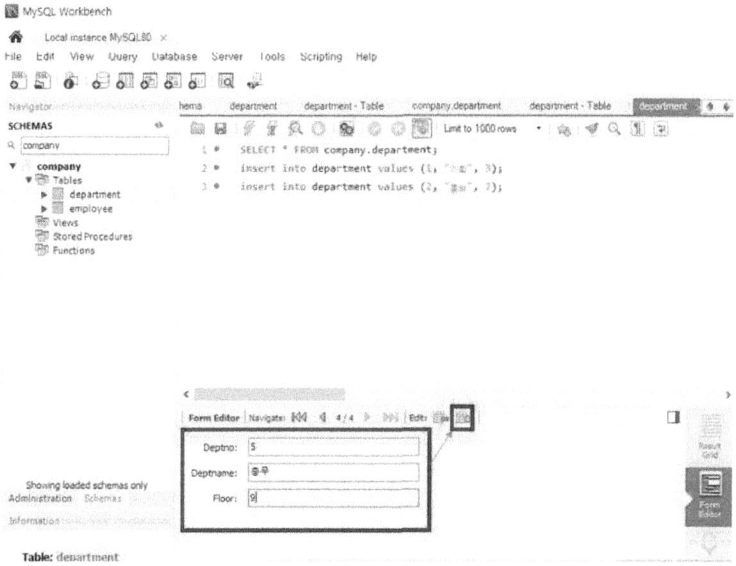

■ 적용 : Apply

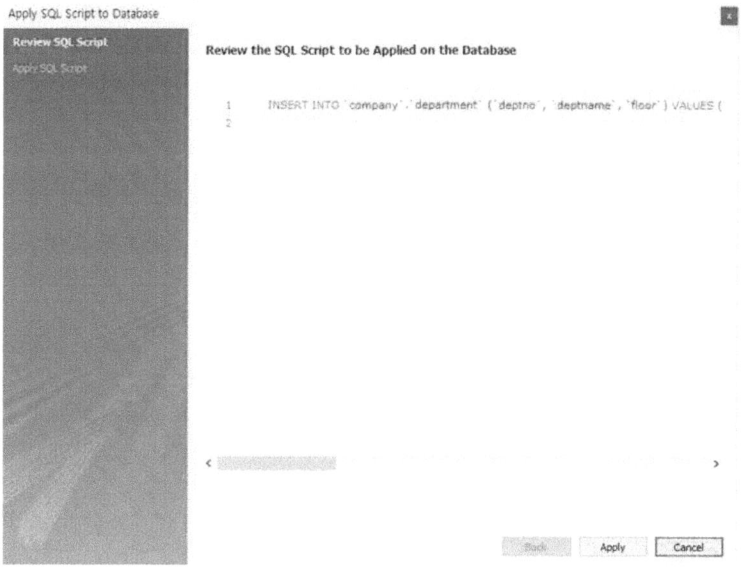

■ 실행

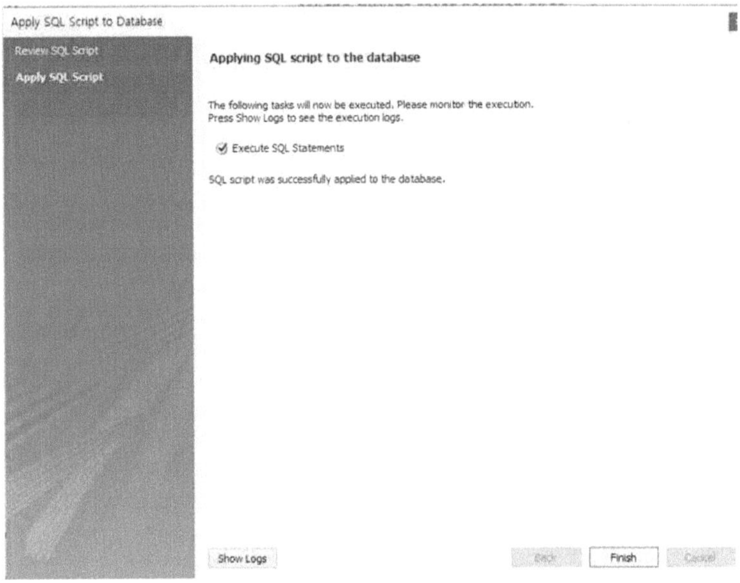
Apply SQL Script to Database
Review SQL Script
Apply SQL Script
Applying SQL script to the database
The following tasks will now be executed. Please monitor the execution.
Press Show Logs to see the execution logs.
Execute SQL Statements
SQL script was successfully applied to the database.
Show Logs
Finish

■ 결과

MySQL Workbench
Local instance MySQL80
File Edit View Query Database Server Tools Scripting Help
SCHEMAS
company
Tables
department
employee
Views
Stored Procedures
Functions
Limit to 1000 rows
SELECT * FROM company.department;
Result Grid
deptno deptname floor
1 기획 3
2 홍보 7
3 재무 4
5 총무 9
Table: department

6.3 데이터 모델링

■ **File - New Model**

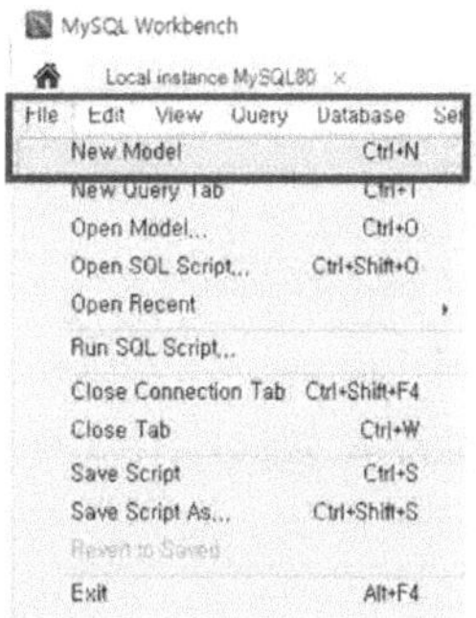

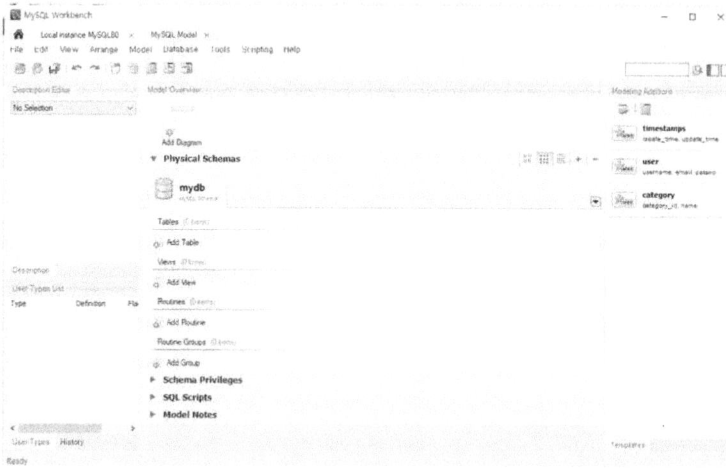

■ **마우스 오른쪽 버튼 : Edit Schema**

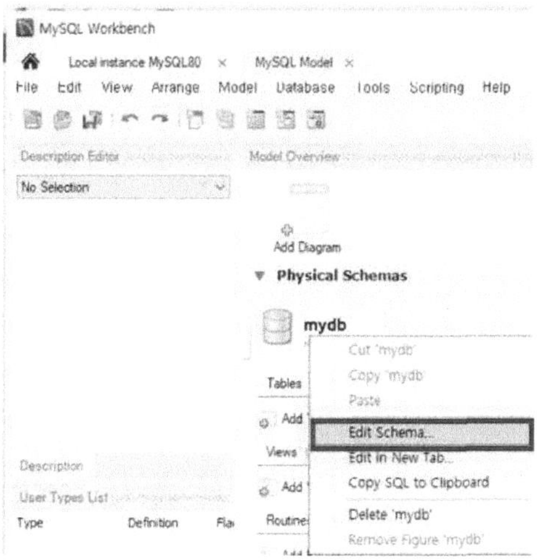

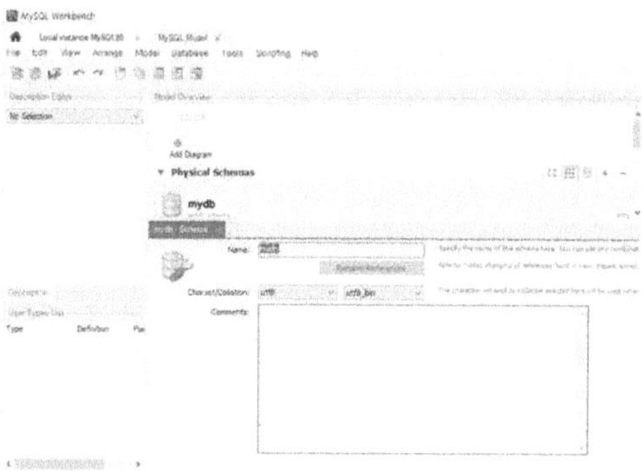

■ 모델 이름 설정(modelDB), add Diagram

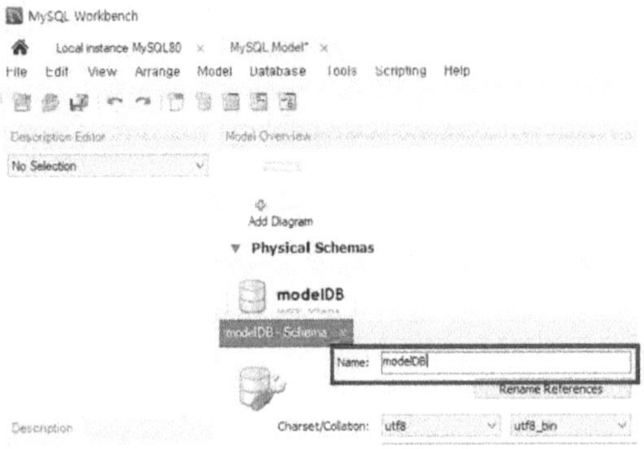

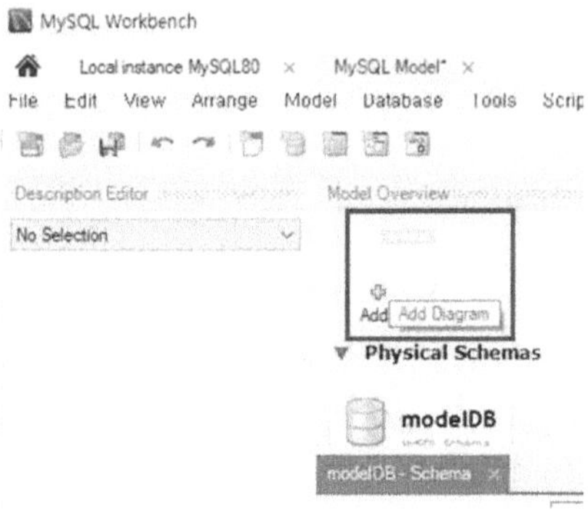

■ Place a new icon

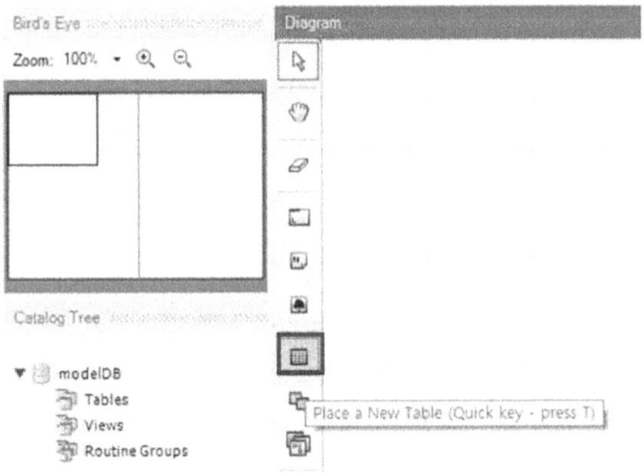

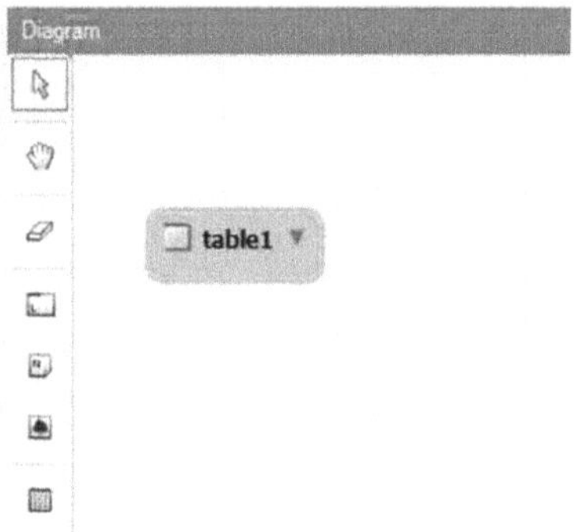

■ 테이블 더블클릭 : 테이블 생성

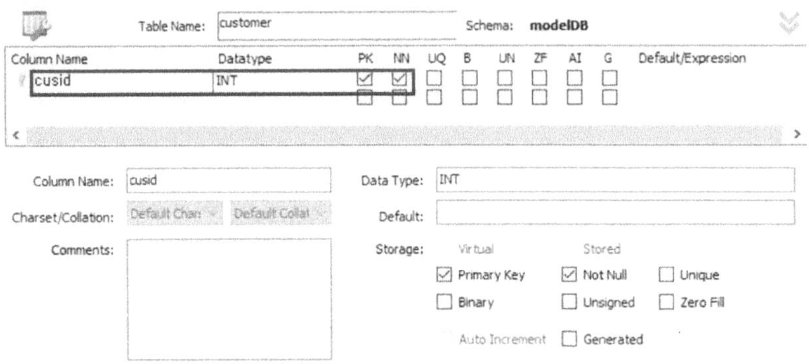

■ 컬럼 입력 : 각 컬럼을 더블클릭

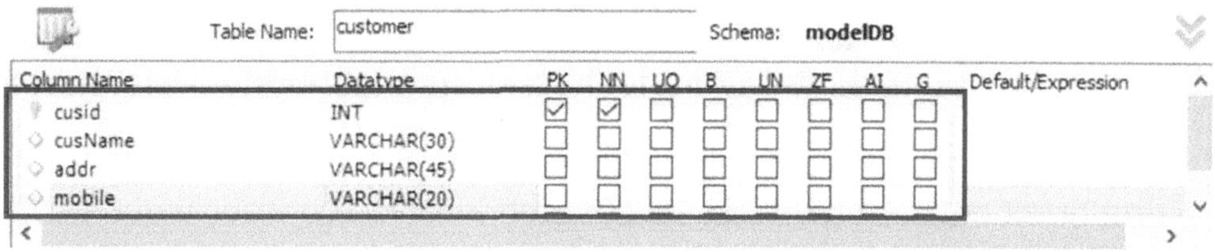

■ 새로운 테이블 생성

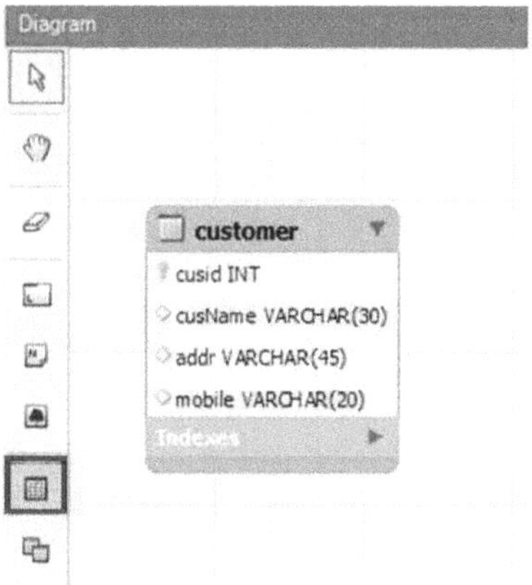

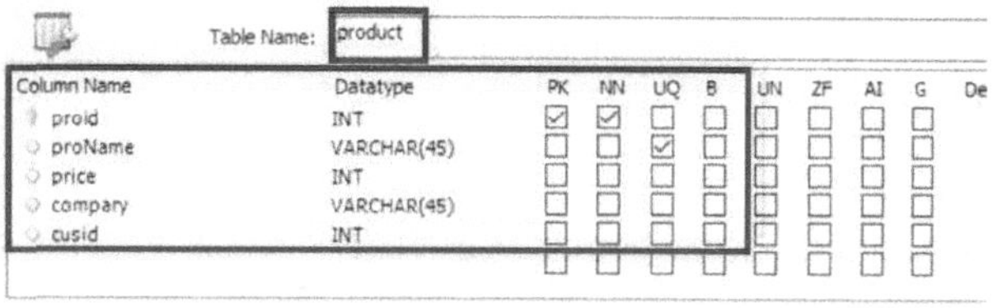

■ 관계 설정 (1:N)

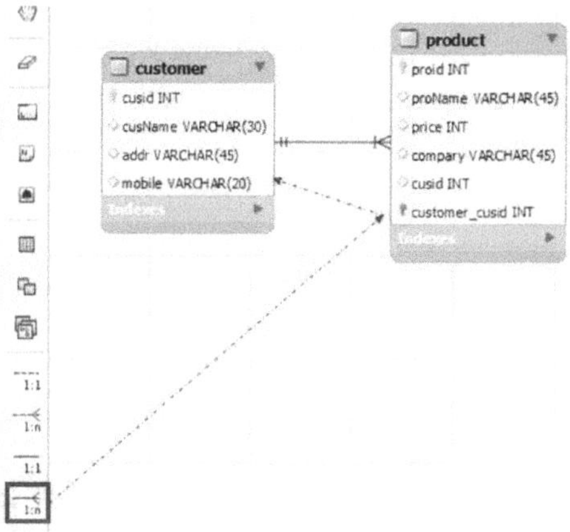

클릭 순서.

1. 1:N 아이콘 클릭
2. Product 테이블 클릭
3. Customer 테이블 클릭

틀렸을 경우, 상단의 되돌리기 버튼 클릭.

관계 대응 수에 따라 아이콘 선택

■ 저장 : File-Save

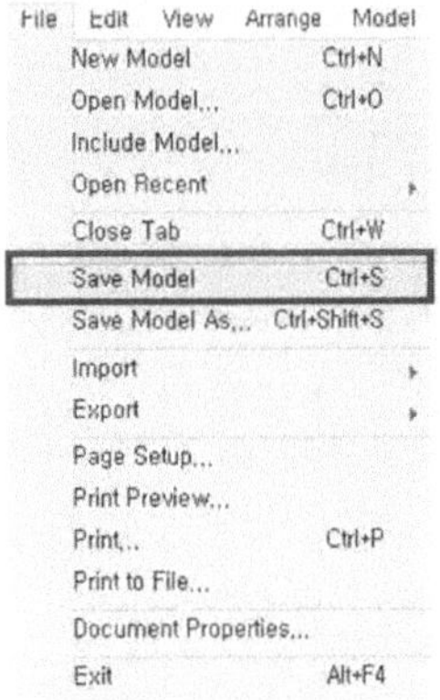

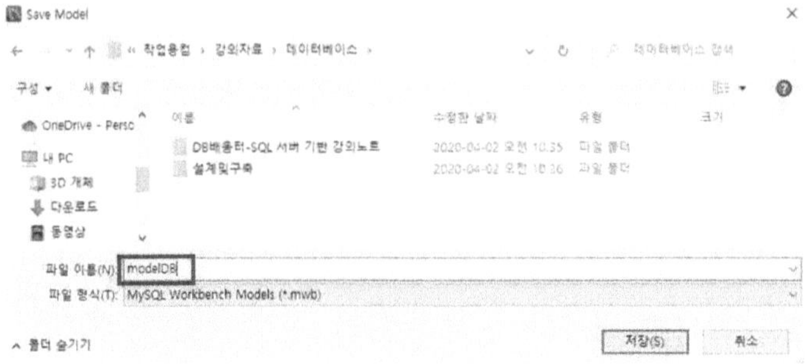

적절한 경로에 "modelDB"로 저장

■ 실제 데이터베이스에 적용하기

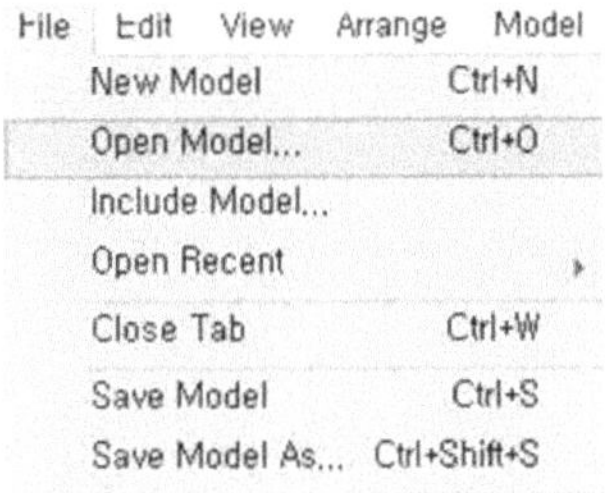

■ Database - Forword Engineering - Next

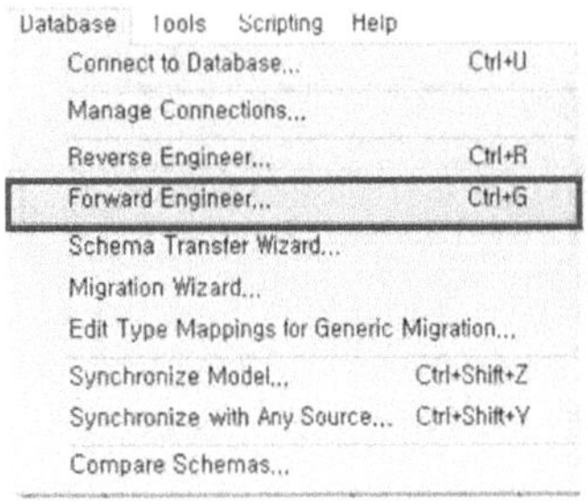

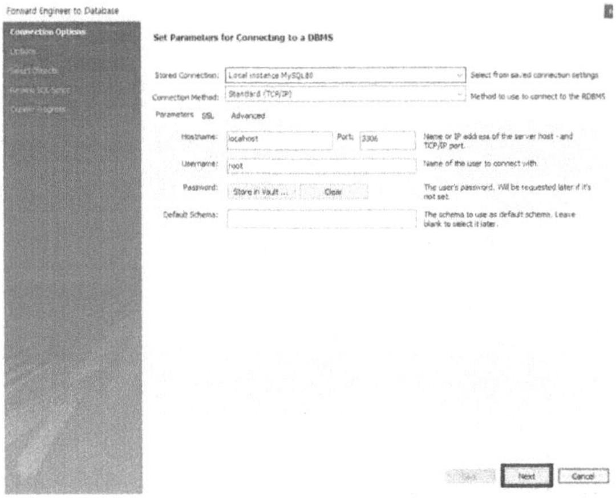

■ Next

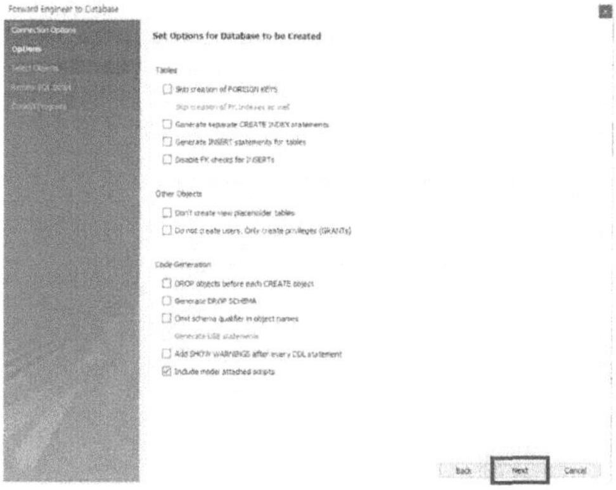

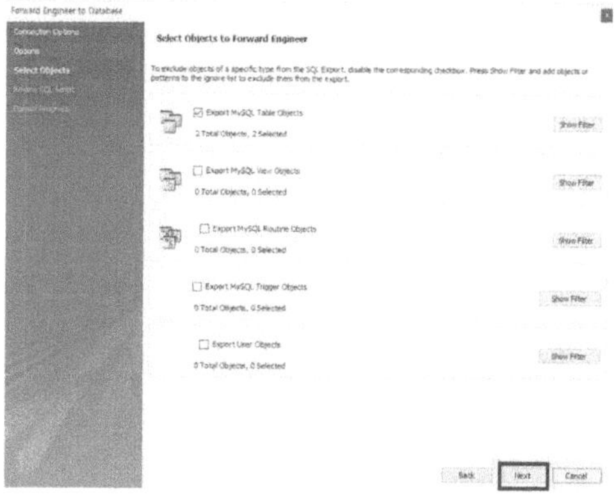

■ 생성된 쿼리 확인

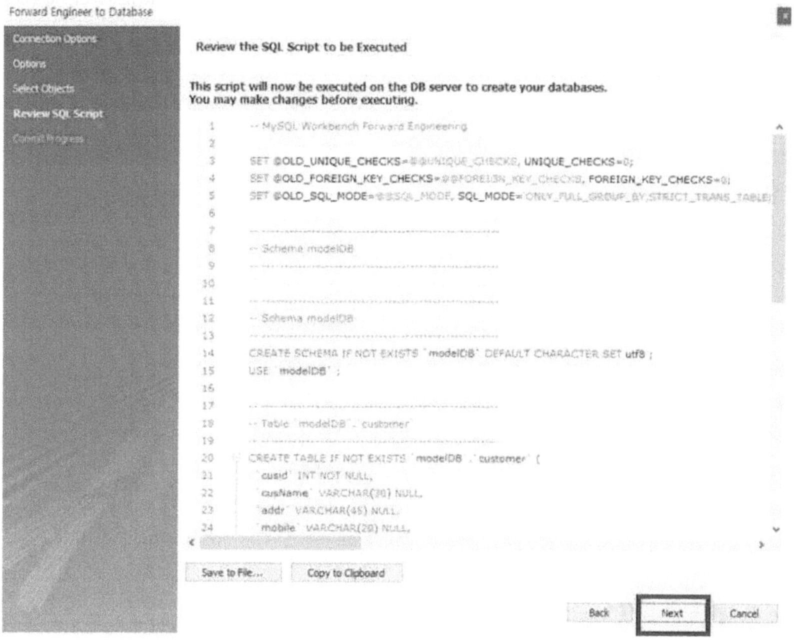

■ Close

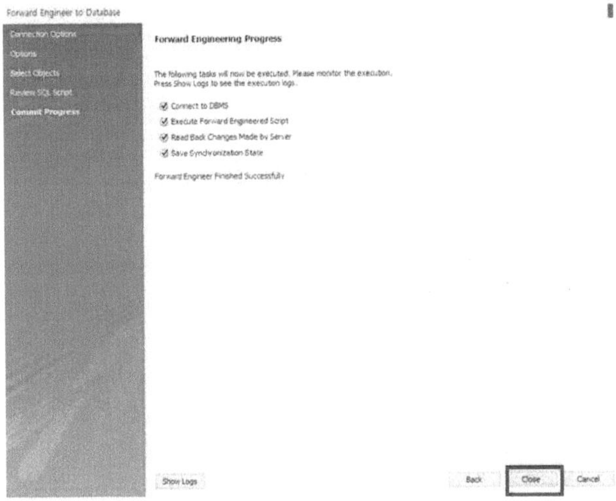

■ modelDB 생성 확인

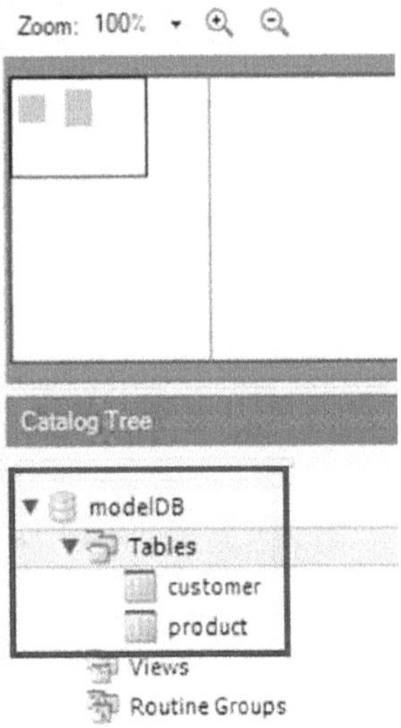

제2부

MongoDB

PART II

제 1 장. MongoDB 개요 및 설치

1.1 MongoDB 소개
1.2 MongoDB의 특징 및 장단점
1.3 MongoDB 설치 및 실행

제 1 장. MongoDB 개요 및 설치

1.1 MongoDB 소개

MongoDB는 문서(document) 지향의 NoSQL의 하나이다. NoSQL은 Not only SQL의 약어로 최근 등장한 빅 데이터의 등장으로 관계형 데이터베이스의 대안으로 나타난 새로운 형식의 DBMS이다. 빅 데이터에서 생산되는 데이터들은 불규칙한 길이의 텍스트, 음성, 영상, 이미지 등으로 고정된 틀(스키마)에 저장하기 어려운 비정형(unstructured) 데이터가 대부분인데, 이런 데이터를 처리하기 위해 새롭게 고안된 DBMS가 NoSQL이다. 또한 단일 컴퓨터 환경이 아니라 분산 환경에서 데이터를 관리하려면 확장성 측면에서 좀 더 효율적인 유형의 데이터 관리 방식 필요해져서 새롭게 등장한 것이 NoSQL이라고 할·수 있다. 관계 데이터베이스와 NoSQL의 차이점은 다음 표와 같다.

구분	관계 데이터베이스	NoSQL
처리 데이터	정형 데이터	정형 데이터, 비정형(반정형 포함) 데이터
대용량 데이터	대용량 처리 시 성능 저하	대용량 데이터 처리 지원
스키마	미리 정해진 스키마가 존재	스키마가 없거나 변경이 자유로움
트랜잭션	트랜잭션을 통해 일관성 유지를 보장함	트랜잭션을 지원하지 않아 일관성 유지를 보장하기 어려움
검색 기능	조인 등의 복잡한 검색 기능 제공	단순한 데이터 검색 기능 제공
확장성	클러스터 환경에 적합하지 않음	클러스터 환경에 적합함
라이선스	고가의 라이선스 비용	오픈 소스
대표적 사례	Oracle, MySQL, MS SQL 서버 등	카산드라, 몽고DB, H베이스 등

[관계 데이터베이스와 NoSQL의 비교]

NoSQL은 비정형 데이터의 처리에 적합하고, 트랜잭션의 ACID 특성을 완화하는 대신 저렴한 비용으로 분산 컴퓨터에 데이터를 분산, 저장하는 것이 가능한 DBMS이다. 키-값 기반, 문서 기반, 컬럼 기반, 그래프 기반으로 분류되며, 지금부터 소개할 MongoDB는 문서 기반의 대표적인 DBMS의 하나이다. 2024년도에

db-engines 사이트에서 발표한 전체 DBMS의 순위와 문서 기반의 DBMS 순위는 다음과 같다.

• **전체 DBMS 순위**

Rank			DBMS	Database Model
Jan 2024	Dec 2023	Jan 2023		
1.	1.	1.	Oracle	Relational, Multi-model
2.	2.	2.	MySQL	Relational, Multi-model
3.	3.	3.	Microsoft SQL Server	Relational, Multi-model
4.	4.	4.	PostgreSQL	Relational, Multi-model
5.	5.	5.	MongoDB	Document, Multi-model
6.	6.	6.	Redis	Key-value, Multi-model
7.	7.	↑8.	Elasticsearch	Search engine, Multi-model
8.	8.	↓7.	IBM Db2	Relational, Multi-model
9.	↑10.	↑11.	Snowflake	Relational
10.	↓9.	↓9.	Microsoft Access	Relational

• **문서 기반 DBMS 순위**

Rank			DBMS	Database Model
Jan 2024	Dec 2023	Jan 2023		
1.	1.	1.	MongoDB	Document, Multi-model
2.	2.	2.	Amazon DynamoDB	Multi-model
3.	3.	3.	Databricks	Multi-model
4.	4.	4.	Microsoft Azure Cosmos DB	Multi-model
5.	5.	5.	Couchbase	Document, Multi-model
6.	6.	6.	Firebase Realtime Database	Document
7.	7.	7.	CouchDB	Document, Multi-model
8.	8.	8.	Google Cloud Firestore	Document
9.	9.	↑10.	Realm	Document
10.	10.	↓9.	MarkLogic	Multi-model

1.2 MongoDB의 특징 및 장단점

MongoDB는 문서 지향의 DBMS이고, 확장성을 지원하기 위해 관계형 모델을 사용하지 않는다. 도큐먼트 구조는 다음과 같은 이유로 관계형의 행보다 유연하다.

- 내장 도큐먼트의 배열을 허용한다.
- 키와 값을 미리 정의하지 않는다.
- 고정된 스키마가 없어서 필드와 추가와 삭제가 쉽다.
- 이러한 이유로 개발 속도가 빠르다.
- 인덱스, 집계 명령어, capped 컬렉션과 같은 특수한 형태의 도큐먼트를 제공한다.

MongoDB의 장점은 다음과 같다.

- 빠른 속도와 확장성 제공
- JSON 방식의 채용하여 친숙함과 이용의 편리성 제공
- 복제와 샤딩을 이용한 쉽고 빠른 분산 컴퓨팅 환경 구성

다음 절에서 몽고디비를 설치하고, 명령어들을 실행하는 방법을 다룬다. 설치할 프로그램들은 다음과 같다.

- MongoDB Community Server 6.0.8
- Mongosh : 자바 스크립트 환경에서 MongoDB 개발을 위한 명령어 실행 도구
- Compass : MongoDB GUI 도구
- tools : mongoimport, mongoexport

1.3 MongoDB 설치 및 실행

■ 구글 검색(몽고디비) 후 사이트 접속 :
https://www.mongodb.com/try/download/community

■ 다운로드

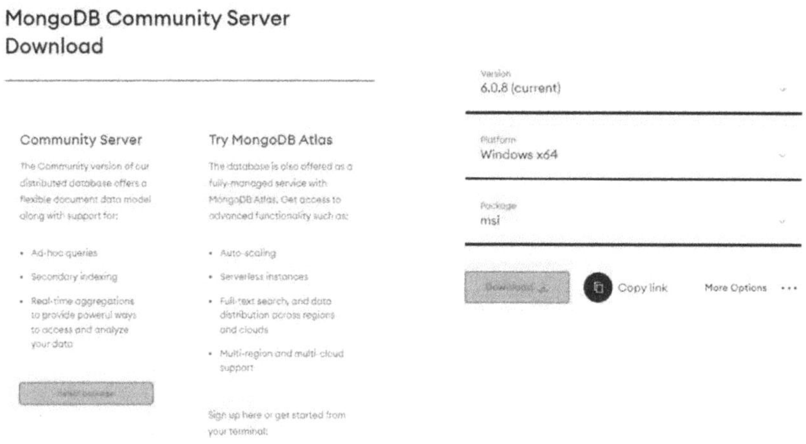

■ 설치 시작, 라이선스 동의

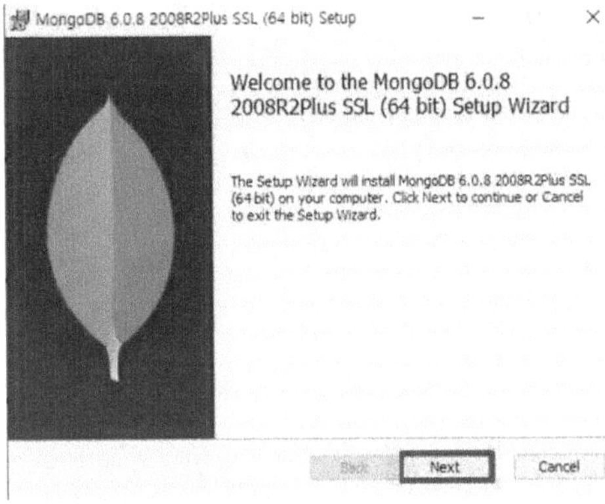

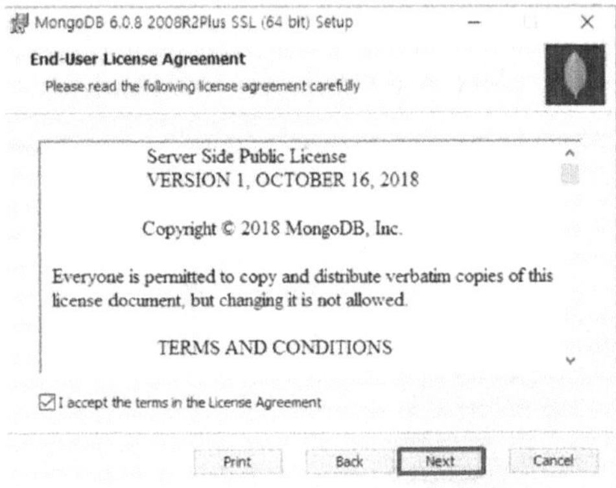

■ 설치 타입 설정, Data와 Log 위치 설정

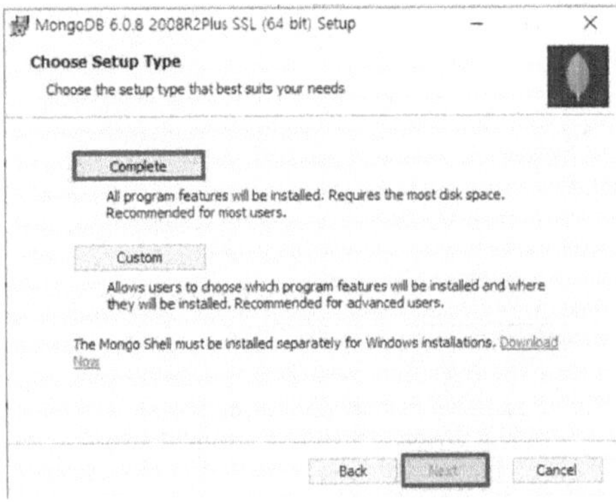

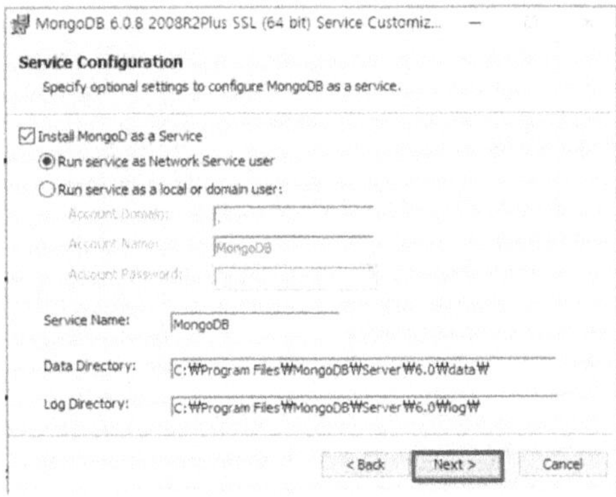

■ Compass 설치 동의 (GUI 툴), 설치 시작

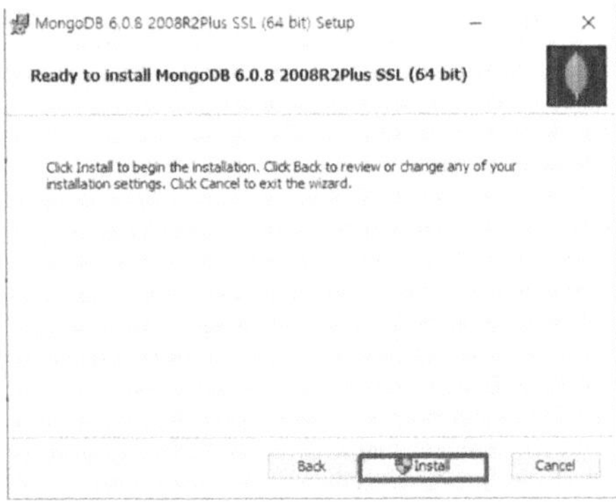

■ 설치 중 (시간이 꽤 걸림)

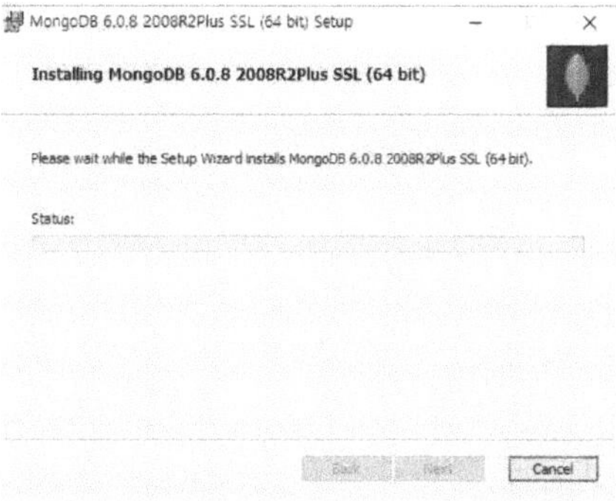

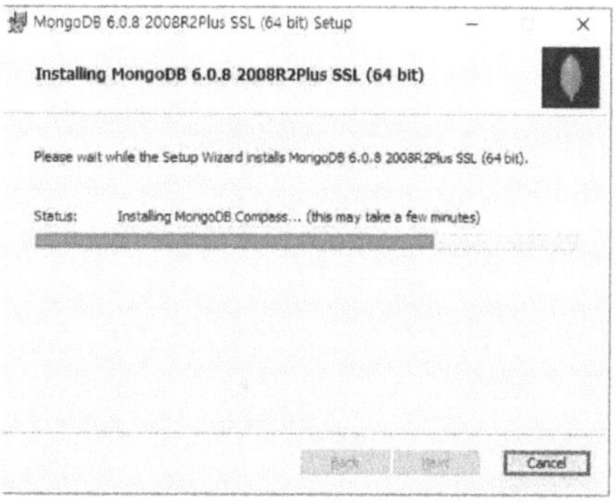

■ 쉘 설치 (mongoDB shell 검색어 입력)

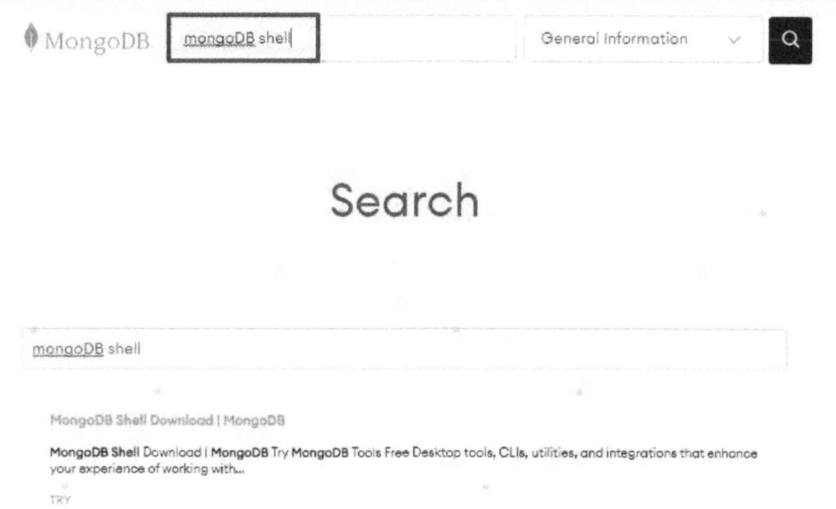

■ 다운로드

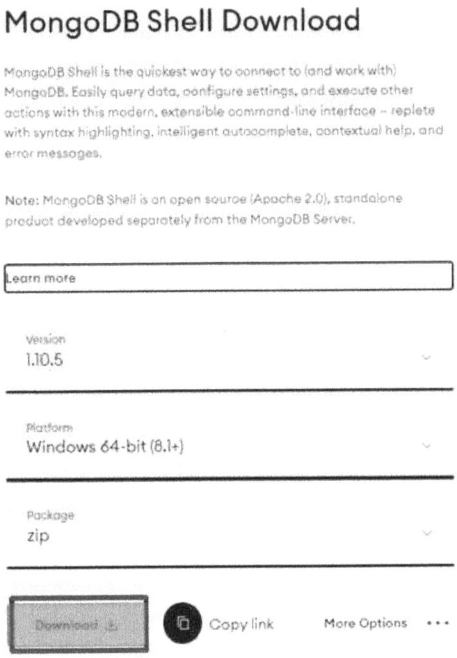

■ 다운로드 시작, 압축 풀기

■ 몽고 쉘 실행

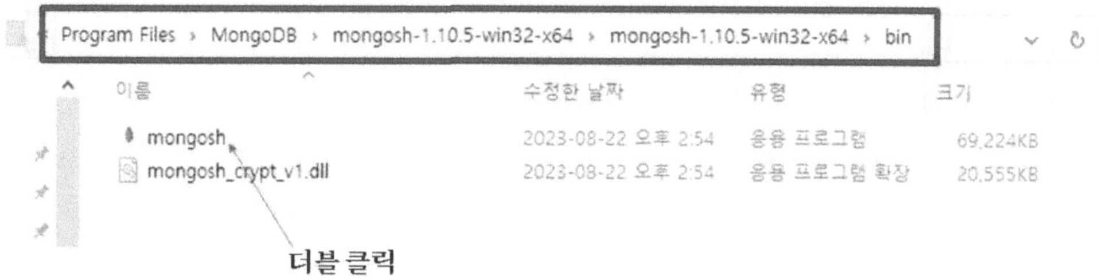

■ 추가 툴 설치

■ 툴 설치, 다운로드

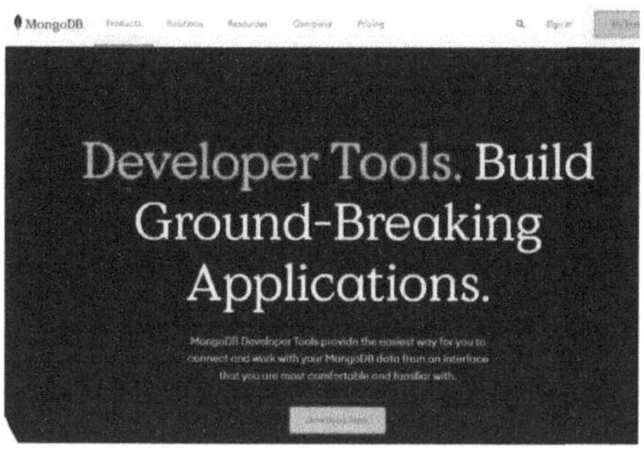

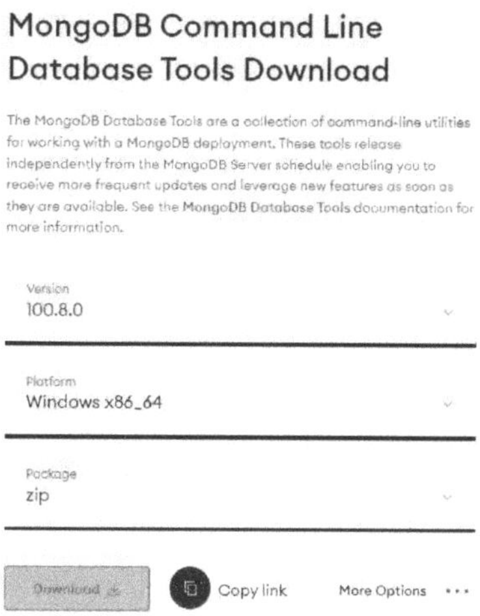

■ 설치 확인

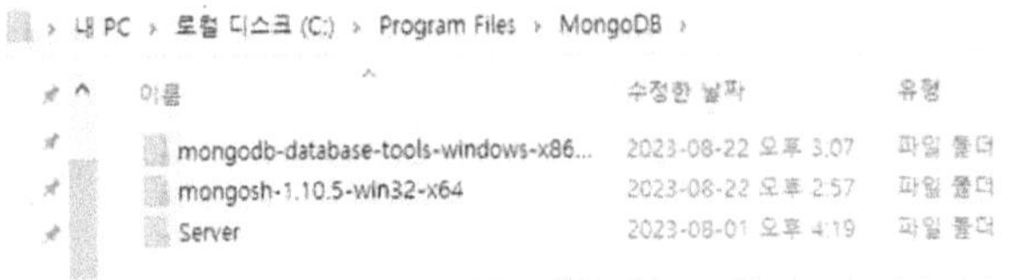

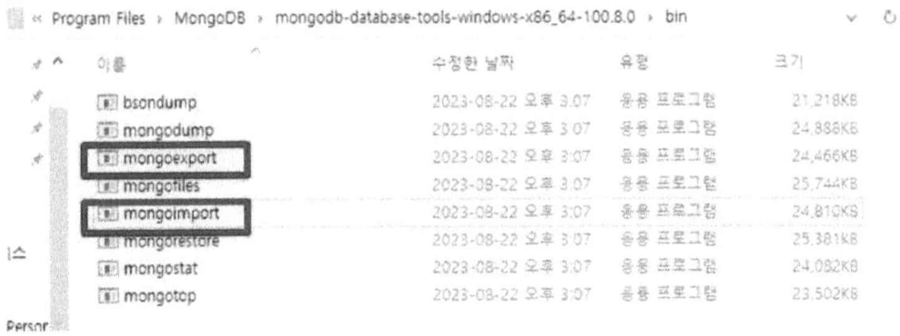

■ 서버 연결 (엔터키)

■ 작동 확인 : show dbs

```
test> show dbs;
admin     40.00 KiB
config    60.00 KiB
local     72.00 KiB
test     240.00 KiB
testDB    64.00 KiB
test>
```

보여지는 데이터베이스 목록들이 달라도 문제없다.

1.3.1 mongosh

앞에서 설치된 프로그램들 중 몽고 쉘은 자바 스크립트, Node.js 등의 환경에서 몽고디비 개발을 위한 툴이다. 낮은 버전에서는 mongo.exe라는 실행 파일이 있었으나 버전 6.0 이상에서는 이 파일이 삭제되고 몽고 쉘로 대체되었다. 몽고디비에 대한 명령어 중에 mongo.exe 파일을 필요로 하는 명령어들은 이제 몽고 쉘로 대체하여 실행해야 함에 유의하자.

제 2 장. 기본 명령어

제 2 장. 기본 명령어

이 장에서는 몽고디비의 CRUD 명령어들에 대하여 기술한다. 구체적으로 삽입, 갱신, 대체, 삭제, 검색 등과 관련된 명령어들에 기술한다. 몽고 쉘 명령어들은 자바 스크립트 문법에 기반하고 있으며, 명령어의 끝에 ';'을 사용하지 않는다. (교재의 예제들에서는 명령어의 끝을 명시적으로 보여주기 위해서 ';'을 사용하였다.) 여기에 기술되는 내용의 일부는 몽고디비 사이트의 매뉴얼에서 참고하였다. (https://www.mongodb.com/docs/manual/)

2.1 mongosh 시작하기

본격적으로 도큐먼트를 생성하고 검색하기 전에, 데이터베이스를 검색하고 선택하는 명령어부터 살펴본다. show 명령어를 사용하면 선택된 데이터베이스의 컬렉션의 목록을 확인할 수 있다. 몽고 쉘을 시작할 때 작업할 데이터베이스를 입력할 수 있지만, show databases(또는 show dbs) 명령어를 통해 데이터베이스 목록을 확인한 후, use 명령어로 작업할 데이터베이스를 선택하는 것이 쉘을 사용할 때 처음으로 실행해야 할 명령어이다. 데이터베이스를 선택할 때 특이한 점은, use 명령어 다음에 존재하지 않는 데이터베이스 이름을 명세하면 생성과 선택이 동시에 이루어진다는 점이다. MySQL에서는 데이터베이스를 명시적으로 생성한 후 선택해야 하지만, 몽고디비에서는 두 개의 기능이 하나로 합쳐져 있다. 명령어의 실행 결과 화면에 대하여 미리 일러둘 사항은 명령어를 실행한 몽고 쉘의 버전이 조금 달라 프롬프트 모양이 다른 결과들이 있다는 점이다. 하지만 실행 결과에는 큰 차이가 없다는 점을 미리 일러둔다.

- **show databases, use, show collections**

```
test> show databases;
admin     40.00 KiB
config    72.00 KiB
local     72.00 KiB
test     240.00 KiB
testDB    64.00 KiB
```

```
test> use test
already on db test
test> show collections;
first
inventory
movie
rating
system.profile
test>
```

데이터베이스의 목록 확인, 상태, 삭제, 컬렉션 삭제, 이름 변경 등에 관련된 명령어는 다음과 같다.

- **show dbs // DB 목록 확인**
- **db.stats() // DB 상태 확인**
- **use *database_name* // 데이터베이스 생성 및 선택**
- **db.dropDatabase() // DB 삭제**
- **db.*collection_name*.drop() // 컬렉션 삭제**
- **db.*collection_name*.renameCollection(new_name) // 컬렉션 이름 변경**

몽고디비에서는 데이터베이스를 새로 만들 때 use 명령어를 사용하여 새로운 데이터베이스 이름을 주는 것만으로 데이터베이스를 생성할 수 있다. 아래 예를 보면, 프롬프트에서 보여주는 데이터베이스는 "test"이나, show 명령어로 확인하면 "test" 데이터베이스가 보이지 않는다. 이 때 test 데이터베이스 내에 "first" 컬렉션을 만든 후에 다시 show 명령어로 데이터베이스 목록을 확인하면 비로소 "test" 데이터베이스를 확인할 수 있다. 즉, 데이터베이스를 새로 만들었다고 해도, 컬렉션이 존재하지 않는 비어 있는 데이터베이스의 경우에는 그 이름을 목록에서 확인할 수 없다.

```
test> show databases;
admin    40.00 KiB
config   96.00 KiB
local    40.00 KiB
test> show dbs;
admin    40.00 KiB
config   96.00 KiB
local    40.00 KiB
test> db.first.insertOne(
... {name:"kim", date:new Date("2023-10-11")} );
{
  acknowledged: true,
  insertedId: ObjectId('65b87984f0f3d0eefe619369')
}
test> show dbs;
admin    40.00 KiB
config   96.00 KiB
local    40.00 KiB
test      8.00 KiB
test> _
```

현재 사용 중인 데이터베이스의 상태를 반영한 몇 가지 통계 값을 보여주는 db.stats() 메서드를 실행보고, 간단한 상태 정보를 알아본다.

```
Enterprise test> db.stats();
{
  db: 'test',
  collections: 5,
  views: 0,
  objects: 19,
  avgObjSize: 59.31578947368421,
  dataSize: 1127,
  storageSize: 151552,
  indexes: 5,
  indexSize: 151552,
  totalSize: 303104,
  scaleFactor: 1,
  fsUsedSize: 71906721792,
  fsTotalSize: 119461859328,
  ok: 1
}
```

본격적인 몽고디비 명령어를 시작하기에 앞서 몽고디비의 데이터베이스 구조를 먼저 살펴보자.

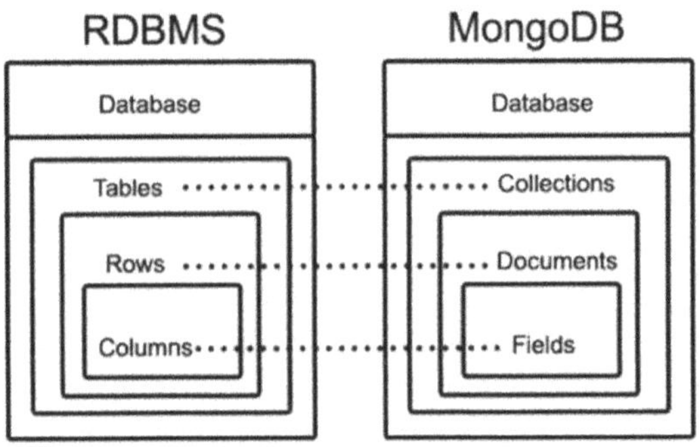

[몽고디비의 구조]

몽고디비의 구조는 RDBMS와 비교할 때 데이터베이스-컬렉션-도큐먼트-필드의 구조를 가진다. 이 때 컬렉션은 관계 DB의 테이블과, 도큐먼트는 테이블의 각 행과, 필드는 열과 의미가 유사하다. 각 도큐먼트는 BSON 형식으로 저장되는데, 이는 JSON 형식과 유사하다.

JSON은 JavaScript Object Notation의 약어로, 데이터를 저장하고 전공하는 텍스트의 형식의 하나이다. JSON 형식에서 데이터는 키와 값의 쌍으로 저장되며, 데이터들은 ‘,’에 의해 분리된다. 객체는 ‘{}’ 안에 정의되며, 배열은 ‘[]’안에 저장된다. 예를 들어, ‘user’ 컬렉션을 구성하는 각 도큐먼트는 다음과 같이 구성될 수 있다.

BSON은 JSON 형식을 "바이너리"로 인코딩한 바이트 문자열이다. JSON 형식은 사람들이 읽을 수 있는 데이터 전송 표준 포맷인데 비하여, BSON은 JSON 포맷의 데이터를 접근하고 저장하기 위한 직렬화(serialization) 포맷이다. BSON은 공간을 절약할 수 있게 고안된 형식이나, 사실상 추가되는 정보들로 인해 JSON보다 공간을 덜 차지하지는 않는다. 다음 표를 통해 JSON 형식과 BSON 형식의 차이점을 살펴본다.

항 목	JSON	BSON
Type	Standard file format	Binary file format
Speed	Less fast	faster
Space	Consume less space	More space is needed
Usage	Transmission of data	Storage of data
Characteristics	Key-value pair only used for transmission of data	Lightweight, fast and traversable

[JSON과 BSON의 비교]

아래 예에서는 세 개의 필드를 가진 하나의 도큐먼트를 보여주고 있다. 이런 도큐먼트들이 모여 컬렉션을 구성한다. 예를 들어, 'user' 컬렉션이 하나의 도큐먼트를 삽입하는 명령어는 다음과 같다.

```
db.users.insertOne(          ←—— collection
  {
    name: "sue",             ←—— field: value ┐
    age: 26,                 ←—— field: value ├ document
    status: "pending"        ←—— field: value ┘
  }
)
```

위에서 만들어진 데이터는 컬렉션 이름이 users이고, 도큐먼트는 name, age, status의 세 개의 필드를 가지고 있다.

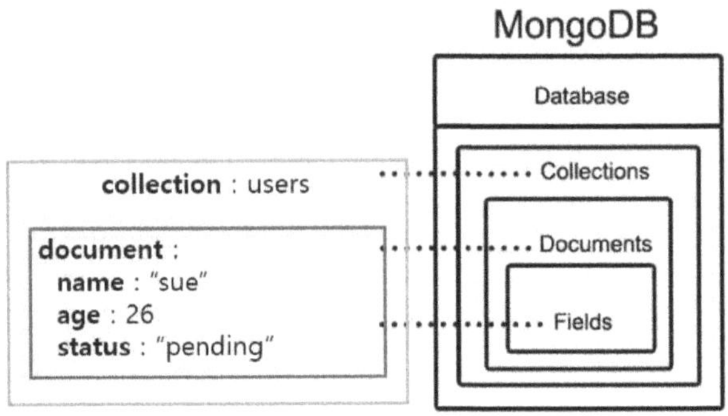

[컬렉션과 필드]

몽고 쉘을 이용하여 명령어를 입력할 때 다음과 같은 사항을 참고하기 바란다.

- 몽고디비 명령어는 라인 단위로 입력되므로, 엔터키를 치면 윗 줄의 명령어를 수정할 수 없다. (추후 몽고디비의 GUI 에디터인 Compass를 소개할 예정이다.)
- 키보드의 화살표 키를 이용하면 이전 명령어들을 재실행할 수 있다.
- 명령어들은 영어 대소문자를 구별한다.

앞으로 사용할 쉘 명령어의 형식에 대한 이해가 필요하다. 명령어는 “db”로 시작하여 “컬렉션이름”, ()를 가진 “메서드 이름()”과 메서드 내에 적절한 매개변수 사용함으로써 성공적으로 수행할 수 있다.

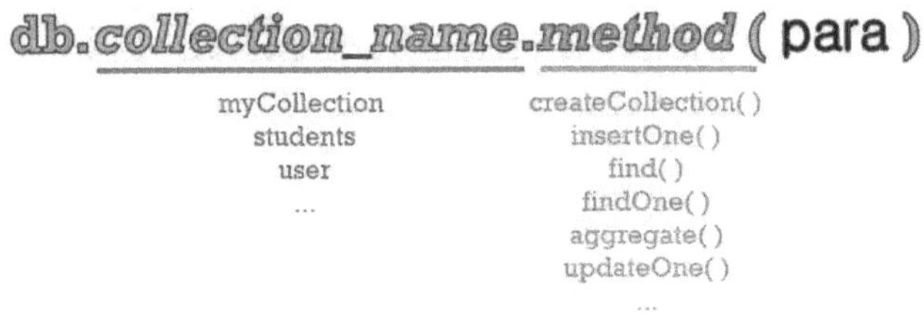

[쉘 명령어의 형식]

2.1.1 데이터 타입

몽고디비에서 도큐먼트의 필드를 생성하려면 다양한 데이터 타입을 알아야 한다. 다음은 몽고디비에서 지원하는 데이터 타입들이다.

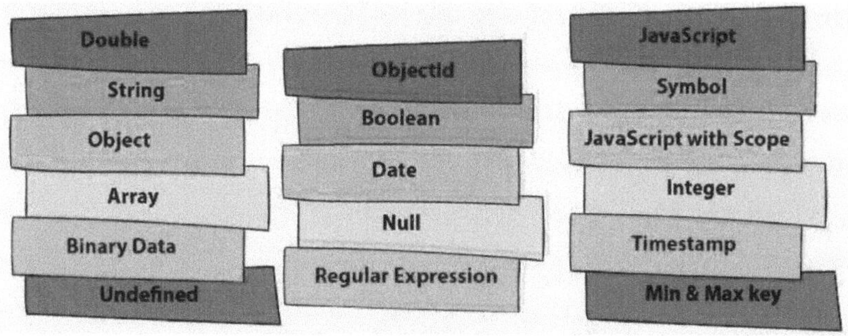

출처 : https://data-flair.training/blogs/mongodb-data-types/

[몽고디비의 데이터 타입]

다음은 JSON 형식에서 사용되는 데이터 타입의 구체적인 예이다.

- null: { “x” :null}
- Boolean: { “x” :true}
- Double, Integer : { “x” :3, “y” :3.14}
- String: { “x” : ” hello” }
- Date, Timestamp: { “x” : new Date() }
- Regular Expression : { “x” : /foo/i}
- Array: { “x” : [“a” , “b” , “c”] }
- ObjectId: { “x” : ObjectId() }
- javascript code : { “x” :function () { /* */ } }

2.2 컬렉션

몽고디비에서 컬렉션은 그 특징에 따라 네 가지로 분류된다. 가장 많이 사용하는 일반 컬렉션과 최대 크기가 정해져 있는 capped 컬렉션, 시간의 흐름에 따라 오래된 데이터를 삭제하는 TTL 컬렉션, 마지막으로 시스템 정보를 저장하는 시스템 컬렉션으로 분류된다.

몽고디비에서는 존재하지 않은 이름의 컬렉션에 도큐먼트를 삽입(insertOne())

하면 자동으로 컬렉션이 생성된다. 컬렉션은 관계 데이터베이스의 테이블에 해당되는데, MySQL에서는 먼저 테이블을 생성한 후에 도큐먼트에 해당하는 행들을 삽입할 수 있으나, 몽고디비에서는 도큐먼트를 삽입하는 것으로 컬렉션을 생성할 수 있다. 다음 그림은 몽고디비의 컬렉션의 종류이다.

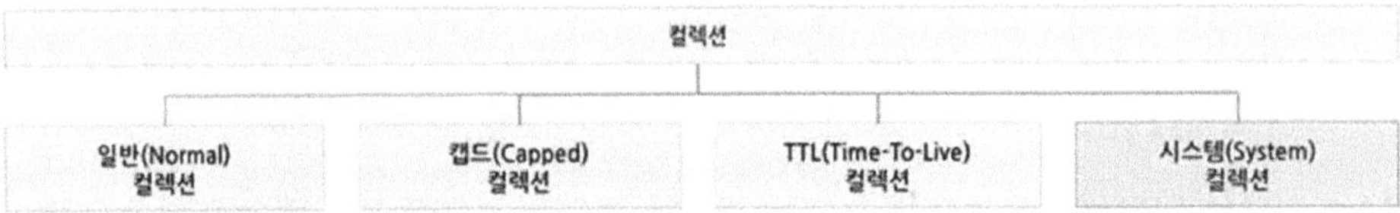

[몽고디비 컬렉션의 종류]

도큐먼트 생성없이 비어 있는 컬렉션을 생성할 때는 아래와 같이 createCollection() 메서드를 이용하여 특정 이름("test")의 컬렉션을 생성한 후 삭제할 수 있다.

```
testDB> db.createCollection("test")
{ ok: 1 }
testDB> db.test.drop()
true
testDB> _
```

먼저, capped 컬렉션에 대하여 살펴보자. 캡드 컬렉션은 createCollection() 메서드를 이용하여 캡드 여부, 사이즈 등의 매개변수를 전달하여 생성할 수 있다. 앞에서 언급한 바와 같이 캡드 컬렉션은 컬렉션의 최대 크기가 정해져 있어, 크기를 초과하면 오래된 도큐먼트부터 자동으로 삭제된다. 매개변수에 capped 속성과 size 속성을 설정하여 capped 컬렉션을 만들어보자.

```
testDB> db.createCollection("cappedCollection", {capped:true, size:10000})
{ ok: 1 }
testDB>
```

컬렉션의 정보를 출력할 수 있는 getCollectionInfos()를 사용하여 컬렉션의 정보를 출력해보자.

```
Enterprise board> db.getCollectionInfos()
[
  {
    name: 'board',
    type: 'collection',
    options: {},
    info: {
      readOnly: false,
      uuid: UUID("0135bce8-01cd-4362-ab57-d77e569c2938")
    },
    idIndex: { v: 2, key: { _id: 1 }, name: '_id_' }
  },
  {
    name: 'article',
    type: 'collection',
    options: {},
    info: {
      readOnly: false,
      uuid: UUID("272d3783-632d-451e-b4e8-57dd5ab73d75")
    },
    idIndex: { v: 2, key: { _id: 1 }, name: '_id_' }
  }
]
```

예에서는 “board”와 “article” 컬렉션이 존재하는 상황에서 출력된 결과이다. 아직 생성한 컬렉션이 없다면 추후에 실행해서 결과를 확인해도 좋다. getCollectionInfos() 메서드를 통해 컬렉션의 이름과 타입, UUID, 인덱스 등에 대한 정보를 확인할 수 있다.

“board” 컬렉션의 캡드 여부를 확인하는 isCapped()와 컬렉션의 상태를 확인할 수 있는 stats() 메서드의 결과는 다음과 같다. stats() 메서드의 실행으로 컬렉션의 크기, 인덱스 등의 정보를 확인할 수 있다. stats() 메서드의 결과는 모두 출력하기에 길어서 중간에서 생략하였다.

```
Enterprise board> db.board.isCapped();
false
Enterprise board> db.board.stats();
{
  ns: 'board.board',
  size: 192,
  count: 4,
  avgObjSize: 48,
  numOrphanDocs: 0,
  storageSize: 36864,
  freeStorageSize: 16384,
  capped: false,
  wiredTiger: {
    metadata: { formatVersion: 1 },
    creationString: 'access_pattern_hint=none,all

  },
  nindexes: 1,
  indexBuilds: [],
  totalIndexSize: 36864,
  totalSize: 73728,
  indexSizes: { _id_: 36864 },
  scaleFactor: 1,
  ok: 1
}
```

컬렉션 “board”에 저장된 데이터의 크기에 관련된 메서드로, storageSize()는 도큐먼트 스토리지를 위해 할당된 컬렉션의 바이트 수를 반환한다. 만약 컬렉션 데이터가 압축되었다면 이 값은 압축된 사이즈를 반영하며 dataSize() 메소드에 의해 반환된 스토리지 크기보다 작을 수 있다. totalSize()는 컬렉션의 데이터 사이즈에 모든 인덱스의 사이즈가 더해진 바이트 수를 반환한다.

```
Enterprise board> db.board.storageSize();
36864
Enterprise board> db.board.totalSize();
73728

Enterprise board> db.board.dataSize();
192
Enterprise board> _
```

몽고디비에서는 컬렉션이 생성되면 그 컬렉션을 유일하게 구별하기 위한 id가 부여된다. 이것을 UUID(Universally Unique IDentifier)라고 한다. 일반적으로 UUID는 몽고디비 뿐 아니라 자바, 안드로이드 등의 분산 환경에서 객체에 대한 유일한 ID를 만들 때 사용한다. UUID는 36개의 문자(32개의 16진수 문자와 4개의 하이픈)로 구성되며, 8-4-4-4-12의 5개의 문자 그룹을 하이픈으로 연결하여 만들어진다. 다음은 UUID를 구성하는 각 그룹에 대한 설명이다.

이름	길이 (바이트)	길이 (16진수 숫자)	내용
time_low	4	8	시간의 low 32비트를 부여하는 정수
time_mid	2	4	시간의 middle 16비트를 부여하는 정수
time_hi_and_version	2	4	최상위 비트에서 4비트 "version", 그리고 시간의 high 12비트
clock_seq_hi_and_res clock_seq_low	2	4	최상위 비트에서 1-3비트, 그리고 13-15비트 클럭 시퀀스
node	6	12	48비트 노드 id

[UUID의 구성]

2.3 도큐먼트 삽입하기

이제 본격적으로 컬렉션에 도큐먼트를 삽입하는 방법에 대하여 살펴보자. 몽고디비에서는 도큐먼트를 삽입하기 위하여 insertOne(), insertMany() 메서드를 사용한다. 몽고디비의 메서드들은 ___One()과 ___Many() 형식의 메서드들이 쌍으로 존재하는 경우가 많다. 명령어의 기능이 하나나 여러 개를 대상으로 실행되도록 만들어져 있다. insert의 경우에도 하나의 도큐먼트를 삽입하거나 여러 개의 도큐먼트를 동시에 삽입할 수 있다

- db.*collection_name*.insertOne() : 한 개의 도큐먼트 생성
- db.*collection_name*.insertMany() : 여러 개의 도큐먼트 생성

몽고디비에서 도큐먼트를 삽입할 때 관계 DB과 다른 점은, 스키마를 정의하는 별도의 과정 없이 바로 JSON 형식의 필드와 값을 입력하는 것만으로 도큐먼트를 삽입할 수 있다는 점이다. 관계 DB에서는 명확하게 create table 명령어로 스키마를 정의한 후, insert 명령어로 레코드들을 삽입할 수 있다. 하지만 몽고디비에서는 컬렉션의 스키마를 정의하지 않고 도큐먼트를 삽입하는 것이 가능하다. 사전에 존재하지 않는 이름의 컬렉션이라고 해도 도큐먼트를 삽입하면 컬렉션의 생성도 자동으로 이루어진다. 또한 하나의 컬렉션에 저장되는 도큐먼트의 필드(스키마)는 모두 동일하지 않아도 삽입이 가능하다.

2.3.1 insertOne()

컬렉션에 하나의 도큐먼트를 삽입하는 insertOne()의 형식은 다음과 같다.

```
db.collection.insertOne(
    <document>,
    {
      writeConcern: <document>
    }
)
```

myCollection에 첫 번째 도큐먼트를 삽입해보자.

```
Enterprise test> db.myCollection.insertOne(
... {
..... name:"sue",
..... height:165,
..... address:"Mokpo"
..... }
... );
{
  acknowledged: true,
  insertedId: ObjectId("631e90be283079891c2f3d9e")
}
Enterprise test>
```

쉘 명령어가 대소문자를 구별하는 특징은 다음 예를 통해 확인할 수 있다. insertOne()이 아닌 insertone() 메서드는 정상적으로 실행되지 않으며, “mycollection”과 “myCollection”은 다른 컬렉션으로 구별된다.

• 쉘 명령어의 대소문자 구별

```
Enterprise test> db.myCollection.insertone( { name: "SSue", height: 165, address: "seoul"} );
TypeError: db.myCollection.insertone is not a function
Enterprise test>
```

```
Enterprise test> db.mycollection.insertOne( {name:"SSue", height:165, address:"Seoul"} );
{
  acknowledged: true,
  insertedId: ObjectId("650a7d3a517a66976e463898")
}
Enterprise test> show collections;
mycollection
myCollection
myfile
time
user
Enterprise test>
```

도큐먼트의 필드를 다룰 때 배열은 유용하게 사용된다. 하나의 이름으로 여러 개의 값을 입력할 수 있기 때문에, 다음과 같이 address 필드가 여러 개의 값을 가진다면 ‘[]’ 기호를 사용하여 배열로 입력할 수 있다.

• 배열 필드의 입력

```
Enterprise test> db.myCollection.insertOne(
... {
..... name : "Jane",
..... height : 170.3,
..... address : ["Seoul", "Mokpo"]
..... }
... );
{
  acknowledged: true,
  insertedId: ObjectId("6321633c6400ac0e75cd526a")
}
```

2.3.2 insertMany()

한 번에 여러 개의 도큐먼트를 삽입할 수 있는 insertMany() 메서드의 형식은 다음과 같다.

```
db.collection.insertMany(
   [ <document 1> , <document 2>, ... ],
   {
      writeConcern: <document>,
      ordered: <boolean>
   }
)
```

insertMany() 메서드로 여러 개의 도큐먼트를 동시에 입력할 수 있는데, 여러 개의 도큐먼트를 '[]' 기호를 이용하여 배열로 삽입한다. 다음은 insertMany() 메서드의 예이다.

```
Enterprise test> db.myCollection.insertMany(
... [
... {name:"Mike", height:180, address:"Daejon"},
... {name:"BB", height:155, address:"Jeju"}
... ]
... );
{
  acknowledged: true,
  insertedIds: {
    '0': ObjectId("6321647d6400ac0e75cd526b"),
    '1': ObjectId("6321647d6400ac0e75cd526c")
  }
}
Enterprise test>
```

도큐먼트를 삽입한 후 결과를 검색하고 싶다면 find() 메서드를 사용한다. find() 메서드에 대해서는 2.4절에서 다시 언급하기로 하고, 여기서는 컬렉션 이름 다음에 find() 메서드를 사용하여 삽입된 도큐먼트들을 확인해보자.

```
Enterprise test> db.myCollection.find();
[
  {
    _id: ObjectId("631e90be283079891c2f3d9e"),
    name: 'sue',
    height: 165,
    address: 'Mokpo'
  },
  {
    _id: ObjectId("6321633c6400ac0e75cd526a"),
    name: 'Jane',
    height: 170.3,
    address: [ 'Seoul', 'Mokpo' ]
  },
  {
    _id: ObjectId("6321647d6400ac0e75cd526b"),
    name: 'Mike',
    height: 180,
    address: 'Daejon'
  },
  {
    _id: ObjectId("6321647d6400ac0e75cd526c"),
    name: 'BB',
    height: 155,
    address: 'Jeju'
  }
]
```

몽고디비가 제공하는 데이터 타입 중 확인이 필요한 타입 중 하나는 날짜와 시간에 관련된 타입이다. 아래 예에서는 new Date()를 사용하여 date 필드의 값을 생성하였다. 여기서 생성된 날짜는 우리 나라의 로컬 시간이 아니라, 세계 표준시의 시간임에 유의한다. find() 메서드로 삽입된 도큐먼트들을 확인하였다.

```
test> db.myCollection.insertOne( {"date":new Date()} );
{
  acknowledged: true,
  insertedId: ObjectId('65c1e6d20c7722bafbc1de49')
}
test> db.myCollection.find( {}, {date:1} );
[
  { _id: ObjectId('65c1e59f0c7722bafbc1de45') },
  { _id: ObjectId('65c1e5d90c7722bafbc1de46') },
  { _id: ObjectId('65c1e6020c7722bafbc1de47') },
  { _id: ObjectId('65c1e6240c7722bafbc1de48') },
  {
    _id: ObjectId('65c1e6d20c7722bafbc1de49'),
    date: ISODate('2024-02-06T07:59:14.340Z')
  }
]
```

날짜를 특정 날짜("2022-09-01 11:00:00")로 설정하고자 할 때는 다음과 같이 사용할 수 있다.

```
test> db.myCollection.insertOne( {"date": new Date("2022-09-01 11:00:00")});
{
  acknowledged: true,
  insertedId: ObjectId('65c1e76e0c7722bafbc1de4a')
}
```

컬렉션에 도큐먼트를 삽입하면 컬렉션 내에서 그 도큐먼트를 유일하게 구별하는 방법이 필요하다. 앞서 사용된 find()의 결과를 보면 모든 도큐먼트마다 명시적으로 삽입하지 않은 필드 "_id" 필드가 보인다. 이 필드에 대하여 알아보자.

"_id" 필드는 몽고디비의 컬렉션 내에 모든 도큐먼트들이 기본적으로 가지는 필드로, 몽고디비가 지원하는 임의의 타입으로 설정할 수 있으나, 기본 타입은 "ObjectId" 타입이다. 이것은 컬렉션이 생성되면 고유 아이디로 UUID가 만들어지는 것처럼 각 도큐먼트가 생성되면 도큐먼트마다 고유하게 부여되는 값이다. _id 필드는 사용자가 별도로 지정할 수도 있으나, 지정하지 않으면 자동으로 생성되며, 하나의 컬렉션 안에서 동일한 _id를 가진 두 개의 도큐먼트는 존재할 수 없어, 흔히 말하는 기본 키(primary key)로서의 기능을 수행한다고 할 수 있다. 다시 말해, 컬렉션의 각 도큐먼트는 유일한 _id를 가진다.

_id의 기본 타입인 ObjectId 타입에 대하여 알아보자. 이 타입은 전체 12바이트로 구성되며, 첫 4바이트는 타임스탬프 값(1970년 1월 1일 이후)이고, 다음 5바이트는 랜덤 값이며, 마지막 3바이트는 카운터로 구성된다. 다른 시스템에서 값들과는 다르게 생성된다. 다음은 이를 도식화한 것이다.

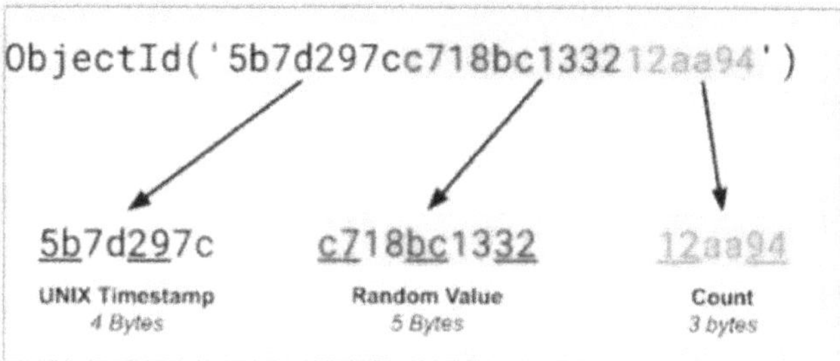

[ObjectId의 구성]

2.4 도큐먼트 검색하기

몽고디비에서 도큐먼트를 검색하는 find() 메서드는 MySQL의 select에 해당하는 명령어로 행과 열을 다양하게 검색할 수 있도록 다양한 변형을 가지고 있다. find() 메서드의 형식은 다음과 같다. 최대 세 개의 매개변수를 가질 수 있으나, 이 절에서는 처음 두 개의 매개변수의 사용법을 주로 다룬다.

```
db.collection.find( <query>, <filter>, <options> )
```

find() 메서드의 첫 번째 매개변수를 {query}라고 부른다. 이 부분은 출력에 포함될 도큐먼트(행)를 선택할 조건을 명시하는 곳으로, 생략하거나 비어 있는 객체 '{}'를 전달하면 해당 컬렉션의 모든 도큐먼트가 출력 대상이 된다.(이 교재에서 사용하는 버전보다 낮은 버전에서는 {} 대신 null을 사용할 수 있다) 이 매개변수는 select문의 where절에 해당하는데, 특정 도큐먼트만 출력하고 싶다면 해당 조건을 첫 번째 { }안에 기술하면 된다.

> db.myCollection.find(); // myCollection 컬렉션의 모든 도큐먼트 출력
> db.myCollection.find({}); // myCollection 컬렉션의 모든 도큐먼트 출력
> db.myCollection.find({ "author" : "kim" }); // author 필드의 값이 "kim" 인 도큐먼트만 출력

find() 메서드의 두 번째 매개변수는 <filter>라고 표기되어 있으나, 흔히들 이 부분을 {projection}이라고 표현한다. 이 매개변수는 첫 번째 매개변수를 통해 걸러진 도큐먼트의 모든 필드가 아니라 관심 있는 특정 필드(열)만 걸러내어 출력하는 역할을 한다. 요약하면 find() 메서드의 첫 번째 매개변수는 출력할 "도큐먼트"를 걸러낼 조건을 명시하고, 두 번째 매개변수는 출력할 "필드"를 걸러 낼 조건을 명시한다.

출력에 포함되는 필드를 표현하는 방법을 배워보자. 두 가지 방법을 사용할 수 있다. 예를 들어 도큐먼트의 "title" 필드 만을 출력하려 한다면 **정수 1이나 부울값** true를 사용하여 다음과 같이 표현할 수 있다.

```
> db.myCollection.find( {}, { "title" :1}); // title 필드만을 출력
> db.myCollection.find( {}, { "title" :true}); // 부울값도 가능
```

두 번째 매개변수를 사용한 예는 다음과 같다. null은 "{}"로 대체할 수 있다.

```
Enterprise board> db.article.find( null, {title:true} )
[
  { _id: ObjectId("62f0a029f2422acc6c637870"), title: 'hello' },
  { _id: ObjectId("62f0a029f2422acc6c637871"), title: 'hi' },
  { _id: ObjectId("62f0a0a0f2422acc6c637872"), title: 'hi' },
  { _id: ObjectId("62f0a217f2422acc6c637874"), title: 'secret' }
]
Enterprise board> db.article.find( null, {title:1} )
[
  { _id: ObjectId("62f0a029f2422acc6c637870"), title: 'hello' },
  { _id: ObjectId("62f0a029f2422acc6c637871"), title: 'hi' },
  { _id: ObjectId("62f0a0a0f2422acc6c637872"), title: 'hi' },
  { _id: ObjectId("62f0a217f2422acc6c637874"), title: 'secret' }
]
Enterprise board>
```

find()의 결과는 자바스크립트 문법의 변수(joe)로도 저장하여 활용가능하다.

```
Enterprise testDB> db.users.insertOne({"name":"joe", "friends":32, "enemies":2} );
{
  acknowledged: true,
  insertedId: ObjectId("651a2a668aa8a3efd663dd6b")
}
Enterprise testDB> var joe=db.users.findOne({"name":"joe"});

Enterprise testDB> db.users.findOne({name:"joe"});
{
  _id: ObjectId("651a2a668aa8a3efd663dd6b"),
  name: 'joe',
  friends: 32,
  enemies: 2
}
```

2.4.1 배열의 위치 기반 접근

몽고디비에서 배열은 여러 개의 값을 갖는 필드를 정의하거나, insertMany()와 같이 여러 개의 도큐먼트를 동시에 삽입할 때 유용하게 사용된다. 여기에서는 하나의 필드가 배열 값을 가질 때 배열의 각 요소를 접근하는 방법에 대하여 살펴본다.

"article" 컬렉션이 다음과 같이 저장되었다고 가정하자. 각 게시글(article)에는 여러 개의 댓글(comments)이 작성될 수 있으므로 이 필드를 배열로 정의하였고, 각 댓글에는 작성한 저자(author)와 글 내용(content)이 저장된다.

```
Enterprise board> db.article.find()
[
  {
    _id: ObjectId("62f0a029f2422acc6c637870"),
    board_id: ObjectId("62f09e38f2422acc6c63786f"),
    title: 'hello',
    content: 'hi, hello',
    author: 'Karoid'
  },
  {
    _id: ObjectId("62f0a029f2422acc6c637871"),
    board_id: ObjectId("62f09e38f2422acc6c63786f"),
    tutle: 'hi',
    content: 'hi, hello2',
    author: 'Jeong'
  },
  {
    _id: ObjectId("62f0a0a0f2422acc6c637872"),
    board_id: ObjectId("62f09e38f2422acc6c63786f"),
    title: 'hi',
    content: 'hi, hello3',
    author: 'Hong',
    comments: [ { author: 'Karoid', content: 'hello, Hong' } ]
  }
]
```

이렇게 저장된 comments 필드에서 "Karoid"가 작성한 댓글을 출력하려 한다면 어떻게 해야 할까? 배열로 저장된 값들은 인덱스로 접근가능한데 일반적으로 시작 인덱스는 0이다. 인덱스를 사용하여 댓글의 첫 번째 저자는 "comments.0.author"로 접근할 수 있다. 여기서 숫자 0은 comments 필드의 첫 번째 요소라는 의미이다. "Karoid"가 작성한 글이 배열에서 첫 번째 위치에 있기 때문에 사용한 인덱스이다. 다음 예를 보자.

```
Enterprise board> db.article.find( {"comments.0.author":"Karoid"} )
[
  {
    _id: ObjectId("62f0a0a0f2422acc6c637872"),
    board_id: ObjectId("62f09e38f2422acc6c63786f"),
    title: 'hi',
    content: 'hi, hello3',
    author: 'Hong',
    comments: [ { author: 'Karoid', content: 'hello, Hong' } ]
  }
]
```

2.5 도큐먼트 대체하기

replaceOne() 명령어는 도큐먼트의 필드를 다른 필드로 대체하는 명령어이다. 다른 명령어와 다르게 replace 명령어는 replaceMany() 메서드 없이 replaceOne() 메서드만 존재한다. 형식은 다음과 같다.

```
• db.collection.replaceOne(
     {query},            // 교체할 도큐먼트 필터
     {replacement}, // 교체할 필드와 값
     {upsert:Boolean, writeConcern: <document>, collation: <document>}
  )
```

replaceOne() 메서드의 첫 번째 매개변수는 교체할 도큐먼트를 선택할 조건을 명세하고, 두 번째 매개변수는 교체할 필드와 값을 명세한다. 옵션으로 사용되는 세 번째 매개변수 중 하나는 "upsert"이다. upsert는 update와 insert의 합성어로, 교체하거나 수정할 도큐먼트가 존재하지 않으면 새로 생성할 수 있는 옵션이다. 이것은 insertOne() 메서드를 실행할 때 대상 컬렉션이 존재하지 않으면 컬렉션을 자동으로 생성하는 원리와 동일하다. 도큐먼트를 교체할 때 존재하지 않는 도큐먼트이면 새로 삽입을 하고, 존재하면 갱신하는 것을 하나의 명령어로 처리할 수 있다. upsert 속성은 논리값으로 설정한다. 이 기능은 MySQL, Oracle 등에서도 지원한다. myCollection에 대하여 replaceOne() 메서드를 upsert 속성과 함께 사용한 예를 보자. 먼저 find()의 결과를 확인한다.

```
Enterprise testDB> db.myCollection.find();
[
  { _id: ObjectId("62f060b88da32e9a3a0f2450"), x: 1 },
  {
    _id: ObjectId("62f0a82b3ffe156fe25f54a1"),
    item: 'abc123',
    status: 'P',
    points: 100
  },
  {
    _id: ObjectId("6327e95760e28093311aa4d2"),
    item: 'abc999',
    status: 'P',
    points: 90
  }
]
```

```
Enterprise testDB> db.myCollection.replaceOne(
... {item:"abc123"},
... {item:"aaa123", status:"S", points:90},
... {upsert:true}
... );
{
  acknowledged: true,
  insertedId: null,
  matchedCount: 1,
  modifiedCount: 1,
  upsertedCount: 0
}
Enterprise testDB> db.myCollection.find();
[
  { _id: ObjectId("62f060b88da32e9a3a0f2450"), x: 1 },
  {
    _id: ObjectId("62f0a82b3ffe156fe25f54a1"),
    item: 'aaa123',
    status: 'S',
    points: 90
  },
```

앞의 예에서는 {item:“abc123”}인 도큐먼트를 찾아서, {item:“aaa123”, status:”S“, points:90}으로 대체하여 기존의 필드들을 갱신하는 결과를 가져온다. upsert 속성을 true로 설정했으므로 insert와 update 기능을 동시에 수행한다.

2.6 도큐먼트 갱신하기

도큐먼트를 갱신하는 updateOne()과 updateMnay() 명령어는 특정 필드의 값을 바꾸거나 필드 이름을 변경하거나 필드 자체를 삭제하는 기능 등을 수행한다. 두 명령어의 형식은 다음과 같다.

```
db.collection.updateOne(
    { query },
    { update },
    {upsert:Boolean, writeConcern: <document>, collation: <document>, arrayFilters: [...] }
)

db.collection.updateMany(
    { query },
    { update },
    {upsert:Boolean, writeConcern: <document>, collation: <document>, arrayFilters: [...] }
)
```

updateOne() 메서드는 필터 조건이 일치하는 첫 번째 도큐먼트만 갱신하는데, 조건에 맞는 도큐먼트가 더 있어도 나머지는 그대로 유지된다. updateMany() 메서드는 조건에 맞는 모든 도큐먼트를 수정한다. 두 개의 메서드는 매개변수가 동일하고, 도큐먼트 구조를 변경하거나 특정 사용자에게 새로운 정보를 추가할 때 사용하기 좋다. updateMany()는 원자적으로 실행된다.

update__() 메서드의 첫 번째 매개변수인 {query}는 갱신의 대상이 되는 도큐먼트를 식별하는 조건을 명시하고, 두 번째 매개변수인 {update} 부분에 다양한 연산자를 사용하여 갱신의 목적을 명시해야 한다. 수행하려는 갱신이 필드 이름의 수정인지, 특정 값의 할당인지, 필드의 삭제인지 등에 따라 다양한 기능을 수행해야 하기 때문에 update 메서드는 두 번째 매개변수의 기술 방법이 다양하다. 두 번째 매개변수인 {update} 매개변수의 기술 규칙은 다음과 같다.

- {update} 기술 규칙
  - { $수정연산자 : {갱신할 필드:값} }
  - 수정의 목적을 연산자로 기술 (필드이름변경, 값 변경, 삭제 등)

수정 연산자의 종류와 기능을 먼저 기술한다.

- **$rename** : 특정 필드의 이름 수정
- **$inc** : 숫자 필드의 값을 증가(양수)하거나 감소(음수)
- **$set** : 필드 값의 수정 또는 생성
- **$push** : 배열 연산자, 배열이 존재하면 맨 마지막에 요소 추가, 없으면 생성
- **$unset** : 특정 필드의 삭제
- **$pop** : 배열의 처음이나 끝에서 요소 제거
- **$pull** : 배열에서 값 제거
- **$ne** : not equal을 의미하는 연산자
- **$addToSet** : 특정 값이 배열에 존재하지 않을 때 추가
- **$setOnInsert** : 도큐먼트가 처음 생성될 때 값 설정, 추후 갱신되지 않는다.

- **$rename 연산자**

article 컬렉션의 두 번째 도큐먼트의 필드 이름 “tutle”을 “title”로 변경해보자.

```
Enterprise board> db.article.find()
[
  {
    _id: ObjectId("62f0a029f2422acc6c637870"),
    board_id: ObjectId("62f09e38f2422acc6c63786f"),
    title: 'hello',
    content: 'hi, hello',
    author: 'Karoid'
  },
  {
    _id: ObjectId("62f0a029f2422acc6c637871"),
    board_id: ObjectId("62f09e38f2422acc6c63786f"),
    tutle: 'hi',
    content: 'hi, hello2',
    author: 'Jeong'
  },
  {
```

아래 예는 article 컬렉션에서 {tutle:"hi"}인 도큐먼트를 찾아서, "tutle"이라는 필드 이름을 "title"로 이름을 변경하는 예이다.

```
Enterprise board> db.article.updateOne( {tutle:'hi'}, {$rename : {tutle:'title'} })
{
  acknowledged: true,
  insertedId: null,
  matchedCount: 1,
  modifiedCount: 1,
  upsertedCount: 0
}
Enterprise board> db.article.find()
[
  {
    _id: ObjectId("62f0a029f2422acc6c637870"),
    board_id: ObjectId("62f09e38f2422acc6c63786f"),
    title: 'hello',
    content: 'hi, hello',
    author: 'Karoid'
  },
  {
    _id: ObjectId("62f0a029f2422acc6c637871"),
    board_id: ObjectId("62f09e38f2422acc6c63786f"),
    content: 'hi, hello2',
    author: 'Jeong',
    title: 'hi'
  },
```

- **$set 연산자**

아래 예에서는 $set 연산자를 사용하여 upvote 필드를 새로 생성하여 0으로 설정하였다. 원래 article 컬렉션에 upvote 필드는 존재하지 않았다.

```
Enterprise board> db.article.updateMany( {}, {$set: {upvote:0}})
{
  acknowledged: true,
  insertedId: null,
  matchedCount: 4,
  modifiedCount: 4,
  upsertedCount: 0
}
```

쿼리가 { } 이면 모든 도큐먼트 대상

upvote필드 값을 0으로 설정—upvote 필드가 없다면 생성.

- **$inc 연산자**

아래 예는 $inc 연산자를 사용하여 0으로 설정된 upvote 필드 값을 1씩 증가시킨 예이다. inc는 +1을 의미하는 increment의 약어로 생각할 수 있다.

```
Enterprise board> db.article.updateMany( {}, {$inc : {"upvote":1} } );
{
  acknowledged: true,
  insertedId: null,
  matchedCount: 4,
  modifiedCount: 4,
  upsertedCount: 0
}
Enterprise board> db.article.find({}, {upvote:1} );
[
  { _id: ObjectId("62f0a029f2422acc6c637870"), upvote: 1 },
  { _id: ObjectId("62f0a029f2422acc6c637871"), upvote: 1 },
  { _id: ObjectId("62f0a0a0f2422acc6c637872"), upvote: 1 },
  { _id: ObjectId("62f0a217f2422acc6c637874"), upvote: 1 }
]
```

증가 값을 3으로 설정하면 기존 값에 3씩 더해진다.

```
Enterprise board> db.article.updateMany( {}, {$inc : {"upvote":3} } );
{
  acknowledged: true,
  insertedId: null,
  matchedCount: 4,
  modifiedCount: 4,
  upsertedCount: 0
}
Enterprise board> db.article.find({}, {upvote:1} );
[
  { _id: ObjectId("62f0a029f2422acc6c637870"), upvote: 4 },
  { _id: ObjectId("62f0a029f2422acc6c637871"), upvote: 4 },
  { _id: ObjectId("62f0a0a0f2422acc6c637872"), upvote: 4 },
  { _id: ObjectId("62f0a217f2422acc6c637874"), upvote: 4 }
]
```

증가 값을 -2로 설정하면 기존 값을 2씩 감소시킬 수 있다.

```
Enterprise board> db.article.updateMany( {}, {$inc : {"upvote":-2} } );
{
  acknowledged: true,
  insertedId: null,
  matchedCount: 4,
  modifiedCount: 4,
  upsertedCount: 0
}
Enterprise board> db.article.find({}, {upvote:1} );
[
  { _id: ObjectId("62f0a029f2422acc6c637870"), upvote: 2 },
  { _id: ObjectId("62f0a029f2422acc6c637871"), upvote: 2 },
  { _id: ObjectId("62f0a0a0f2422acc6c637872"), upvote: 2 },
  { _id: ObjectId("62f0a217f2422acc6c637874"), upvote: 2 }
]
```

- **$ne 연산자**

$ne 연산자는 not equal의 의미로 어떤 값이 동일하지 않음을 의미하는 연산자이다. 이 연산자를 이용하여 comments 필드가 null이 아닌 도큐먼트들을 검색하여보자. 여기서는 변수를 이용하였다.

```
Enterprise board> var c_id = db.article.find( {"comments" : {"$ne":null} } );

Enterprise board> c_id
[
  {
    _id: ObjectId("62f0a0a0f2422acc6c637872"),
    board_id: ObjectId("62f09e38f2422acc6c63786f"),
    title: 'hi',
    content: 'updateddd',
    author: 'Hong',
    comments: [
      { author: 'Jim', content: 'hello, Hong' },
      { author: 'Quote', content: 'reply', upvote: 0 }
    ],
    upvote: 2
  }
]
```

- **$push 연산자**

$push 연산자는 배열에 요소를 추가하는 연산자이다. 이 연산자를 사용하려면 배열 필드가 필요하다. 다음 예는 article 컬렉션의 comments 필드에 새로운 댓글을 추가하고, find() 메서드로 추가된 필드를 확인하는 예이다.

```
Enterprise board> db.article.updateOne( {_id:doc_id},
... { $push : {comments : {author : "Quote", content : "reply"} } }
... )
{
  acknowledged: true,
  insertedId: null,
  matchedCount: 1,
  modifiedCount: 1,
  upsertedCount: 0
}
Enterprise board> db.article.find( {author:"Hong"})
[
  {
    _id: ObjectId("62f0a0a0f2422acc6c637872"),
    board_id: ObjectId("62f09e38f2422acc6c63786f"),
    title: 'hi',
    content: 'updated',
    author: 'Hong',
    comments: [
      { author: 'Karoid', content: 'hello, Hong' },
      { author: 'Quote', content: 'reply' }
    ],
    upvote: 0
  }
]
Enterprise board>
```

- **$unset 연산자**

$unset 연산자는 특정 필드를 삭제하는 연산자이다. 이 연산자를 이용하여 address 필드를 삭제하여보자.

```
Enterprise test> db.myCollection.updateOne(
... {"name" : "BB"},
... {$unset: {"address" : 1} }
... );
{
  acknowledged: true,
  insertedId: null,
  matchedCount: 1,
  modifiedCount: 1,
  upsertedCount: 0
}
Enterprise test> db.myCollection.find( {"name":"BB"});
[
  {
    _id: ObjectId("6321647d6400ac0e75cd526c"),
    name: 'BB',
    height: 155
  }
]
Enterprise test> _
```

1 대신 true 사용가능

- **$pop 연산자**

$pop은 배열에서 요소를 제거하는 연산자이다. 전달되는 값에 따라 배열의 처음이나 끝에서 삭제할 수 있다. 나중에 다룰 $pull 연산자는 조건이나 값에 따라 배열에서 요소를 제거할 수 있고, $pop 연산자는 스택처럼 배열의 처음과 끝에서만 요소를 삭제할 수 있다. 다음은 $pop 연산자의 형식이다.

- { "$pop" : {"key이름" : -1 }} : 배열의 처음에서 제거
- { "$pop" : {"key이름" : 1 }} : 배열의 끝에서 제거

먼저 lists 컬렉션에 세 개의 값을 가진 todo 필드를 정의하였다.

```
test> db.lists.insertOne( {"todo": ["dishes", "laundry", "walk"] });
{
  acknowledged: true,
  insertedId: ObjectId('65c2dd2f471a01e1a2455a7f')
}
```

todo 배열 필드의 오른쪽 끝에서 항목을 제거(1)하는 방법과 왼쪽 처음에서 항목을 제거(−1)하고 결과를 확인하였다.

```
test> db.lists.updateOne( {}, {$pop:{"todo":1}});
{
  acknowledged: true,
  insertedId: null,
  matchedCount: 1,
  modifiedCount: 1,
  upsertedCount: 0
}
test> db.lists.find();
[
  {
    _id: ObjectId('65c2dd2f471a01e1a2455a7f'),
    todo: [ 'dishes', 'laundry' ]
  }
]
test> db.lists.updateOne( {}, {$pop:{"todo":-1}});
{
  acknowledged: true,
  insertedId: null,
  matchedCount: 1,
  modifiedCount: 1,
  upsertedCount: 0
}
test> db.lists.find();
[ { _id: ObjectId('65c2dd2f471a01e1a2455a7f'), todo: [ 'laundry' ] } ]
test>
```

• **$pull 연산자**

$pull 연산자를 이용하면 배열 요소의 이름으로 항목을 삭제할 수 있다. fruits 컬렉션에서 “banana”라는 이름을 가진 배열 항목을 $pull 연산자로 삭제해보자.

```
test> db.fruits.insertOne( {name : ["apple", "banana", "melon"]} );
{
  acknowledged: true,
  insertedId: ObjectId('65c2df40471a01e1a2455a80')
}
test> db.fruits.updateOne( {}, {$pull:{name:"banana"}});
{
  acknowledged: true,
  insertedId: null,
  matchedCount: 1,
  modifiedCount: 1,
  upsertedCount: 0
}
test> db.fruits.find();
[
  {
    _id: ObjectId('65c2df40471a01e1a2455a80'),
    name: [ 'apple', 'melon' ]
  }
]
```

• **$addToSet 연산자**

$addToSet 연산자는 배열에 존재하지 않는 값을 추가하는 연산자이다. 집합에는 동일한 두 개의 값이 존재하지 않는데, 배열을 집합처럼 처리할 때는 $ne 연산자를 사용하고, $ne가 작동하지 않을 때는 $addToSet 연산자를 사용한다.

아래 예에서는 “Mike”를 삽입하고, $ne 연산자를 이용하여 “Richie”를 삽입하였다.

```
Enterprise testDB> db.papers.insertOne( {"author cited":["Mike"] } );
{
  acknowledged: true,
  insertedId: ObjectId("632fcb9fc2ff85314fee6dde")
}
Enterprise testDB> db.papers.updateOne({ "author cited": { "$ne": "Richie" } },
... {$push : {"author cited":"Richie"}});
{
  acknowledged: true,
  insertedId: null,
  matchedCount: 1,
  modifiedCount: 1,
  upsertedCount: 0
}
```

```
Enterprise testDB> db.papers.find()
[
  {
    _id: ObjectId("632fcb9fc2ff85314fee6dde"),
    'author cited': [ 'Mike', 'Richie' ]
  }
]
```

하지만 $ne 연산자를 사용하여 한 번 더 Richie를 삽입하면 아무 변화가 없다.

```
Enterprise testDB> db.papers.updateOne({ "author cited": { "$ne": "Richie" } },
{ $push: { "author cited": "Richie" } });
{
  acknowledged: true,
  insertedId: null,
  matchedCount: 0,
  modifiedCount: 0,
  upsertedCount: 0
}
Enterprise testDB> db.papers.find()
[
  {
    _id: ObjectId("632fcb9fc2ff85314fee6dde"),
    'author cited': [ 'Mike', 'Richie' ]
  }
]
```

이것을 $addToSet으로 삽입하였다. 배열에 동일 값이 없을 때 삽입된다.

```
Enterprise testDB> db.papers.updateOne( {"_id":ObjectId("632fce30c2ff85314fee6ddf")},
... {"$addToSet":{"author cited":"Chris"}});
{
  acknowledged: true,
  insertedId: null,
  matchedCount: 1,
  modifiedCount: 1,
  upsertedCount: 0
}
Enterprise testDB> db.papers.find();
[
  {
    _id: ObjectId("632fce30c2ff85314fee6ddf"),
    'author cited': [ 'Mike', 'Richie', 'Chris' ]
  }
]
Enterprise testDB>
```

• 배열 위치 기반 변경

어떤 필드가 배열 값을 가질 때 요소의 위치에 기반하여 값을 변경하는 방법을 알아보자. 다음과 같이 article 컬렉션에서 댓글의 저자가 “John”인 도큐먼트를 검색하였다.

```
Enterprise board> db.article.find({"comments.author":"John"});
[
  {
    _id: ObjectId("62f0a0a0f2422acc6c637872"),
    board_id: ObjectId("62f09e38f2422acc6c63786f"),
    title: 'hi',
    content: 'updateddd',
    author: 'Hong',
    comments: [
      { author: 'John', content: 'hello, Hong' },
      { author: 'Quote', content: 'reply', upvote: 0 }
    ],
    upvote: 2
  }
]
```

이 도큐먼트의 저자 이름을 "John"에서 "Chris"로 변경하기 위해 다음과 같은 updateOne() 메서드를 사용하면 오류가 발생한다.

```
Enterprise board> db.article.updateOne({"comments.author":"John"},
... {$set : {"comments.author":"Chris"}} );
MongoServerError: Cannot create field 'author' in element {comments: [ { author: "John", content: "hello, Hong" }, { a
uthor: "Quote", content: "reply", upvote: 0 } ]}
```

문제는 "comments.author"라는 식으로는 배열 내 필드를 정상적으로 찾지 못하기 때문이다. 이것을 해결하려면 위치 연산자 '$'을 사용하여 "comments.$.author"와 같은 표현을 사용해야 한다. 이제 정상적으로 수행됨을 확인할 수 있다.

```
> db.article.updateOne(
   { "comments.author" : "john" }, {$set:{ "comments.$.author" : "Chris" }}
  );
```

```
Enterprise board> db.article.updateOne({ "comments.author": "John" }, { $set: { "comments.$.author": "Chris" } });
{
  acknowledged: true,
  insertedId: null,
  matchedCount: 1,
  modifiedCount: 1,
  upsertedCount: 0
}
Enterprise board> db.article.find({"comments.author":"Chris"});
[
  {
    _id: ObjectId("62f0a0a0f2422acc6c637872"),
    board_id: ObjectId("62f09e38f2422acc6c63786f"),
    title: 'hi',
    content: 'updateddd',
    author: 'Hong',
```

- **$setOnInsert 연산자**

도큐먼트의 어떤 필드는 도큐먼트가 처음 생성될 때 값이 설정되면 내내 바뀌지 않는 필드가 있다. 이런 필드를 만들고 값을 설정하기 위해서는 $setOnInsert 연산자를 사용한다.

```
Enterprise testDB> db.members.updateOne({},
... {"$setOnInsert":{"createdAt":new Date()}},
... {"upsert":true} );
{
  acknowledged: true,
  insertedId: ObjectId("632fd7f5196f4729433b677c"),
  matchedCount: 0,
  modifiedCount: 0,
  upsertedCount: 1
}
Enterprise testDB> db.members.find();
[
  {
    _id: ObjectId("632fd7f5196f4729433b677c"),
    createdAt: ISODate("2022-09-25T04:24:21.299Z")
  }
]
```

이렇게 만들어진 필드는 일정 시간이 지난 후에 다시 갱신을 해도 그 값이 유지됨을 확인할 수 있다.

```
Enterprise testDB> db.members.updateOne({}, {"$setOnInsert":{"createdAt":new Date()}}, {upsert:true});
{
  acknowledged: true,
  insertedId: null,
  matchedCount: 1,
  modifiedCount: 0,
  upsertedCount: 0
}
Enterprise testDB> db.members.find();
[
  {
    _id: ObjectId("632fd7f5196f4729433b677c"),
    createdAt: ISODate("2022-09-25T04:24:21.299Z")
  }
```

지금까지는 updateOne() 메서드를 주고 사용하였으나, updateMany()를 이용하여 members 컬렉션에서 조건에 맞는 모든 도큐먼트를 수정하는 예를 살펴보자.

```
testDB> db.members.find();
[
  { _id: ObjectId('65b8adaa3bcb73678f4541d6'), birth: '10/13/1978' },
  { _id: ObjectId('65b8adaa3bcb73678f4541d7'), birth: '09/26/2000' },
  { _id: ObjectId('65b8adaa3bcb73678f4541d8'), birth: '09/26/2000' }
]
testDB>
```

```
testDB> db.members.updateMany(
... {"birth":"09/26/2000"},
... {"$set":{"gift":"Happy birthday to youuuuuuu!!!"}});
{
  acknowledged: true,
  insertedId: null,
  matchedCount: 2,
  modifiedCount: 2,
  upsertedCount: 0
}
```

```
testDB> db.members.find();
[
  { _id: ObjectId('65b8adaa3bcb73678f4541d6'), birth: '10/13/1978' },
  {
    _id: ObjectId('65b8adaa3bcb73678f4541d7'),
    birth: '09/26/2000',
    gift: 'Happy birthday to youuuuuuu!!!'
  },
  {
    _id: ObjectId('65b8adaa3bcb73678f4541d8'),
    birth: '09/26/2000',
    gift: 'Happy birthday to youuuuuuu!!!'
  }
]
```

- **$arrayFilters 옵션 (세 번째 매개변수)**

$arrayFilters는 updateMany() 메서드의 세 번째 매개변수로 사용할 수 있다. 배열 요소를 추가하거나 배열 요소의 일부를 수정하는 방법을 제공한다. 배열 요소의 일부를 수정할 때 사용하는 명령어 형식은 다음과 같다.

```
db.col.updateMany(
  { query },                                                   // (1)
  { update_operator } : {"<array>.$[id]" : value } },          // (3)
  { upsert:true, arrayFilters : [ { <id> : <condition> } ] }   // (2)
)
```

(1)의 조건을 만족하는 도큐먼트에 대하여,
(3)의 배열 내에서 변경할 값들을 찾아, (변경할 값을 "id"로 설정)
(2)의 value로 갱신.

character 컬렉션에 다음과 같이 도큐먼트가 삽입되었다고 가정하자.

```
test> db.character.insertMany([
... {name:'x', inventory:['pen', 'cloth', 'pen']},
... {name:'y', inventory:['book', 'cloth'], position:{x:1, y:5}},
... {name:'z', inventory:['wood', 'pen'], position:{x:0, y:9}}
... ]);
{
  acknowledged: true,
  insertedIds: {
    '0': ObjectId('65c2e33d471a01e1a2455a81'),
    '1': ObjectId('65c2e33d471a01e1a2455a82'),
    '2': ObjectId('65c2e33d471a01e1a2455a83')
  }
}
```

필드 값 "pen"을 "pencil"로 일괄 수정해보자.

```
test> db.character.find({}, {_id:0, inventory:1});
[
  { inventory: [ 'pen', 'cloth', 'pen' ] },
  { inventory: [ 'book', 'cloth' ] },
  { inventory: [ 'wood', 'pen' ] }
]
test> db.character.updateMany( {},
... {$set : {"inventory.$[penEle]":"pencil"}},
... {arrayFilters :[{penEle:'pen'}]});
{
  acknowledged: true,
  insertedId: null,
  matchedCount: 3,
  modifiedCount: 2,
  upsertedCount: 0
}
```

find() 메서드로 변경된 값을 확인할 수 있다.

```
test> db.character.find( {"inventory":"pencil"});
[
  {
    _id: ObjectId('65c2e33d471a01e1a2455a81'),
    name: 'x',
    inventory: [ 'pencil', 'cloth', 'pencil' ]
  },
  {
    _id: ObjectId('65c2e33d471a01e1a2455a83'),
    name: 'z',
    inventory: [ 'wood', 'pencil' ],
    position: { x: 0, y: 9 }
  }
]
```

2.7 도큐먼트 삭제하기

deleteOne()과 deleteMany() 메서드는 조건에 맞는 도큐먼트를 컬렉션에서 삭제하는 명령어이다. 명령어의 형식은 다음과 같다.

```
deleteOne(
   {query},
   {writeConcern: <document>, collation:<document> }
)
deleteMany() // deleteOne과 동일
```

다음은 character 컬렉션에서 name 필드가 'x'인 도큐먼트를 삭제하는 deleteMany() 메서드의 예이다. 첫 번째 매개변수에서 삭제할 도큐먼트를 선택할 조건을 명세하여 조건에 맞는 도큐먼트들을 삭제한다.

```
Enterprise board> db.character.find()
[
  {
    _id: ObjectId("62f1acf08f2374a992b47290"),
    name: 'x',
    inventory: [ 'pencil', 'cloth', 'pencil' ]
  },
  {
    _id: ObjectId("62f1acf08f2374a992b47291"),
    name: 'y',
    inventory: [ 'book', 'cloth' ],
    position: { x: 1, y: 5 }
  },
  {
    _id: ObjectId("62f1acf08f2374a992b47292"),
    name: 'z',
    inventory: [ 'wood', 'pencil' ],
    position: { x: 0, y: 9 }
  }
]
Enterprise board> db.character.deleteMany( {name:'x'} )
{ acknowledged: true, deletedCount: 1 }
Enterprise board>
```

name 필드가 x인 도큐먼트들이 삭제되었음을 find() 메서드로 확인할 수 있다.

```
Enterprise board> db.character.find()
[
  {
    _id: ObjectId("62f1acf08f2374a992b47291"),
    name: 'y',
    inventory: [ 'book', 'cloth' ],
    position: { x: 1, y: 5 }
  },
  {
    _id: ObjectId("62f1acf08f2374a992b47292"),
    name: 'z',
    inventory: [ 'wood', 'pencil' ],
    position: { x: 0, y: 9 }
  }
]
Enterprise board>
```

제 3 장. 쿼리 작성하기

제 3 장. 쿼리 작성하기

이 장에서는 몽고디비의 다양한 쿼리 명령어에 대하여 기술한다. "쿼리(query)"는 데이터베이스에서 원하는 정보를 가지고 오는 방법을 말한다. 몽고디비에서는 find() 메서드로 다양한 데이터를 검색할 수 있는데, 이 장에서는 2장에서 다룬 find() 메서드의 첫 번째 매개변수의 상세 사용법을 다룬다.

몽고디비의 쿼리는 객체({})의 형식으로 작성되는데, 이러한 표현은 관계 데이터베이스의 SQL보다 다소 가독성이 떨어지는 단점이 있다. 몽고디비에서 find() 메서드는 검색할 도큐먼트를 걸러내는 {query}와 검색할 필드를 걸러내는 {projection} 매개변수를 갖는다. 3장에서 다룰 내용은 첫 번째 매개변수의 다양한 사용법이다.

```
> db.shop.find({ "item" : "tv" }, { "price" :1,  "brand" :true})
  // tv 도큐먼트의 price와 brand 검색
```

여기서 {"item":"tv"} 부분이 첫 번째 매개변수인 {query}이다. {query}는 특정 값을 조건으로 사용하거나, 연산자를 사용하여 작성할 수 있다.

```
> db.container.find({price:1000}) // 가격이 1000원(값)인 도큐먼트 검색
> db.container.find({price:{$gte:1000, $lte:3000}})
  // 가격이 1000~3000원 사이에 있는 도큐먼트 검색
```

3장에서는 find() 메서드의 첫 번째 매개변수에서 사용되는 다양한 연산자의 사용법에 대하여 기술한다.

3.1 비교 연산자

첫 번째로 살펴볼 연산자는 비교(관계) 연산자이다. 비교 연산자는 두 값에 대한 비교를 하거나, 집합 연산으로 어떤 값이 포함되어 있는지를 표현한다. 다음은 몽고디비의 비교 연산자의 종류이다.

연산자	설명
$eq	equals
$ne	not equals
$gt	greater than (>)
$gte	greater than or equal (>=)
$lt	less than (<)
$lte	less than or equal (<=)
$in	in
$nin	not in

[비교 연산자의 종류]

inventory 컬렉션에서 item이 “hello”인 도큐먼트를 검색하는 질의를 작성해보자. inventory 컬렉션의 일부는 다음과 같다고 가정한다.

```
  {
    _id: ObjectId('63041e1cfe77651641a89127'),
    item: 'notebook',
    qty: 50,
    tags: [ 'red', 'blank' ]
  },
  {
    _id: ObjectId('62f1e009414631a98ff99d93'),
    item: 'hello',
    tags: [ 'red' ],
    qty: 5
  },
  {
    _id: ObjectId('62f9a800b2ca5cf8654d8a2c'),
    item: 'hi',
    tags: 'blue',
    qty: 10
  }
]
```

2장에서 배웠던 질의 작성법으로는 아래 예의 왼쪽과 같이 표현할 수 있는데, 동일한 질의를 “같다(equal)”를 표현하는 $eq 연산자를 사용하면 오른쪽 예와 같이 작성할 수 있다.

```
test> db.inventory.find( {item:"hello"});
[
  {
    _id: ObjectId('62f1e009414631a98ff99d93'),
    item: 'hello',
    tags: [ 'red' ],
    qty: 5
  }
]
```

```
test> db.inventory.find( {item:{$eq:"hello"}} )
[
  {
    _id: ObjectId('62f1e009414631a98ff99d93'),
    item: 'hello',
    tags: [ 'red' ],
    qty: 5
  }
]
```

qty 필드의 값이 50보다 크거나 같은 도큐먼트를 검색하는 질의를 $gte 연산자를 사용하여 작성해보자.

```
test> db.inventory.find( {qty: {$gte:50}});
[
  {
    _id: ObjectId('63041e1cfe77651641a89128'),
    item: 'paper',
    qty: 100,
    tags: []
  },
  {
    _id: ObjectId('63041e1cfe77651641a89129'),
    item: 'planner',
    qty: 75,
    tags: [ 'blank', 'red' ]
  },
  {
    _id: ObjectId('63041e1cfe77651641a89127'),
    item: 'notebook',
    qty: 50,
    tags: [ 'red', 'blank' ]
  }
]
```

프로그래밍 경험이 있는 독자라면 이쯤에서 궁금점이 생길 것이다. 많은 프로그래밍 언어에서 “qty가 50보다 크거나 같다”는 단순하게 “qty>=50”로 표현한다. 몽고디비에서는 왜 이런 연산자(>=)를 사용하지 않는 걸까? 답은, 몽고디비가 사용하는 JSON 형식에 있다. 몽고디비에서는 표기법의 기본이 JSON 형식이므로, 모든 식도 {키:값}과 같은 JSON 형식으로 표현되어야 한다. JSON 형식을 지키기 위해 다소 복잡하지만 $gte와 같은 연산자를 도입한 표기법을 사용한다.

```
Enterprise testDB> db.inventory.find ( {tags: {$in: ["red"] }})
[
  {
    _id: ObjectId("62f1e009414631a98ff99d93"),
    item: 'hello',
    tags: [ 'red' ],
    qty: 5
  }
]
Enterprise testDB> db.inventory.find ( {tags: {$nin : ["black", "blue"] }} )
[
  {
    _id: ObjectId("62f1e009414631a98ff99d93"),
    item: 'hello',
    tags: [ 'red' ],
    qty: 5
  }
]
```

위의 예에서는 $in, $nin 연산자를 사용하여 tag 필드에 특정 값이 포함되어 있는지를 평가하였다. $in과 $nin에서 여러 개의 값으로 포함 여부를 평가할 때 그 의미가 달라진다. $in 연산자로 여러 개의 값을 평가하면 값 중 하나라도 매칭되면 검색 결과에 포함되고, $nin 연산자로 여러 개의 값을 평가하면 모든 값이 매칭되지 않아야 검색에 포함된다.

{$in : [23, 10, 5]} // 23, 10, 5 중 하나라도 해당되면 검색된다.
{$nin : [23, 10, 5]} // 23, 10, 5는 검색에 포함되지 않는다.

3.2 논리 연산자

몽고디비에서는 $and, $or, $nor(not or), $not의 논리 연산자를 제공한다. 흔히들 and와 or는 이항 연산자라고 하고, not은 일항 연산자라고 한다. 그 의미는 and나 or 연산자를 하기 위해서는 두 개의 논리값(operand)이 필요하고, not 연산을 위해서는 하나의 논리값이 필요하다는 의미이다. 그래서 $and나 $or 연산을 위해 필요한 두 개의 항은 배열([])안에 작성한다는 점에 유의한다. 일반적으로 $and 연산자 없이도 두 개 이상의 조건이 ‘,’로 연결되어 나열되면 and 연산으로 해석된다.

inventory 컬렉션에서 qty 필드의 값이 100보다 크거나, 10보다 작은 도큐먼트를 검색하는 질의는 다음과 같다.

```
test> db.inventory.find( {"$or": [{qty:{"$gt":100}},
... {qty:{"$lt":10}} ] } );
[
  {
    _id: ObjectId('62f9a835b2ca5cf8654d8a2e'),
    item: 'go',
    tags: 'blu',
    qty: 1
  },
  {
    _id: ObjectId('62f9a81ab2ca5cf8654d8a2d'),
    item: 'good',
    tags: 'black',
    qty: 3
  },
  {
    _id: ObjectId('62f1e009414631a98ff99d93'),
    item: 'hello',
    tags: [ 'red' ],
    qty: 5
  }
]
```

3.3 배열 연산자

다음은 배열 요소에 적용할 수 있는 연산자에 대하여 살펴본다. 배열의 모든 요소와 같은 값을 가진 도큐먼트를 검색하거나($all), 배열에 적용할 특정 조건을 명시하여 검색하거나($elemMatch), 배열의 크기로 검색하거나($size), 배열의 일부분을 반환하는 방법($slice)을 기술한다.

$all 연산자는 2개 이상의 배열 요소와 일치하는 배열을 찾을 때 사용한다. 아래 예에서는 tags 필드에 "red", "blank"를 모두 가진 도큐먼트를 검색하는 질의이다. "red"와 "blank"의 순서에 상관없이 결과에 포함된다.

```
Enterprise testDB> db.inventory.find ( {tags: {$all : ["red", "blank"]} }, {_id:false});
[
  { item: 'journal', qty: 25, tags: [ 'blank', 'red' ] },
  { item: 'notebook', qty: 50, tags: [ 'red', 'blank' ] },
  { item: 'planner', qty: 75, tags: [ 'blank', 'red' ] }
]
```

$elemMatch 연산자는 배열 요소에 적용할 조건을 명시하여 조건에 일치하는 도큐먼트를 반환한다. 다음의 test3 컬렉션은 필드 값이 배열을 갖지 않는다.

```
Enterprise testDB> db.test3.insertMany( [ {x:1}, {x:2}, {x:3}, {x:4}, {x:5} ] )
{
  acknowledged: true,
  insertedIds: {
    '0': ObjectId("652b73e1e3ffd61b6e88af34"),
    '1': ObjectId("652b73e1e3ffd61b6e88af35"),
    '2': ObjectId("652b73e1e3ffd61b6e88af36"),
    '3': ObjectId("652b73e1e3ffd61b6e88af37"),
    '4': ObjectId("652b73e1e3ffd61b6e88af38")
  }
}
```

이 때, x 필드의 값이 2보다 크거나 같고, 5보다 작은 도큐먼트만을 검색하고 싶다면 다음과 같은 질의를 작성할 수 있다.

```
Enterprise testDB> db.test3.find ( {"x" : {"$gt":2, "$lt":5} } );
[
  { _id: ObjectId("652b73e1e3ffd61b6e88af36"), x: 3 },
  { _id: ObjectId("652b73e1e3ffd61b6e88af37"), x: 4 }
]
```

동일한 컬렉션에서 x 필드의 값이 3인 도큐먼트를 찾기 위해 $eq 연산자를 사용하여 질의를 사용하면 정상적으로 결과를 확인할 수 있다.

```
Enterprise testDB> db.test3.find ({"x": {"$eq":3} } );
[ { _id: ObjectId("652b73e1e3ffd61b6e88af36"), x: 3 } ]
```

컬렉션 test3에 $elemMatch 연산자를 사용하여 작성하면 오류가 발생한다. 왜냐하면 필드 x가 배열이 아니기 때문이다.

```
Enterprise testDB> db.test3.find ({"x": {"$elemMatch":3} } );
MongoServerError: $elemMatch needs an Object
Enterprise testDB>
```

$elemMatch 연산자를 위해 x 필드 값이 배열인 컬렉션 test4를 다음과 같이 정의하였다.

```
Enterprise testDB> db.test4.insertMany( [ {"x":[1, 2, 3]}, {"x":[4, 5, 6]} ] );
{
  acknowledged: true,
  insertedIds: {
    '0': ObjectId("652b752fe3ffd61b6e88af39"),
    '1': ObjectId("652b752fe3ffd61b6e88af3a")
  }
}
```

$elemMatch 연산자를 사용하여 배열 값의 범위를 설정하여 질의를 작성하면 아래와 같은 결과를 확인할 수 있다.

```
Enterprise testDB> db.test4.find ( {"x":{"$elemMatch" : {"$lt":3} } } );
[ { _id: ObjectId("652b752fe3ffd61b6e88af39"), x: [ 1, 2, 3 ] } ]
Enterprise testDB>
```

```
Enterprise testDB> db.test4.find ( {"x":{"$elemMatch" : {"$gt":3, "$lt":5} } } );
[ { _id: ObjectId("652b752fe3ffd61b6e88af3a"), x: [ 4, 5, 6 ] } ]
Enterprise testDB>
```

배열의 크기로 도큐먼트를 검색하고 싶다면 $size 연산자를 사용할 수 있다. 아래 예는 tags 필드의 배열 크기가 2인 도큐먼트를 검색하는 질의이다. 배열의 크기가 2라는 의미는 배열에 요소를 두 개 가지고 있다는 의미이다.

```
Enterprise testDB> db.inventory.find( {tags: {$size : 2} }, {_id:false} );
[
  { item: 'journal', qty: 25, tags: [ 'blank', 'red' ] },
  { item: 'notebook', qty: 50, tags: [ 'red', 'blank' ] },
  { item: 'planner', qty: 75, tags: [ 'blank', 'red' ] }
]
Enterprise testDB> db.inventory.find( {tags: {$size : 0} }, {_id:false} );
[ { item: 'paper', qty: 100, tags: [] } ]
Enterprise testDB> db.inventory.find( {tags: {$size : 1} }, {_id:false} );
[
  { item: 'hello', tags: [ 'red' ], qty: 5 },
  { item: 'postcard', qty: 45, tags: [ 'blue' ] }
]
```

배열 필드의 부분 집합을 질의 결과에 포함하고 싶다면 $slice 연산자를 사용한다.

```
Enterprise board> db.article.findOne( {"author":"Hong"}, {"comments" : {"$slice": [0, 2]} } );
{
  _id: ObjectId("62f0a0a0f2422acc6c637872"),
  board_id: ObjectId("62f09e38f2422acc6c63786f"),
  title: 'hi',
  content: 'updateddd',
  author: 'Hong',
  comments: [
    { author: 'Jim', content: 'hello, Hong' },
    { author: 'Quote', content: 'reply', upvote: 0 }
  ],
  upvote: 2
}
```

$slice 연산자를 사용할 때 몇 가지 변형의 예는 다음과 같다.

> $slice:1 // 첫 번째 요소 출력
> $slice:2 // 뒤에서 2개의 요소 출력
> $slice:[1, 2] // 배열로 범위를 기술하면 인덱스 1부터 2개의 요소를 찾는다. 즉, 두 번째와 세 번째 요소를 출력한다.

3.4 문자열 연산자

문자열 연산자 $text는 검색할 컬렉션에 제목이나 본문 등 텍스트가 많은 경우에 원하는 텍스트를 쉽게 검색하는 방법을 제공한다. $text 연산자를 사용할 때 주의할 점은 검색할 문자열 필드에 먼저 인덱스가 설정되어 있어야 한다는 점이다. 하나의 컬렉션에서 text 인덱스는 오직 하나만 생성할 수 있다. 인덱스가 필요한 이유는 검색할 때 도큐먼트 단위가 아니라 인덱스가 설정된 필드 단위의 검색을 가능하도록 하기 위함이다.

$text 연산자의 형식은 다음과 같다.

```
{
  $text: {
    $search: <string>,
    $language: <string>,
    $caseSensitive: <boolean>,
    $diacriticSensitive: <boolean>
  }
}
```

- $search : 검색어 설정, 검색어를 포함한 도큐먼트 검색
- $language : 언어 설정 (영어 : en, 프랑스어 : fr)
- $caseSensitive : 대소문자 구별 여부 설정
- $diacriticSensitive : 알파벳 위아래에 붙는 기호 무시 여부 설정

index에 대해서는 5장에서 다룰 예정이지만 $text 연산자를 위해 다음과 같이 인덱스를 설정해보자. item 필드와 tags 필드에 인덱스를 설정하는 예이다.

```
Enterprise testDB> db.inventory.createIndex( {item:"text", tags:"text"})
item_text_tags_text
Enterprise testDB>
```

설정된 인덱스는 getIndexes() 명령어로 확인할 수 있다.

```
Enterprise testDB> db.inventory.getIndexes();
[
  { v: 2, key: { _id: 1 }, name: '_id_' },
  {
    v: 2,
    key: { _fts: 'text', _ftsx: 1 },
    name: 'item_text_tags_text',
    weights: { item: 1, tags: 1 },
    default_language: 'english',
    language_override: 'language',
    textIndexVersion: 3
  }
]
```

이제 inventory 컬렉션에서 $text 연산자의 $search 옵션에 검색어를 설정하여

문자열 검색을 해보자. 검색어에 사용된 “red blank”는 “red” 또는(or) “blank”라는 의미이다. 두 개 또는 하나의 문자열과 일치하는 도큐먼트들이 검색된다.

```
Enterprise testDB> db.inventory.find({"$text" : {"$search":"red blank"}});
[
  {
    _id: ObjectId("63041e1cfe77651641a89129"),
    item: 'planner',
    qty: 75,
    tags: [ 'blank', 'red' ]
  },
  {
    _id: ObjectId("63041e1cfe77651641a89127"),
    item: 'notebook',
    qty: 50,
    tags: [ 'red', 'blank' ]
  },
  {
    _id: ObjectId("63041e1cfe77651641a89126"),
    item: 'journal',
    qty: 25,
    tags: [ 'blank', 'red' ]
  },
  {
    _id: ObjectId("62f1e009414631a98ff99d93"),
    item: 'hello',
    tags: [ 'red' ],
    qty: 5
  }
]
```

$search의 변형으로 검색어에 따옴표를 각각 사용하면 결과는 위와 달라진다.

```
Enterprise testDB> db.inventory.find( {"$text": {$search: '"red" "blank"'} } );
[
  {
    _id: ObjectId("63041e1cfe77651641a89129"),
    item: 'planner',
    qty: 75,
    tags: [ 'blank', 'red' ]
  },
  {
    _id: ObjectId("63041e1cfe77651641a89127"),
    item: 'notebook',
    qty: 50,
    tags: [ 'red', 'blank' ]
  },
  {
    _id: ObjectId("63041e1cfe77651641a89126"),
    item: 'journal',
    qty: 25,
    tags: [ 'blank', 'red' ]
  }
]
```

$text 연산자의 또 다른 변형을 살펴보자. 'red -blank'의 표현은 red를 찾되, blank가 있는 것은 제외하라는 의미의 검색어가 된다.

```
Enterprise testDB> db.inventory.find( {"$text": {$search: 'red -blank'} } );
[
  {
    _id: ObjectId("62f1e009414631a98ff99d93"),
    item: 'hello',
    tags: [ 'red' ],
    qty: 5
  }
]
```

3.5 정규 표현식

프로그래밍 언어에서 문자열을 패턴으로 검색할 때 정규 표현식(regular expression)을 사용한다. 몽고디비에서 정규 표현식은 $regex 연산자를 사용하여 표현할 수 있다. 문자열의 패턴이란, 예를 들어, 유효한 이메일 주소의 패턴은 1 글자 이상의 영문이나 숫자, '_'와 같은 기호로 구성된 id 다음에 '@' 기호와 서버 도메인이 오는 것이다. 유효한 이메일의 값들은 너무 많기 때문에 값이 아니라 문자열의 패턴으로 유효성을 판단하거나, 특정 패턴을 가진 도큐먼트들을 검색하는 것이 효율적이다. 문자열의 패턴 검사는 어떤 문자열이 특정 문자로 시작하거나, 특정 문자를 포함하고 있거나, 특정 문자로 끝나는 등의 조건을 명시할 수 있다.

$regex 연산자의 형식은 다음 중 하나를 사용할 수 있다.

```
{ <field>: { $regex: /pattern/, $options: '<options>' } }
{ "<field>": { "$regex": "pattern", "$options": "<options>" } }
{ <field>: { $regex: /pattern/<options> } }
```

여기서 <option>은 다음 중 하나를 사용할 수 있다.

- i : 대소문자 무시
- m : 앵커(^) 사용시 ₩n 무력화
- x : 정규식 내의 공백 무시
- s : (.)을 사용할 때 ₩n 포함해서 매치

예를 들어, 다음의 몇 가지 검색을 정규 표현식으로 표현해보자. 여기서는 정규 표현식에서 사용되는 "메타 문자"에 대한 설명은 생략하였다.

county가 "시 " 로 끝나는 지역의 수

- find({county: /시$/ }).count()

county가 "군"이면서 인구수가 10만 이상인 지역

- find({county: /군$/, population:{$gte:100000}).count()

"구"이면서 첫 글자의 초성이 "ㅇ"인 카운티의 이름

- 초성이 'ㅇ' 인 카운티 : '아'보다 크거나 같은 이름, ($gte)
- '이 ' 보다 작거나 같은 이름 ('자'보다 작은, $lt)

실제 적용 예는 다음과 같다. 검색할 패턴의 시작과 끝은 "/ /"안에 기술되고, "시$"의 의미는 "시"라는 문자로 끝나는($) 패턴을 의미한다.

```
Enterprise car_accident> db.area.find( {"county":"/시$/"});

Enterprise car_accident> db.area.find( {county : {"$regex":/시$/}});
[
  {
    _id: ObjectId("5c88f9f70da47a8507752797"),
    city_or_province: '경기',
    county: '수원시',
    population: 1194041
  },
```

여기에 count() 메서드를 적용하면 도큐먼트의 수를 출력할 수 있다.

```
Enterprise car_accident> db.area.find( {county : {"$regex":/시$/}}).count();
77
Enterprise car_accident> _
```

3.6 cursor

몽고디비는 "커서"를 사용하여 find()의 결과를 반환한다. 커서는 쿼리 결과에 대한 포인터라고 할 수 있다. 커서에서 데이터를 가져오려면 cursor.next()나 cursor.forEach()와 같은 메서드를 사용할 수 있다. 또한 limit(), skip(), sort() 등의 메서드를 사용하여 쿼리를 결과를 조절할 수 있다.

도큐먼트의 수가 많은 컬렉션에 find()를 실행하면 다음과 같은 결과를 볼 수 있다. 기본적으로 20개의 도큐먼트를 출력한 후, 나머지를 확인하고 싶으면 사용

자의 입력을 요구한다.

```
Enterprise car_accident> db.area.find();
[
  {
    _id: ObjectId("5c88f9f70da47a8507752775"),
    city_or_province: '서울',
    county: '종로구',
    population: 152737
  },
  {
    _id: ObjectId("5c88f9f70da47a8507752776"),
    city_or_province: '서울',
    county: '중구',
    population: 125249
  },
```

(중략)

```
  {
    _id: ObjectId("5c88f9f70da47a8507752787"),
    city_or_province: '서울',
    county: '서초구',
    population: 447192
  },
  {
    _id: ObjectId("5c88f9f70da47a8507752788"),
    city_or_province: '서울',
    county: '양천구',
    population: 477739
  }
]
Type "it" for more
Enterprise car_accident> use testDB
```

커서를 위해 다음 rating 컬렉션을 활용해보자.

```
test> db.rating.find()
[
  { _id: 2, rating: 2, user_id: 3 },
  { _id: 3, rating: 3, user_id: 4 },
  { _id: 4, rating: 3, user_id: 1 },
  { _id: 1, rating: 1, user_id: 2 },
  { _id: 5, rating: 4, user_id: 5 },
  { _id: 6, rating: 4, user_id: 8 },
  { _id: 7, rating: 5, user_id: 9 },
  { _id: 9, rating: 5, user_id: 11 },
  { _id: 8, rating: 5, user_id: 10 },
  { _id: 10, rating: 5, user_id: 12 }
]
```

아래 예에서는 find()의 결과는 변수 cursor에 저장한 후 next() 메서드를 통해 커서가 어떤 기능을 하는지 알아보았다.

```
Enterprise testDB> var cursor=db.rating.find();

Enterprise testDB> cursor.next();
{ _id: 1, rating: 1, user_id: 2 }
Enterprise testDB> cursor.next();
{ _id: 2, rating: 2, user_id: 3 }
Enterprise testDB> cursor.forEach(function (x) { print(x.rating) } );
3
3
4
4
5
5
5
5
```

다음은 커서의 출력을 제한하는 limit()의 사용 예이다.

```
test> cursor=db.rating.find().limit(3);
[
  { _id: 2, rating: 2, user_id: 3 },
  { _id: 3, rating: 3, user_id: 4 },
  { _id: 4, rating: 3, user_id: 1 }
]
test> cursor
[
  { _id: 2, rating: 2, user_id: 3 },
  { _id: 3, rating: 3, user_id: 4 },
  { _id: 4, rating: 3, user_id: 1 }
]
```

다음은 출력을 건너뛰는 skip()의 예이다.

```
test> cursor=db.rating.find().skip(5);
[
  { _id: 6, rating: 4, user_id: 8 },
  { _id: 7, rating: 5, user_id: 9 },
  { _id: 9, rating: 5, user_id: 11 },
  { _id: 8, rating: 5, user_id: 10 },
  { _id: 10, rating: 5, user_id: 12 }
]
test> cursor
[
  { _id: 6, rating: 4, user_id: 8 },
  { _id: 7, rating: 5, user_id: 9 },
  { _id: 9, rating: 5, user_id: 11 },
  { _id: 8, rating: 5, user_id: 10 },
  { _id: 10, rating: 5, user_id: 12 }
]
```

제 4 장. 집계 명령어

제 4 장. 집계 명령어

3장에서 몽고디비 질의를 위한 find() 메서드의 사용법을 알아보았다. 하지만 find() 메서드로는 데이터를 원하는대로 가공하는데 한계가 있다. 최근에 대두되는 빅 데이터에서 데이터 분석을 위해서는 새로운 형태의 가공 방식이 필요하다. 4장에서 소개할 명령어는 집계(aggregate) 명령어로 분류되는 명령어들이다. 관계 데이터베이스의 SQL에서 group by절로 그룹화하고 적용할 수 있는 명령어들과 유사하다. 몽고디비에서는 집계 명령어로 그룹화와 필터링 등의 다양한 연산을 수행할 수 있다.

4.1 개요

몽고디비의 집계 방법론은 모든 정보를 불러와 집계하는 방법이다. 몽고디비에서는 집계 명령어를 어디서 어떻게 처리하느냐에 따라 집계 방법론은 다음과 같은 세 가지로 분류할 수 있다.

	애플리케이션	맵-리듀스	집계 파이프라인
자유도	좋다	좋다	나쁘다
처리 속도	가장 나쁘다	보통	가장 좋다
램 사용량	매우 높음	높음	낮음
처리 위치	애플리케이션 내부	자바스크립트 엔진	몽고디비 내부

[집계 방법의 비교]

애플리케이션 방법은 우리 흔히 말하는 응용 프로그램에서 집계 명령어를 처리하는 방법이다. 맵-리듀스 방법은 자바 스크립트 엔진에서 집계 명령어를 처리하고, 파이프라인 방법은 몽고디비 내부에서 명령어를 처리하는 방법이다. 각각에 따라 효능이 조금씩 다르다.

집계 처리의 효율성은 램 사용량이나 명령어 작성의 자유도로 평가될 수 있다. 결론부터 말하자면, 뒤에서 살펴볼 맵-리듀스 방법과 파이프라인 방법이 합리적이라고 할 수 있다.

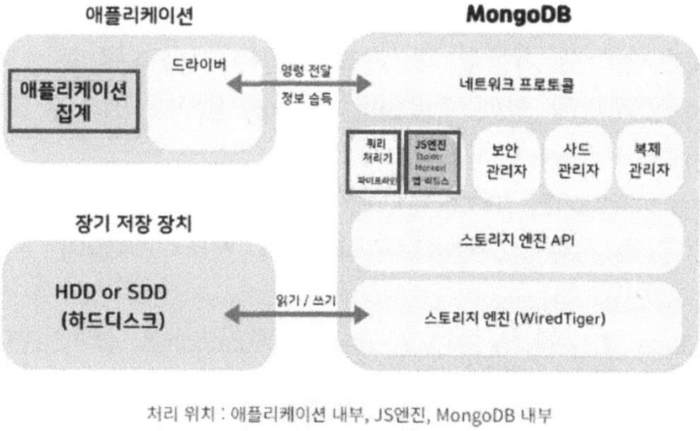

[집계 명령어의 처리 위치]

여기서는 맵-리듀스 방법과 파이프라인 방법의 특징에 대하여 조금 더 살펴보자.

4.1.1 맵-리듀스 방식

맵-리듀스 방식은 원하는 데이터를 추출하는 맵 단계와 추출된 데이터를 정제하는 리듀스 단계로 구성된다.

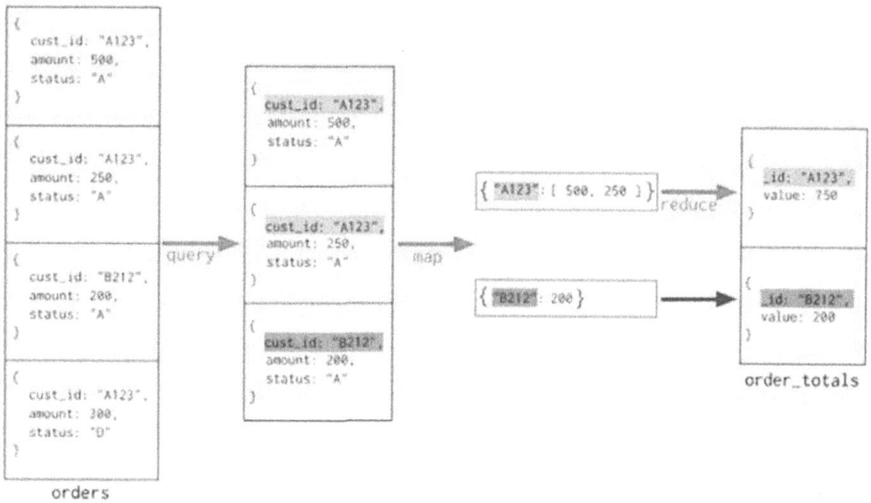

[맵-리듀스 방식의 예]

"orders" 컬렉션은 "cust_id", "amount", "status" 3개의 key를 가지고 있으며, 4개의 도큐먼트를 가지고 있다고 가정할 때, 처리 과정은 다음과 같다.

1) query: {status: " A " }에 의해 " status " 의 key 값이 " A " 인 도큐먼트를 찾는다.(query)

2) 다음으로, Map Function인 function() {emit(this.cust_id, this.amount); }에 의해 동일한 " cust_id " 값을 갖는 도큐먼트끼리 그룹화하되 이들이 가지고 있는 " amount " key 값과 연관 짓는다.

3) 다음으로 Reduce 함수를 실행한다. Reduce Function을 살펴보면 2개의 파라미터를 취하는데 첫 번째 파라미터인 "key"는 "cust_id"이며, 두 번째 파라미터인 "values"는 "amount " 이다. Return 값으로 values(amount)의 합을 Array 형으로 계산한다. 최종 결과 값은 "order_totals"이며, 각 "cust_id"로 그룹화된 도큐먼트의 "amount"를 합한 값이다.

맵-리듀스 방법의 가장 큰 단점은 "속도"이다. 이 방법은 처리 속도가 느리며 실시간 처리로 사용하기에는 무리가 있다. 속도를 보완하기 위해 백 그라운드로 실행하고 결과 컬렉션을 생성한 후 실시간으로 이 컬렉션에 대한 쿼리를 실행할 수 있다.

4.1.2 파이프라인 방식

파이프라인 방식은 선행하는 데이터 처리 단계(스테이지)의 출력이 다음 단계의 입력이 되는 구조로 되어 있다. 이 방법의 가장 큰 특징은 집계 처리를 여러 개의 "스테이지"로 나누어 단계별로 명령어를 실행한다는 점이다. 최종 결과를 만들기 위해 여러 연산들을 여러 개의 스테이지에 나누어 기술한다.

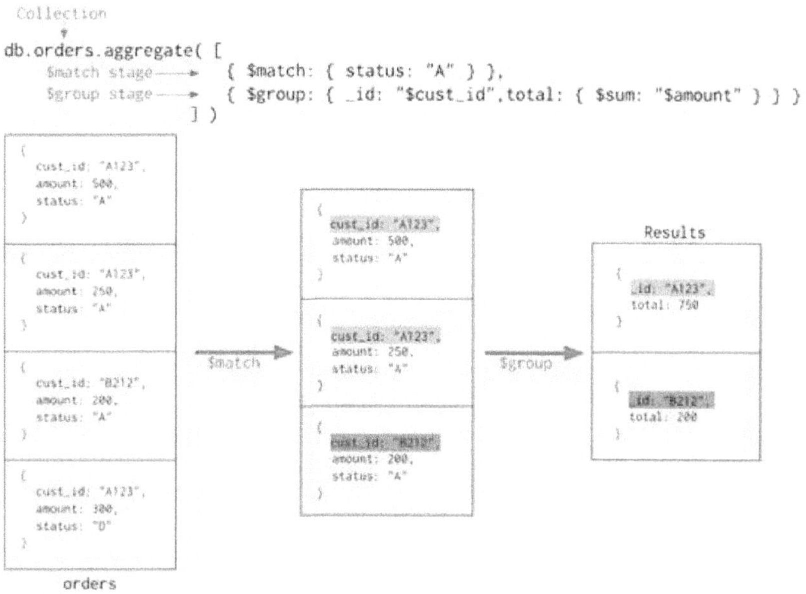

[파이프라인 방식의 예]

스테이지의 각 단계는 특정 형태의 도큐먼트를 입력받아 특정 출력을 생성하는데, 출력은 도큐먼트 스트림이다. 집계 파이프라인의 개별 단계는 데이터 처리 단위이며, 하나의 스테이지가 반복해서 포함될 수 있다. 몽고디비의 주요 스테이지들을 SQL과 비교하면 다음 표와 같다.

NoSQL	SQL	NoSQL	SQL
$match	where	$limit	limit
$group	group by	$sum	sum(), count()
$match	having	$sort	order by
$project	select	$lookup	join

[몽고디비 스테이지와 SQL의 비교]

4장에서는 파이프라인 방식을 이용한 집계 명령어에 대하여 기술하며, 스테이지 수는 20여 가지나 되나, 자주 사용되는 스테이지들은 다음과 같다.

$project - 출력 도큐먼트상에 배치할 필드를 지정한다.(projected)

$match - 처리될 도큐먼트를 선택하는 것. find()와 비슷한 역할을 수행한다.

$limit - 다음 단계에 전달될 도큐먼트의 수를 제한한다.

$skip - 지정된 수의 도큐먼트를 건너뛴다.

$unwind -배열을 확장하여 각 배열 항목에 대해 하나의 출력 도큐먼트를 생성한다.

$group -지정된 키로 도큐먼트를 그룹화한다.

$sort -도큐먼트를 정렬한다.

$geoNear - 지리 공간위치 근처의 도큐먼트를 선택한다.

$out - 파이프라인의 결과(출력)를 컬렉션에 쓴다.

$redact -특정 데이터에 대한 접근을 제어한다.

[집계 명령어의 주요 스테이지]

4.2 기본 스테이지

먼저, 파이프라인 방식의 집계 명령어의 형식의 예는 다음과 같다.

```
db.collection.aggregate ( [
  {
    $match : {    }  // 스테이지
  }, // 이 단계의 출력 스트림은 다음 스테이지의 입력으로 작용
  {
    $project : {    }  // 스테이지
  },
  {
    // 다른 스테이지
  }
] ); // end of aggregate()
```

파이프라인 방식의 기본 스테이지로 다음과 같은 스테이지가 있다.

- $project : SQL의 select와 유사
- $group : SQL의 group by와 유사
- $match : having절과 유사 (group by를 쓸 때 where 조건에 해당)
- $unwind : 입력 도큐먼트에서 배열 필드를 분해하여 각 요소에 대한 도큐먼트로 분리하여 출력
- $out : 파이프라인의 결과를 컬렉션에 기록, 집계 연산의 결과는 자동으로 컬

렉션에 기록되지 않음.

- **$limit** : 출력할 도큐먼트의 숫자를 제어
- **$skip** : 도큐먼트 중 지정된 개수만큼 위에서부터 건너뛰고 출력
- **$sort** : 도큐먼트 정렬, 1이면 오름차순, -1이면 내림차순

예를 위해 rating 컬렉션의 상태가 다음과 같다고 가정하자.

```
Enterprise testDB> db.rating.find();
[
  { _id: 1, rating: 1, user_id: 2 },
  { _id: 2, rating: 2, user_id: 3 },
  { _id: 3, rating: 3, user_id: 4 },
  { _id: 4, rating: 3, user_id: 1 },
  { _id: 5, rating: 4, user_id: 5 },
  { _id: 6, rating: 4, user_id: 8 },
  { _id: 7, rating: 5, user_id: 9 },
  { _id: 8, rating: 5, user_id: 10 },
  { _id: 9, rating: 5, user_id: 11 },
  { _id: 10, rating: 5, user_id: 12 }
]
```

4.2.1 $project

$project 스테이지는 기존에 있는 필드의 출력 여부를 결정하고, 새로운 필드를 생성할 수도 있다. $project 스테이지의 다음 예를 살펴보자.

```
Enterprise testDB> db.rating.aggregate ( [
... {
..... $project : {_id:0, rating:1, hello:"new field"}
..... }
... ]);
[
  { rating: 1, hello: 'new field' },
  { rating: 2, hello: 'new field' },
  { rating: 3, hello: 'new field' },
  { rating: 3, hello: 'new field' },
  { rating: 4, hello: 'new field' },
  { rating: 4, hello: 'new field' },
  { rating: 5, hello: 'new field' },
  { rating: 5, hello: 'new field' },
  { rating: 5, hello: 'new field' },
  { rating: 5, hello: 'new field' }
]
```

앞의 예는 rating 컬렉션에서 _id 필드는 숨기고, rating 필드를 출력하며, 새로운 필드 hello에 "new field"를 값으로 추가하는 예이다. 여기서 새로 생성된 hello 필드는 모든 도큐먼트에 적용된다.

이 질의를 find() 메서드로 작성한다면 유사한 결과를 확인할 수 있다.

```
Enterprise testDB> db.rating.find( {}, {"_id":0, "rating":1, "hello1":"hello1" } );
[
  { rating: 1, hello1: 'hello1' },
  { rating: 2, hello1: 'hello1' },
  { rating: 3, hello1: 'hello1' },
  { rating: 3, hello1: 'hello1' },
  { rating: 4, hello1: 'hello1' },
  { rating: 4, hello1: 'hello1' },
  { rating: 5, hello1: 'hello1' },
  { rating: 5, hello1: 'hello1' },
  { rating: 5, hello1: 'hello1' },
  { rating: 5, hello1: 'hello1' }
]
```

집계 명령어의 특징으로 한 가지 이해해야 할 부분이 있다. 위에서 $project를 실행한 후에 rating 컬렉션의 내용을 find()로 확인하면 다음과 같은 결과가 나온다.

```
Enterprise testDB> db.rating.find();
[
  { _id: 1, rating: 1, user_id: 2 },
  { _id: 2, rating: 2, user_id: 3 },
  { _id: 3, rating: 3, user_id: 4 },
  { _id: 4, rating: 3, user_id: 1 },
  { _id: 5, rating: 4, user_id: 5 },
  { _id: 6, rating: 4, user_id: 8 },
  { _id: 7, rating: 5, user_id: 9 },
  { _id: 8, rating: 5, user_id: 10 },
  { _id: 9, rating: 5, user_id: 11 },
  { _id: 10, rating: 5, user_id: 12 }
]
```

조금 전에 $project 스테이지에서 삽입한 hello 필드는 왜 안 보이는 걸까? 파이프라인을 이용한 집계 명령어의 결과는 뒤에서 다룰 $out 스테이지에서 별도의 컬렉션으로 저장하지 않으면 원래 컬렉션에 저장되지 않는다. $out 스테이지에서 컬렉션을 저장하는 방법은 뒤에서 다룬다.

파이프라인 방식의 집계 명령어 작성시 두 번째 유의할 점은 직전 스테이지에서 출력된 값을 다시 사용하기 위해 변수를 사용하는 방법이다. 다음 예를 보자.

```
Enterprise testDB> db.rating.aggregate( [
... {
..... $project : {_id:0, multiply: {
....... $multiply : ["$_id", "$user_id"] }
....... }
..... }
... ]);
[
  { multiply: 2 },
  { multiply: 6 },
  { multiply: 12 },
  { multiply: 4 },
  { multiply: 25 },
  { multiply: 48 },
  { multiply: 63 },
  { multiply: 80 },
  { multiply: 99 },
  { multiply: 120 }
]
```

$project 스테이지에서는 "_id" 필드는 출력에 포함하지 않고, 새로운 필드 "multiply"에 _id 값과 user_id 필드 값을 곱하여 새로운 값으로 설정하기 위하여 명령어를 작성하였다. 위의 명령어에서 "$_id"와 "$user_id" 표현에 대한 이해가 필요하다. 현재 _id와 user_id는 rating 컬렉션의 필드이다. 이전 단계에서 출력된 필드를 "값"으로 이용하고 싶다면 "$필드명"의 형식을 사용한다. 위 예에서는 10개의 도큐먼트에 대하여 _id 값과 user_id 값이 각각 곱해져 출력 결과를 만든다. 여기서 $multiply 연산에 "$필드명" 형식을 사용하지 않으면 오류가 발생한다.

4.2.2 $match

$match 스테이지는 출력 결과에 포함되는 도큐먼트의 조건을 명세한다. 아래의 예처럼 rating 필드의 값이 4보다 크거나 같은 도큐먼트만 선택하고 싶다면 $match 스테이지에 조건을 명세한다.

$project 스테이지와 $match 스테이지는 기본 스테이지 중에서도 가장 중요하고 자주 사용되는 스테이지이다. 따라서 그 기술 순서에 따라 결과와 효율이 달라질 수 있는데, $project 스테이지를 먼저 기술하면 필요한 열들을 먼저 추출하게 되고, $match 스테이지를 먼저 기술하면 필요한 행(도큐먼트)들을 먼저 추출하게 된다. 일반적으로는 $match 스테이지를 먼저 기술하고 $project 스테이지를 기술

하는 것이 자연스럽다.

```
Enterprise testDB> db.rating.aggregate ( [
... {
..... $match : {rating : {$gte : 4 }}
..... },
... {
..... $group : {_id : "$rating", user_ids : {$push : "$user_id" } }
..... }
... ]);
[
  { _id: 4, user_ids: [ 5, 8 ] },
  { _id: 5, user_ids: [ 9, 10, 11, 12 ] }
]
```

4.2.3 $group

$group 스테이지 역시 핵심적인 스테이지이다. 그룹화가 가능한 필드를 기준으로 도큐먼트들을 그룹화한다. 여기서는 그룹화의 기준이 되는 필드를 기술하는 방법에 유의해야 한다. $group 스테이지의 형식은 다음과 같다.

```
{
 $group:
   {
     _id: <expression>, // Group key
     <field1>: { <accumulator1> : <expression1> },
     ...
   }
 }
```

```
Enterprise testDB> db.rating.aggregate( [
... {
..... $group: {_id:"$rating", count: {$sum:1}} }
..... }
... ]);
[
  { _id: 4, count: 2 },
  { _id: 3, count: 2 },
  { _id: 1, count: 1 },
  { _id: 2, count: 1 },
  { _id: 5, count: 4 }
]
Enterprise testDB>
```

앞의 예에서는 rating 컬렉션에서 rating 필드의 값에 따라 그룹화를 하고, rating 값에 따라 그룹화된 도큐먼트의 수를 count 필드에서 출력한다. $group 스테이지의 핵심은 그룹화의 기준을 기술하는 방법이다. 그룹화의 기준이 되는 필드는 $group 스테이지 내의 "_id" 필드에 기술한다. 만약 그룹화의 기준을 명시하지 않으면 모든 도큐먼트는 개별적으로 다루어진다. 그룹화 없이 모든 도큐먼트를 개별적으로 다룰 때는 _id 필드에 "null"을 설정한다. 그룹화의 기준이 있든 없든 $group 스테이지에서 "_id" 필드를 기술하지 않으면 오류가 발생한다.

$group 스테이지에서는 도큐먼트들이 그룹화가 되므로, 그룹화된 도큐먼트에 대하여 다양한 집단 함수를 적용할 수 있다. 예를 들어, 그룹화된 도큐먼트를 대상으로 특정 필드의 합이나 평균, 최대값, 최소값을 구할 수 있어 이를 위한 연산자를 제공한다. 아래는 $group 스테이지에서 사용될 수 있는 연산자들이다.

```
* 산술연산
  - $sum : 각 문서에서 해당 필드의 값을 합함
  - $avg : 각 문서에서 해당 필드의 평균을 구함
* 극한연산
  - $max : 입력값 중 최대값 반환
  - $min : 입력값 중 최소값 반환
  - $first : 그룹의 첫번째 값 반환
  - $last : 그룹의 마지막 값 반환
  - first, last 연산자의 경우에는 보통 sort 후 사용
* 배열연산
  - $addToSet : 해당 값이 없는 경우, 배열에 추가. 순서 보장 하지 않음
  - $push : 차례대로 배열에 추가
```

최대값 연산자의 경우, 그룹화를 한 후에 $max 연산자를 사용하면 각 그룹에 대한 최대값이 구해지고, 도큐먼트 전체에 대해 최대값을 구하고 싶은 경우에는 그룹화를 하지 않고 최대값을 찾아야 한다. 다음의 예를 참고하기 바란다.

```
Enterprise testDB> db.rating.aggregate ( [
... {
..... $group: {_id:"$rating", max : {$max:"$rating"} } } ]);
[
  { _id: 1, max: 1 },
  { _id: 4, max: 4 },
  { _id: 2, max: 2 },
  { _id: 5, max: 5 },
  { _id: 3, max: 3 }
]
Enterprise testDB> db.rating.aggregate([
 { $group: { _id:null , max: { $max: "$rating" } } }]);
[ { _id: null, max: 5 } ]
```

4.2.4 $unwind

$unwind 스테이지는 하나의 도큐먼트에 있는 배열 요소들을 분리하여 각각의 도큐먼트에 분배하는 역할을 수행하며, 카티션 곱 연산처럼 작동한다. $unwind 스테이지의 형식은 다음과 같다.

```
{
  $unwind:
    {
      path: <field path>,
      includeArrayIndex: <string>,
      preserveNullAndEmptyArrays: <boolean>
    }
}
```

아래 예에서는 $match 스테이지에서 rating 값이 4 이상인 도큐먼트들을 추출한 후, $group 스테이지에서 rating 필드 값으로 그룹화 한 후, user_ids 필드에 그룹화된 user_id 필드 값들을 배열로 삽입($push)한 결과를 보여준다.

```
Enterprise testDB> db.rating.aggregate ( [
... {
..... $match : {rating : {$gte : 4 }}
..... },
... {
..... $group : {_id : "$rating", user_ids : {$push : "$user_id" } }
..... }
... ]);
[
  { _id: 4, user_ids: [ 5, 8 ] },
  { _id: 5, user_ids: [ 9, 10, 11, 12 ] }
]
```

앞 예제에 $unwind 스테이지를 추가하여 작성하면 결과는 다음과 같이 달라진다. 앞의 예에서 단순히 배열로 삽입된 값들이 각 도큐먼트에 하나씩 분배되어 배열 요소의 수만큼 도큐먼트들이 복수 개로 만들어진다.

```
Enterprise testDB> db.rating.aggregate ( [
... {
..... $match : {rating: {$gte:4} }
..... },
... {
..... $group : {_id:"$rating", user_ids: {$push:"$user_id"} }
..... },
... {
..... $unwind: "$user_ids"
..... }
... ]);
[
  { _id: 4, user_ids: 5 },
  { _id: 4, user_ids: 8 },
  { _id: 5, user_ids: 9 },
  { _id: 5, user_ids: 10 },
  { _id: 5, user_ids: 11 },
  { _id: 5, user_ids: 12 }
]
```

$unwind에서 배열 요소를 분리하여 도큐먼트를 만들 때 배열의 순서를 인덱스로 기록하는 방법도 있다. 그 예는 다음과 같다.

```
Enterprise testDB> db.rating.aggregate( [
... {
..... $match : {rating:{$gte:4} }
..... },
... {
..... $group : {_id:"$rating", user_ids:{$push:"$user_id"} }
..... },
... {
..... $unwind : {path:"$user_ids", includeArrayIndex:"index"}
..... }
... ]);
[
  { _id: 5, user_ids: 9, index: Long("0") },
  { _id: 5, user_ids: 10, index: Long("1") },
  { _id: 5, user_ids: 11, index: Long("2") },
  { _id: 5, user_ids: 12, index: Long("3") },
  { _id: 4, user_ids: 5, index: Long("0") },
  { _id: 4, user_ids: 8, index: Long("1") }
]
Enterprise testDB> _
```

4.2.5 $out

$out 스테이지는 파이프라인에 의해 입력된 도큐먼트들을 컬렉션으로 저장하는 역할을 한다. 앞에서 언급한 바와 같이, 몽고디비의 집계 명령어는 출력을 별도로 저장하지 않으면 콘솔에 출력되는 것으로 질의는 끝난다. 명령어의 결과를 컬렉션으로 저장하고 싶다면 $out 스테이지를 기술해야 한다. 일반적으로 $out 스테이지는 파이프라인의 맨 마지막 스테이지로 사용된다. $out 스테이지의 형식은 다음과 같다.

```
{ $out: { db: "<output-db>", coll: "<output-collection>" } }
```

다음 예는 rating 필드로 그룹화하여 user_id를 배열로 삽입한 결과를 "user_by_rating"이라는 이름의 컬렉션에 저장하는 예이다. 현재는 데이터베이스 이름을 명시하지 않았으므로 현재 작업 중인 데이터베이스에 저장되는 것으로 가정한다.

```
Enterprise testDB> db.rating.aggregate ( [
... {
..... $group : {_id : "$rating", user_ids : {$push : "$user_id"} }
..... },
... {
..... $out : "user_id_by_rating"
..... }
... ]);

Enterprise testDB> db.user_id_by_rating.find();
[
  { _id: 5, user_ids: [ 9, 10, 11, 12 ] },
  { _id: 3, user_ids: [ 4, 1 ] },
  { _id: 1, user_ids: [ 2 ] },
  { _id: 2, user_ids: [ 3 ] },
  { _id: 4, user_ids: [ 5, 8 ] }
]
```

4.2.6 $sort, $limit, $skip

파이프라인에서 입력된 도큐먼트들을 정렬하거나, 출력되는 도큐먼트의 수를 제어하거나 건너뛰는 스테이지에 대하여 알아보자. $sort, $limit, $skip 스테이지의 기능은 이미 경험한 바와 크게 다르지 않다. $sort 스테이지의 경우, 1은 오름차순 정렬, -1은 내림차순 정렬을 의미한다. 세 개의 스테이지를 함께 기술할 때 기술 순서에 따라 결과는 달라질 수 있다.

```
{ $sort: { <field1>: <sort order>, <field2>: <sort order> ... } }
```

다음 예는 user_id 필드에 대해 내림차순 정렬을 한 후, 5개를 출력하는데, 1개를 건너뛰었을 때의 결과이다.

```
Enterprise testDB> db.rating.aggregate ( [
... {
..... $sort : {user_id : -1 } // 내림차순 정렬
..... },
... {
..... $limit : 5  // 5개만 출력
..... },
... {
..... $skip : 1 // 건너뛰기
..... }
... ]);
[
  { _id: 9, rating: 5, user_id: 11 },
  { _id: 8, rating: 5, user_id: 10 },
  { _id: 7, rating: 5, user_id: 9 },
  { _id: 6, rating: 4, user_id: 8 }
]
```

세 개의 스테이지를 함께 사용할 때 순서가 달라지면 결과가 달라진다. 다음 예는 user_id 필드에 대해 내림차순 정렬을 한 후, 1개를 건너뛰고 5개의 도큐먼트를 출력했을 때의 결과이다.

```
Enterprise testDB> db.rating.aggregate ( [
... {
..... $sort : {user_id : -1}
..... },
... {
..... $skip : 1
..... },
... {
..... $limit : 5
..... }
... ]);
[
  { _id: 9, rating: 5, user_id: 11 },
  { _id: 8, rating: 5, user_id: 10 },
  { _id: 7, rating: 5, user_id: 9 },
  { _id: 6, rating: 4, user_id: 8 },
  { _id: 5, rating: 4, user_id: 5 }
]
Enterprise testDB>
```

4.3 고급 스테이지

$project, $match, $group, $out 등으로 대표되는 기본 스테이지에 이어 몽고디비 집계 명령어의 고급 스테이지에 대하여 기술한다. 고급 스테이지에서는 기본 스테이지에서 하지 못한 추가적인 기능들을 수행할 수 있다. 주로 사용되는 고급 스테이지의 목록과 기능은 다음과 같다.

- $bucket : 도큐먼트를 범위에 따라 그룹화한다. $group 스테이지는 유니크한 모든 값에 대해서 그룹을 생성하지만, $bucket은 사용자가 임의로 각 그룹의 범위를 설정할 수 있다.
- $bucketAuto: 그룹화될 수를 지정하면 자동으로 그룹화한다.
- $addFields: $project 스테이지에서 새로운 필드를 추가한다.
- $facet : 각 필드에 대한 서브 파이프라인을 수행해서 배열로 저장한다.
- $lookup : 같은 데이터베이스에 있으면서 샤딩되지 않은 외부 컬렉션에 대해서 현재 필드와 외부 필드가 일치하면 배열로 외부 컬렉션 도큐먼트를 가져온다. (조인 연산과 유사)

4.3.1 $bucket

첫 번째 고급 스테이지는 $group 스테이지의 기능을 보완한 $bucket 스테이지이다. $bucket 스테이지의 형식은 다음과 같다. $groupBy에서 그룹화의 기준을 명세하고, boundaries에서 생성할 버킷의 경계값을 명세한다.

```
$bucket:
  {
    groupBy: <expression>, // 버케팅(그룹핑) 할 기준
    boundaries: [ <lowerbound1>, <lowerbound2>, ... ], // 버케팅 기준값의 구간
    default: <literal>, // optional. 구간 외의 도큐먼트를 처리할 필드명
    output: {
        <output1>: { <$accumulator expression> },
          // optional. 버케팅한 후 출력 결과를 표시할 방법 ...
        <outputN>: { <$accumulator expression> }
    }
  }
```

$group 스테이지에서는 그룹화의 기준 필드 값에 따라 그룹화를 수행하지만, $bucket 스테이지에서는 하나의 그룹에 포함될 값의 범위를 지정하여 그룹화한다. $bucket 스테이지에서 그룹화를 위해 그룹의 범위를 설정할 때 경계 값을 설정하는 방법을 살펴보자.

다음과 같이 [0, 5, 10]으로 경계 값을 설정하면 두 개의 버킷이 만들어지는데, 첫 번째 버킷은 하한값 0을 포함하고, 상한값 5는 포함하지 않는 버킷이 생성되고, 두 번째 버킷 역시 하한값 5는 포함하고, 상한값 10은 포함하지 않는 버킷이 만들어진다.

다음 예에서는 그룹화의 기준으로 rating 필드의 값을 사용하고, 버킷의 경계로 [2, 3, 5]을 사용하여 두 개의 버킷을 생성한 후, 이 경계에 포함되지 않는 도큐먼트들을 others 필드로 만들어 각 버킷에 포함된 도큐먼트들의 수와 user_id들을 배열로 추가하는 예를 보여준다.

```
Enterprise testDB> db.rating.aggregate( [
... {
..... $bucket: {
....... groupBy : "$rating",
....... boundaries : [2, 3, 5],
....... default : "Others",
....... output : {
......... count : {$sum : 1},
......... user_ids : {$push:"$user_id"}
......... }
....... }
..... }
... ]);
[
  { _id: 2, count: 1, user_ids: [ 3 ] },
  { _id: 3, count: 4, user_ids: [ 4, 1, 5, 8 ] },
  { _id: 'Others', count: 5, user_ids: [ 2, 9, 10, 11, 12 ] }
]
Enterprise testDB>
```

$bucket 스테이지가 설정된 값의 범위에 따라 도큐먼트를 묶었다면 $bucketAuto 스테이지는 만들어질 그룹의 수를 지정하여 범위를 자동으로 설정함으로써 도큐먼트들을 묶는다. 전체 도큐먼트를 몇 개의 그룹으로 묶을지를 설정하면, 그룹 수에 따라 자동으로 그룹화를 실행한다. $bucketAuto 스테이지의 형식은 다음과 같다.

```
$bucketAuto : {
    groupBy : 그룹핑 기준,
    buckets : 버킷 사이즈, 필수 속성  // default 대신
    output : { ... }
}
granularity : // boundaries 대신
```

명령어의 필드 중 granularity에서는 자동으로 만들어지는 버킷의 크기를 결정해주는 일종의 알고리즘을 문자열로 기술한다. 이 속성에 사용할 수 있는 문자열로는 RS, R20, E6, Powerof2 등 다양한 시리즈가 있다.

이 시리즈에 의해 100개의 도큐먼트가 자동으로 버킷화되는 예는 다음과 같다.

No granularity	{ "_id" : { "min" : 0, "max" : 20 }, "count" : 20 } { "_id" : { "min" : 20, "max" : 40 }, "count" : 20 } { "_id" : { "min" : 40, "max" : 60 }, "count" : 20 } { "_id" : { "min" : 60, "max" : 80 }, "count" : 20 } { "_id" : { "min" : 80, "max" : 99 }, "count" : 20 }
R20	{ "_id" : { "min" : 0, "max" : 20 }, "count" : 20 } { "_id" : { "min" : 20, "max" : 40 }, "count" : 20 } { "_id" : { "min" : 40, "max" : 63 }, "count" : 23 } { "_id" : { "min" : 63, "max" : 90 }, "count" : 27 } { "_id" : { "min" : 90, "max" : 100 }, "count" : 10 }
E24	{ "_id" : { "min" : 0, "max" : 20 }, "count" : 20 } { "_id" : { "min" : 20, "max" : 43 }, "count" : 23 } { "_id" : { "min" : 43, "max" : 68 }, "count" : 25 } { "_id" : { "min" : 68, "max" : 91 }, "count" : 23 } { "_id" : { "min" : 91, "max" : 100 }, "count" : 9 }
1-2-5	{ "_id" : { "min" : 0, "max" : 20 }, "count" : 20 } { "_id" : { "min" : 20, "max" : 50 }, "count" : 30 } { "_id" : { "min" : 50, "max" : 100 }, "count" : 50 }
POWERSOF2	{ "_id" : { "min" : 0, "max" : 32 }, "count" : 32 } { "_id" : { "min" : 32, "max" : 64 }, "count" : 32 } { "_id" : { "min" : 64, "max" : 128 }, "count" : 36 }

뒤에서 다룰 $facet 스테이지와 함께 사용되는 $bucketAuto 스테이지의 예와 결과는 다음과 같다.

```
test> db.rating.aggregate([ {
$facet:{ categorizedRating: [
{$group:{_id:"$rating", count:{$sum:1}}} ],
"categorizedById(Auto)":[ {$bucketAuto:{groupBy:"$_id", buckets:5}} ] }}
])
```

```
[
  {
    categorizedRating: [
      { _id: 4, count: 2 },
      { _id: 1, count: 1 },
      { _id: 3, count: 2 },
      { _id: 2, count: 1 },
      { _id: 5, count: 4 }
    ],
    'categorizedById(Auto)': [
      { _id: { min: 1, max: 3 }, count: 2 },
      { _id: { min: 3, max: 5 }, count: 2 },
      { _id: { min: 5, max: 7 }, count: 2 },
      { _id: { min: 7, max: 9 }, count: 2 },
      { _id: { min: 9, max: 10 }, count: 2 }
    ]
  }
]
```

4.3.2 $addFields

$addFields 스테이지는 도큐먼트에 새로운 필드를 추가한다. 이 스테이지는 도큐먼트에 원래 존재했던 필드에 추가하여 새로운 필드를 추가하여 출력한다. 그래서 이 스테이지의 결과는 입력 도큐먼트 내에 존재하는 모든 필드 출력하고 새로운 필드를 추가한 $project 스테이지와 동등하다. $addFields 스테이지의 형식은

다음과 같다.

```
{ $addFields: { <newField>: <expression>, ... } }
```

다음 예는 $addFields 스테이지에서 rating 컬렉션에 hello 필드를 추가한 예이다.

```
Enterprise testDB> db.rating.aggregate( [
... {
..... $addFields : {
....... hello:"world"
....... }
..... },
... {$project : {hello:1} },
... {$limit : 3}
... ]);
[
  { _id: 1, hello: 'world' },
  { _id: 2, hello: 'world' },
  { _id: 3, hello: 'world' }
]
```

4.3.3 $facet

하나의 쿼리로 다양한 기준의 그룹화를 수행할 때 $facet 스테이지를 사용한다. $facet 스테이지를 이용하면 쇼핑몰에서 판매하는 상품을 가격대별로, 제품의 카테고리별로 그룹화하는 작업을 하나의 질의로 실행할 수 있다. $facet 스테이지에서는 하나의 쿼리에 여러 개의 파이프라인을 나열해서 한 번에 여러 기준의 그룹화를 수행한다. 각 단계별로 도큐먼트들을 집계해서 정해진 필드에 결과를 배열 형식으로 출력한다. 관계 DB에서는 하나의 쿼리로 여러 개의 그룹화를 수행할 수 없다. $facet 스테이지의 형식은 다음과 같다.

```
{ $facet:
    {
      <outputField1>: [ <stage1>, <stage2>, ... ],
      <outputField2>: [ <stage1>, <stage2>, ... ],
      ...

    }
}
```

앞의 형식에서 나열된 <outputField>들을 서브 파이프라인이라고 한다. $facet 쿼리의 각 서브 파이프라인은 $bucket, $bucketAuto, $sortByCount 스테이지 중 하나의 스테이지를 반드시 가져야 한다. $facet 스테이지의 예는 $bucketAuto의 예로 대체한다.

4.3.4 $lookup

$lookup 스테이지에서는 동일한 데이터베이스 내의 도큐먼트를 필터링하여 왼쪽 외부 조인을 실행하고, 각 입력 도큐먼트에 새로운 배열 필드를 추가한다. 새로운 배열 필드는 조인된 컬렉션으로부터 매칭된 도큐먼트들을 포함한다. $lookup 스테이지의 형식은 다음과 같다.

```
{
   $lookup:
     {
       from: <collection to join>,
       localField: <field from the input documents>,
       foreignField: <field from the documents of the "from" collection>,
       as: <output array field>
     }
}
```

from 필드에는 조인할 도큐먼트를 명세하고, localField에는 넘겨받은 도큐먼트의 어떤 필드를 from에서 정한 도큐먼트의 필드와 매칭할지 결정한다. foreignField는 from에서 선택한 도큐먼트에서 어떤 필드를 localField에서 정한 필드와 매칭할지 결정하고, as 필드는 from에서 정한 도큐먼트로부터 매칭되어 가져온 데이터를 여기서 정한 데이터 필드의 배열 안에 넣는다. 이 필드는 조인 후 생성되는 필드이다.

이 조인의 결과는 다음의 SQL과 동일한 결과를 갖는다.

```
SELECT *, <output array field>
FROM collection
WHERE <output array field> IN (SELECT *
                               FROM <collection to join>
                               WHERE <foreignField>= <collection.localField>);
```

다음과 같이 area 컬렉션과 by_month 컬렉션에 _id가 동일한 도큐먼트가 있다면 $lookup 스테이지에서 조인 연산을 할 수 있다. 여기서는 area_id와 _id가 조인 속성이라고 할 수 있다.

```
Enterprise car_accident> db.area.find();
[
  {
    _id: ObjectId("5c88f9f70da47a8507752775"),
    city_or_province: '서울',
    county: '종로구',
    population: 152737
  },
  {
    _id: ObjectId("5c88f9f70da47a8507752776"),
    city_or_province: '서울',
    county: '중구',
    population: 125249
  },
```

```
Enterprise car_accident> db.by_month.find();
[
  {
    _id: ObjectId("5c8909190da47a8507755fef"),
    city_or_province: '서울',
    county: '중구',
    area_id: ObjectId("5c88f9f70da47a8507752776"),
    month_data: [
      {
        month: '01월',
        accident_count: 94,
        death_toll: 1,
        casualties: 138,
        heavy_injury: 41,
        light_injury: 79,
        injury_report: 18
      },
```

```
Enterprise car_accident> db.by_month.aggregate( [
... {
..... $lookup :
..... {
....... from : "area",
....... localField : "area_id",
....... foreignField : "_id",
....... as : "area_data"
....... }
..... },
... {$limit : 1}
... ]);
```

```
[
  {
    _id: ObjectId("5c8909190da47a8507755fef"),
    city_or_province: '서울',
    county: '중구',
    area_id: ObjectId("5c88f9f70da47a8507752776"),
    month_data: [
      {
        month: '01월',
        accident_count: 94,
        death_toll: 1,
        casualties: 138,
        heavy_injury: 41,
        light_injury: 79,
        injury_report: 18
      },
```

$lookup 스테이지의 결과로 새롭게 추가된 배열 필드는 다음과 같다.

```
      {
        month: '11월',
        accident_count: 101,
        death_toll: 1,
        casualties: 135,
        heavy_injury: 31,
        light_injury: 90,
        injury_report: 14
      },
      {
        month: '12월',
        accident_count: 106,
        death_toll: 2,
        casualties: 141,
        heavy_injury: 37,
        light_injury: 94,
        injury_report: 10
      }
    ],
    area_data: [
      {
        _id: ObjectId("5c88f9f70da47a8507752776"),
        city_or_province: '서울',
        county: '중구',
        population: 125249
      }
    ]
}
```

4.3.5 $replaceRoot

$replaceRoot 스테이지는 입력 도큐먼트를 명세된 도큐먼트로 대체한다. 연산은 _id 필드를 포함하여 존재하는 모든 필드들을 대체한다. 서브 도큐먼트를 도큐먼트 전체 내용으로 대체할 때 유용하다. $replaceRoot 스테이지의 형식은 다음

과 같다.

```
{ $replaceRoot: { newRoot: <replacementDocument> } }
```

by_month 컬렉션에서 month_data의 값들에는 지역 정보가 담겨 있지 않다. 그래서 $addFields 스테이지로 두 개의 필드를 추가하였다. 이후 $replaceRoot로 month_data의 첫 번째 값을 도큐먼트의 정보로 바꾸었더니 원하는 대로 각 월의 교통사고 정보가 지역 정보와 함께 출력되었다.

```
Enterprise car_accident> db.by_month.aggregate( [
... {
.... $addFields: {
...... "month_data.city_or_province":"$city_or_province",
...... "month_data.county":"$county"
...... }
.... },
... {
.... $replaceRoot : { newRoot : {
...... $arrayElemAt : ["$month_data", 0]
...... }}
.... }
... ]);
[
  {
    month: '01월',
    accident_count: 94,
    death_toll: 1,
    casualties: 138,
    heavy_injury: 41,
    light_injury: 79,
    injury_report: 18,
    city_or_province: '서울',
    county: '중구'
  },
```

4.3.6 $sample

$sample 스테이지는 주어진 입력 도큐먼트에서 명시된 수만큼 도큐먼트를 임의로 골라 출력한다. 도큐먼트의 수가 많을 때 몇 개의 샘플을 고르는 목적으로 사용하기 적당하다.

```
Enterprise testDB> db.rating.aggregate( [
... {
..... $sample : {size :3}
..... }
... ]);
[
  { _id: 5, rating: 4, user_id: 5 },
  { _id: 10, rating: 5, user_id: 12 },
  { _id: 3, rating: 3, user_id: 4 }
]
```

위 예에서는 rating 컬렉션에서 세 개의 도큐먼트를 임의로 골라 출력하였다. 출력할 도큐먼트를 랜덤하게 고르기 때문에, size가 같아도 $sample 스테이지를 반복 실행하면 결과는 달라질 수 있다.

4.3.7 $sortByCount

$sortByCount 스테이지에서는 주어진 필드의 값이 같은 도큐먼트들끼리 그룹화한 다음, 도큐먼트의 숫자를 세어 표시하고 내림차순으로 정렬한다. 아래 예에서는 rating 필드 값에 따라 그룹화한 후, 각 그룹에 포함된 도큐먼트 수들을 내림차순 정렬로 보여준다.

```
Enterprise testDB> db.rating.aggregate( [
... {
..... $sortByCount : "$rating"
..... }
... ]);
[
  { _id: 5, count: 4 },
  { _id: 4, count: 2 },
  { _id: 3, count: 2 },
  { _id: 2, count: 1 },
  { _id: 1, count: 1 }
]
```

4.4 연산자

집계 파이프라인에서는 다양한 표현식들을 사용할 수 있다. 이 식들을 표현하는데 필요한 연산자에 대하여 기술한다. 다음은 식에서 사용되는 연산자의 종류이다.

- 불리언 표현식 : AND, OR, NOT
- 집합 표현식 : 교집합, 합집합, 차집합
- 비교 표현식 : 비교 연산자를 통한 범위 표현
- 산술 표현식 : 사칙 연산, 올림, 버림, 자연 로그 값 등
- 문자열 표현식 : 연결, 하위 문자열 검색, 대소문자/텍스트 검색 등
- 배열 표현식 : 필터링, 분할, 추출
- 누산기: 합계, 평균 등의 기술 통계

산술	
$add	배열 번호를 추가한다
$divide	첫 번째 숫자를 두 번째 숫자로 나눈다
$mod	첫 번째 숫자의 나머지를 두 번째 숫자로 나눈다
$multiply	숫자 배열을 곱한다
$subtract	첫 번째 숫자에서 두 번째 숫자를 뺀다

[산술 연산자]

날짜/시간	
$dayOfYear	연 중의 일로서 1에서 366까지다
$dayOfMonth	월 중의 일로서 1에서 31까지다
$dayOfWeek	주 중의 일로서 1에서 7까지이며,1은 일요일을 의미한다
$year	날짜의 연 부분이다
$month	날짜의 월 부분으로 1에서 12까지다
$week	연 중의 주 로서, 0에서 53까지다
$hour	시간을 뜻하고, 0에서 23까지다
$minute	분을 뜻하고, 0에서 59까지다
$second	초를 뜻하고, 0에서 59까지다(윤초는 60초)
$millisecond	시간 중 밀리초를 뜻하며, 0에서 999까지다

[날짜와 시간 연산자]

$and	배열 내의 모든 값이 true의 경우는 true
$cmp	두 개 값을 비교하여 결괏값을 반환해 주며, 두 값이 동일하면 0을 반환한다
$cond	if...then...else 조건부 논리 x?y: z 삼항연산자와 유사
$eq	두 값이 동일한지의 여부 확인
$gt	하나의 값이 다른 하나의 값보다 큰지의 여부 확인
$gte	하나의 값이 다른 하나의 값보다 크거나 같은지의 여부 확인
$ifNull	null값/표현식을 지정된 값으로 변환한다
$lt	하나의 값이 다른 하나의 값보다 작은지의 여부 확인
$lte	하나의 값이 다른 하나의 값보다 작거나 같은지의 여부 확인
$ne	두 값이 동일하지 않은지에 대한 여부 확인
$not	주어진 값의 반대 조건을 반환한다. 값이 true면 false, flase이면 true
$or	배열의 값 중 그 어떤 하나라도 ture인 경우 true

[비교 연산자]

$setEquals	두 개의 집합이 완전히 같은 요소를 가지는 경우 true
$setIntersection	두 개의 집합에서 공통적으로 존재하는 요소의 배열을 반환한다
$setDifference	두 번째 집합에 없는 첫 번째 집합의 요소를 반환한다
$setUnion	두 집합의 합집합을 반환한다
$setIsSubset	두 번째 집합이 첫 번째 집합의 부분집합이면 true (두 번째 집합의 모든 요소도 첫 번째 집합의 부분집합)
$anyElementTrue	집합의 요소 중 그 어느 하나라도 true이면 true
$allElementTrue	집합의 모든 요소가 true일 경우에만 true
$not	주어진 값의 반대 조건을 반환한다.값이 true이면 false,flase이면 true
$or	배열의 값 중 그 어떤 하나라도 true인 경우는 true

[배열 연산자]

위 연산자들의 사용 예를 몇 가지 살펴보자.

- sum, divide 연산자의 예

```
Enterprise testDB> db.rating.aggregate([
... {
..... $group : {
....... _id:1,
....... sum_rating: {$sum:"$rating"},
....... count : {$sum:1}
....... }
..... }
... ,
... {
..... $project : {
....... _id:0,
....... average : {$divide : ["$sum_rating", "$count"]}
....... }
..... }
... ])
[ { average: 3.7 } ]
```

- 날짜와 시간 연산자의 예

```
Enterprise car_accident> db.area.aggregate( [
... {
..... $project : {
....... date: {$toDate:"$_id"}
....... }
..... },
... {
..... $project : {
....... createAt : {
......... year : {$year:"$date"},
......... month : {$month:"$date"},
......... day : {$dayOfMonth:"$date"},
......... hour : {$hour:"$date"},
......... minute : {$minute:"$date"},
......... second : {$second : "$date"},
......... }
....... }
..... }
... ]);
[
  {
    _id: ObjectId("5c88f9f70da47a8507752775"),
    createAt: { year: 2019, month: 3, day: 13, hour: 12, minute: 39, second: 19 }
  },
  {
    _id: ObjectId("5c88f9f70da47a8507752776"),
    createAt: { year: 2019, month: 3, day: 13, hour: 12, minute: 39, second: 19 }
  },
```

- **$cond 연산자의 예**

```
Enterprise testDB> db.rating.aggregate ( [
... {
..... $project : {
....... rating : {
......... $cond : {
........... if : {$gte: ["$rating", 4]}, then:"Good", else:"Bad"
........... }
......... }
....... }
..... },
... {
..... $group : {
....... _id:"$rating",
....... count:{$sum:1}
....... }
..... }
... ]);
[ { _id: 'Good', count: 6 }, { _id: 'Bad', count: 4 } ]
```

4.5 뷰

몽고디비에서 뷰는 다른 컬렉션의 정보를 집계하여 만든 가상 컬렉션이다. 몽고디비는 뷰를 생성할 때 사용한 집계 파이프라인 명령어를 저장한다. 뷰 자체에는 집계한 정보가 저장되지 않는다. 뷰는 직접적으로 쓰고, 수정하고, 삭제하는 작업이 불가능하고, 읽는 작업만이 부분적으로 가능하다.

뷰를 생성할 때는 createView() 명령어를 사용하고, 뷰를 삭제할 때는 "뷰이름.drop()" 명령어를 사용한다. 다음은 뷰를 생성한 예이다.

```
Enterprise testDB> db.createView (
... "testView",
... "rating",
... [ {$project : {user_id:1} } ]);
{ ok: 1 }
```

위 예에서는 rating 컬렉션으로부터 user_id 필드만을 추출하여 "testView"라는 이름의 뷰를 생성하였다. 뷰의 내용을 find()로 검색하면 다음과 같다.

```
Enterprise testDB> db.testView.find()
[
  { _id: 1, user_id: 2 },
  { _id: 2, user_id: 3 },
  { _id: 3, user_id: 4 },
  { _id: 4, user_id: 1 },
  { _id: 5, user_id: 5 },
  { _id: 6, user_id: 8 },
  { _id: 7, user_id: 9 },
  { _id: 8, user_id: 10 },
  { _id: 9, user_id: 11 },
  { _id: 10, user_id: 12 }
]
```

testView를 삭제하기 위한 명령어는 다음과 같다.

```
Enterprise testDB> db.testView.drop();
true
```

제 5 장. 트랜잭션

제 5 장. 트랜잭션

몽고디비에서 하나의 도큐먼트 상에서 수행되는 연산들은 원자적으로 수행된다. 또한 몽고디비는 여러 도큐먼트에 (하나 또는 다수의 컬렉션에서) 대한 읽고 쓰기의 원자성이 요구되는 상황에서 분산 트랜잭션을 지원한다. 분산 트랜잭션을 사용하면 트랜잭션을 여러 작업, 컬렉션, 데이터베이스, 도큐먼트 및 샤드에 걸쳐 수행할 수 있다. 이 장에서는 이것을 가능하게 하는 몽고디비의 트랜잭션에 대하여 기술한다.

5.1 개요

몽고디비의 버전에 따라 트랜잭션 허용 여부가 다르다. 샤딩된 환경에서는 몽고디비 4.2 버전 이상에서만 트랜잭션이 허용된다. 이 때 readConcern과 writeConcern을 제대로 설정해야만 데이터 손실에 대한 피해를 최소화할 수 있다. 트랜잭션으로 사용할 수 있는 명령어에 대한 제한이 있어, 도큐먼트를 생성하고, 읽고, 수정하고, 삭제하는 명령어는 트랜잭션에 포함될 수 있으나, 컬렉션을 생성하고 삭제하는 명령어는 트랜잭션에 포함될 수 없다.

읽기나 쓰기가 가능한 데이터베이스 작업을 하나 이상 포함하는 데이터베이스의 논리적인 처리 단위를 트랜잭션이라 한다. 응용 프로그램에서는 논리적 처리 단위의 일부로 여러 도큐먼트에 대한 읽기와 쓰기를 요구하는 상황이 생길 수 있다. 트랜잭션의 중요한 특징은 성공하든 실패하든 부분적으로 완료하지 않는다(원자적)는 점이다.

일반적인 트랜잭션의 ACID 특성은 다음과 같다.

- Atomicity(원자성) : 트랜잭션 내 모든 작업이 적용되거나 아무 작업도 적용되지 않도록 한다.
- Consistency(일관성) : 트랜잭션이 성공하면 데이터베이스가 하나의 일관된 상태에서 새로운 일관된 상태로 이동한다.
- Isolation(독립성) : 여러 트랜잭션들이 동시에 실행하는데 필요한 특성. 트랜잭션이 다른 트랜잭션의 부분 결과를 보지 않도록 보장한다.

• Durability(영구성) : 트랜잭션이 완료되면 어떤 오류나 고장에도 변경된 값은 유지된다.

몽고디비에서 트랜잭션은 "세션"과 연관된다. 트랜잭션이 시행되는 어떤 시점에 반드시 하나의 세션이 시작되어 있어야 한다. 트랜잭션이 끝나기 전에 세션이 종료되면 트랜잭션은 철회된다.

몽고디비의 트랜잭션으로는 다음과 같은 기능을 수행할 수 없다.

• capped 컬렉션에 기록할 수 없다.
• capped 컬렉션을 읽을 때 "snapshot" readConcern을 사용할 수 없다.
• config, admin, local 데이터베이스 내의 컬렉션들을 읽고 쓸 수 없다
• system.* 컬렉션들을 기록할 수 없다.

5.2 트랜잭션 APIs

몽고디비의 트랜잭션을 수행하기 위해 필요한 API들에 대하여 살펴보자.

• getMongo.startSession() : connection.mongos에 대한 세션을 시작한다. 세션에는 sessionID가 할당된다.

• Session.startTransaction() : 세션과 연관된 다중 도큐먼트를 접근하는 트랜잭션을 시작한다. 트랜잭션이 실행되는 어느 시점에서도 트랜잭션은 세션과 연관된다. readConcernLevel과 writeConcernLevel을 설정한다.

• Session.commitTransaction() : 트랜잭션에 의해 만들어진 변경을 저장하고 트랜잭션을 종료한다.

• Session.abortTransaction() : 다중 도큐먼트 트랜잭션을 종료하고, 트랜잭션에 의해 만들어진 모든 변경을 롤백한다. 즉, 트랜잭션에 의해 만들어진 어떠한 변경도 저장하지 않고 종료한다.

• Session.endSession() : 세션을 종료한다.

트랜잭션의 실행 예는 다음과 같다. 먼저, user100 컬렉션을 준비하자. user100 컬렉션에서는 100만개의 도큐먼트를 만드는데 순서값과 랜덤값, 그리고 만들어진 시간을 필드로 생성한다.

```
test> for (i=0; i<1000000; i++) {    // 시간이 꽤 걸린다.
    db.user100.insertOne( {
      “i”:i,
      “username”:”user”+i,
      “age”:Math.floor(Math.random()*120),
      “created”: new Date()
    }
   );
  }
```

기다리다 중간에 멈춰도 상관없다. 만들어진 user100 컬렉션의 마지막 i값을 확인하고, 세션을 시작한 후, 날짜를 새로 변경하는 트랜잭션을 실행하였다. 마지막에 트랜잭션을 완료하고 세션을 종료하였다.

```
Enterprise testDB> db.user100.aggregate([ { $group : {_id:1, lastid: {$last:"$i"} }}  ]);
[ { _id: 1, lastid: 222833 } ]
Enterprise testDB> _

Enterprise testDB> session=db.getMongo().startSession();
{ id: UUID("bac48b2b-62e2-4e70-b456-1e1c82dbd109") }
Enterprise testDB> session.startTransaction(
... {
..... readConcern : {level:"snapshot"},
..... writeConcern : {w:"majority"}} );

Enterprise testDB> db.user100.updateMany (
... {}, {$set : {"created":new Date()} } );
{
  acknowledged: true,
  insertedId: null,
  matchedCount: 222834,
  modifiedCount: 222834,
  upsertedCount: 0
}
Enterprise testDB> session.commitTransaction();

Enterprise testDB> session.endSession();
```

트랜잭션의 수행 결과를 비교하기 위해 트랜잭션 수행 전의 동일한 도큐먼트의 필드와 수행 후의 필드를 비교하였다. 동일한 도큐먼트의 “created” 필드가 새로 갱신되었음을 알 수 있다.

- 트랜잭션 실행 전

```
Enterprise testDB> db.user100.find();
[
  {
    _id: ObjectId("63609d0d0c9f82762f394e4f"),
    i: 0,
    username: 'user0',
    age: 71,
    created: ISODate("2022-11-01T04:14:05.389Z")
  },
  {
    _id: ObjectId("63609d0d0c9f82762f394e50"),
    i: 1,
    username: 'user1',
    age: 12,
    created: ISODate("2022-11-01T04:14:05.438Z")
  },
```

- 트랜잭션 실행 후

```
Enterprise testDB> db.user100.find();
[
  {
    _id: ObjectId("63609d0d0c9f82762f394e4f"),
    i: 0,
    username: 'user0',
    age: 71,
    created: ISODate("2022-11-01T04:35:13.799Z")
  },
  {
    _id: ObjectId("63609d0d0c9f82762f394e50"),
    i: 1,
    username: 'user1',
    age: 12,
    created: ISODate("2022-11-01T04:35:13.799Z")
  },
```

5.3 일관성 수준

몽고디비는 데이터를 중복, 분산하여 저장한다. 데이터를 중복 저장한다는 것은 하나의 데이터를 여러 개의 노드에 반복 저장한다는 의미이고, 분산 저장한다는 것은 여러 데이터를 노드들에 나누어 저장한다는 의미이다. 물론, 중복과 분산은 동시에 발생할 수 있다. 이 때 발생하는 이슈는 데이터가 갱신되었을 때 얼마나 많은 중복, 분산된 모든 노드에서 갱신할 것인지의 여부이다. 한 노드에서 데이터가 갱신되면 그 데이터가 저장된 모든 노드에 갱신을 전파시켜 데이터를 일치시키는 것이 당연하다고 생각할지 모르지만, 실제로는 그렇게 하지 않는다.

몽고디비에서는 분산된 노드들에서 어느 정도의 일관성으로 데이터를 일치시키는지에 따라 다양한 일관성 수준을 제공한다. 분명한 것은 모든 중복된 노드들에서 데이터가 완벽하게 일치하지는 않는다는 것이다. 물론 그런 정책을 사용할 수도 있으나, 모든 데이터를 완벽하게 일치시키는데 필요한 오버헤드를 줄이고자, 어느 정도의 비일관성을 허용한다.

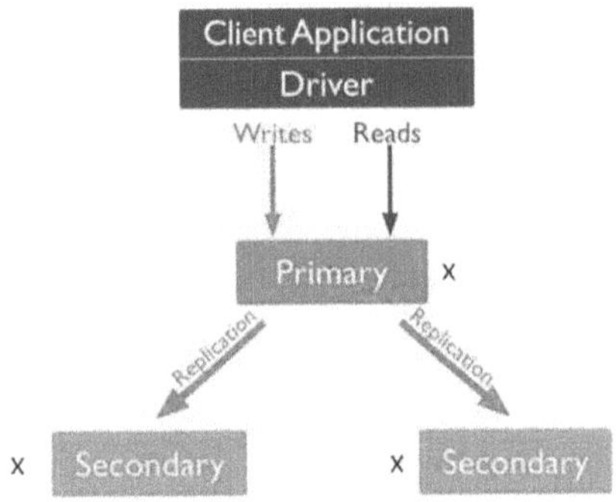

Replication(중복)

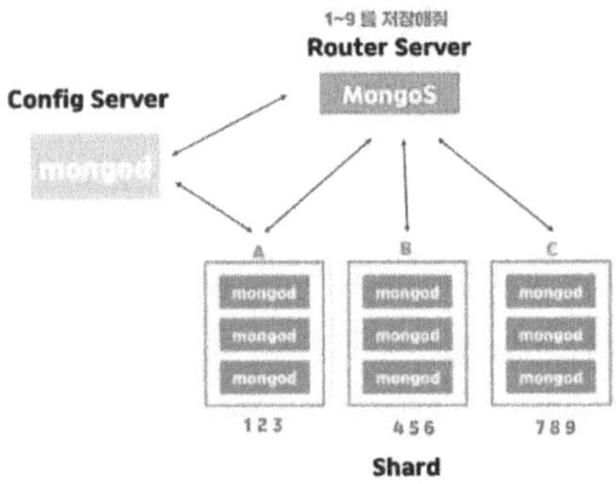

Sharding(분산)

이를 위해, 데이터를 읽고, 쓸 때 다양한 일관성 수준을 제공한다. 이것을 readConcern(읽기 고려)과 writeConcern(쓰기 고려)이라고 한다.

5.3.1 writeConcern

몽고디비의 writeConcern은 중복된 데이터를 갱신할 때 데이터의 일관성 수준을 말한다. 복제본 집합에 대한 writeConcern은 작업이 성공적으로 반환되기 전에 쓰기 작업을 승인해야 하는 데이터를 포함하는 멤버의 수를 의미한다. 구성원은 쓰기 작업을 성공적으로 수신하고 적용한 후에만 쓰기 작업이 종료될 수 있다. writeConcern에 설정된 멤버의 수가 많을수록 일관성의 정도는 증가하나 갱신 결과를 반영하기 위한 오버헤드는 커진다. 따라서 응용의 목적에 따라 writeConcern의 수준을 적절하게 설정하는 것이 필요하다.

writeConcern의 설정에 필요한 필드는 다음과 같다.

```
{ w: <value>, j: <boolean>, wtimeout: <number> }
```

w 필드는 쓰기 작업이 지정된 개수의 mongod 인스턴스, 즉 구성원들에 전파되었음을 확인하도록 요청하는 옵션이다. w 필드에서는 "majority"나 인스턴스 숫자를 기술할 수 있다. 여기서 majority는 과반 이상의 멤버에게 갱신이 전파됨을 확신할 수 있는 속성이며, writeConcern의 디폴트 값이다. j 필드는 쓰기 작업이 디스크 저널에 기록되었음을 확인하도록 요청하는 옵션이다. wtimeout 필드는 쓰기 작업이 무기한 차단되지 않도록 시간 제한을 지정하는 옵션이다. writeConcern은 다음과 같은 절차로 수행된다.

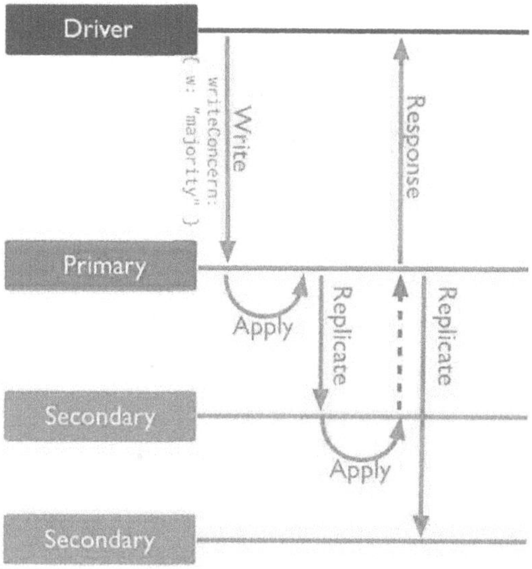

[쓰기 연산의 전파와 적용]

5.3.2 readConcern

readConcern 옵션을 사용하면 복제본에서 읽은 데이터의 일관성 및 독립성 속성을 제어할 수 있다. 트랜잭션의 연산들은 트랜잭션 레벨에서 readConcern을 사용한다. 트랜잭션 레벨에서 읽기 고려를 설정하면, 컬렉션이나 데이터베이스에 설정된 어떤 readConcern도 트랜잭션 내에서는 무시된다. 몽고디비에서 readConcern은 다음과 같은 옵션들을 사용할 수 있다.

옵션	의미
local	복제 셋에 대한 읽기가 정상적으로 수행되었는지의 여부를 판단하지 않고 그대로 데이터를 반환한다. readConcern의 기본값
available	기본적으로 local과 동일하지만, 샤딩된 클러스터에 대한 읽기 작업의 경우 사용한다 .
majority	다중 문서 트랜잭션을 제외한 읽기 작업에 한해 과반수의 복제 세트들이 데이터를 읽는 것을 보장하는 옵션이다.
linearizable	majority 옵션과 유사, 복제 세트에 쓰기 작업이 끝날 때까지 기다리고 난 후 읽기 데이터를 반환한다.
snapshot	다중 문서 트랜잭션에서 사용한다.

[readCocern의 옵션들]

5.4 잠금 관리

몽고디비의 트랜잭션에서 마지막으로 살펴볼 내용은 트랜잭션의 실행에 필요한 잠금(lock)이다. 잠금은 트랜잭션의 동시성 제어를 위해 필요한 도구이자 알고리즘이라고 할 수 있다. 몽고디비에서 제공하는 잠금의 종류는 다음과 같다.

잠금 종류	영문	설명
S	Shared lock (read)	공유 잠금. 주로 읽기 작업에 사용
X	Exclusive lock (write)	독점 잠금. 주로 쓰기 작업에 사용
IS	Intent Shared lock	내부에 공유 잠금 설정에 사용
IX	Intent Exclusive lock	내부에 독점 잠금 설정에 사용

[몽고디비의 잠금 종류]

보유한 잠금과 요청하는 잠금 사이의 양립성 테이블은 다음과 같다.

보유 \ 요청	X	IX	S	IS
X	X	X	X	X
IX	X	O	X	O
S	X	X	O	O
IS	X	O	O	O

[잠금 양립성 테이블]

데이터베이스에서 실행하는 몇 가지 연산에 대해 필요한 잠금의 종류는 다음과 같다.

Operation	Database	Collection
Issue a query	r (Intent Shared)	r (Intent Shared)
Insert data	w (Intent Exclusive)	w (Intent Exclusive)
Remove data	w (Intent Exclusive)	w (Intent Exclusive)
Update data	w (Intent Exclusive)	w (Intent Exclusive)
Perform Aggregation	r (Intent Shared)	r (Intent Shared)
Create an index (Foreground)	W (Exclusive)	
Create an index (Background)	w (Intent Exclusive)	w (Intent Exclusive)
List collections	r (Intent Shared) Changed in version 4.0.	
Map-reduce	W (Exclusive) and R (Shared)	w (Intent Exclusive) and r (Intent Shared)

[연산에 대한 잠금의 종류]

제 6 장. 데이터 모델링과 인덱스

제 6 장. 데이터 모델링과 인덱스

몽고디비는 관계 데이터베이스와 다르게 컬렉션에 대한 고정된 스키마가 없어서 관계 데이터베이스만큼 설계 과정이 복잡하지 않다. 하지만 저장하려는 데이터를 정확하고 효율적으로 데이터베이스에 저장하기 위한 구조를 고민하고 설계하는 과정은 필요하다. 이 과정을 데이터 모델링이라고 한다.

데이터를 사용하는 환경에서 하드웨어 개선 없이 성능을 개선할 수 있는 방법이 데이터 모델링과 인덱싱이다. 데이터 모델링은 응용에서 필요한 데이터를 정확하게 파악하여 구조를 결정하는 과정이다. 이 구조를 어떻게 결정하느냐에 따라 시스템의 성능은 좌우될 수 있다.

관계형 데이터베이스에서는 테이블을 설계한 후 컬럼을 설계하는 하향식 방법으로 이루어지는 반면, 몽고디비에서는 도큐먼트를 설계하고 컬렉션을 설계하는 상향식 방법으로 모델링이 진행된다.

6.1 개요

일반적인 데이터 모델링에서 고려해야 할 점으로 먼저, 기본적인 스키마 설계가 필요하다. 데이터들 사이의 관계를 표현하기 위한 방법과 최적화 방법, 일관성 유지 방법, 스키마 마이그레이션과 스키마 관리 방법 등에 대하여 고려해야 한다.

이를 몽고디비에 적용하기 위해서는 데이터베이스와 하드웨어 사이의 제약 사항에 대한 이해가 필요한데, 예를 들어, 몽고디비에서 하나의 도큐먼트의 크기는 16MB를 넘을 수 없다. 갱신은 전체 도큐먼트를 다시 기록하게 하며, 원자성은 도큐먼트 단위로 실행된다. 쿼리가 실행되는 시기와 빈도에 대한 파악도 필요하다. 쿼리를 식별한 후에는 쿼리 수를 최소화하고, 함께 접근되는 데이터가 동일한 도큐먼트에 저장되도록 설계해야 한다.

관계 유형에 대한 고려도 필요하다. 몽고디비에서도 컬렉션들 사이에 관계는 존재하는 만큼 어떤 데이터들 사이에 어떤 관계가 존재하는지를 파악해야 한다. 마지막으로 카디널리티와 읽기/갱신 비율에 대한 고려도 필요하다.

6.2 관계의 표현

몽고디비에서 도큐먼트들 사이에 존재하는 관계를 표현하는 방법에 대하여 알아보자. 예를 들어, 수강 신청의 경우, 한 학생은 여러 과목을 신청할 수 있고, 한 과목이 수강생은 여러 명이며, 하나의 학과에는 여러 명의 학생이 있으나, 한 명의 학생은 하나의 학과에만 속할 수 있다. 도큐먼트들 사이에 존재하는 이런 연관성을 관계로 정의한다. 관계 데이터베이스에서 관계는 외래키에 의해 표현되었는데, 몽고디비에서는 도큐먼트들 사이의 구조로 관계를 표현한다. 몽고디비에서 관계를 표현하기 위한 두 가지 도큐먼트 구조가 있다. 하나는 임베디드 방식이고, 다른 하나는 레퍼런스 방식이다.

6.2.1 임베디드(embedded) 방식

몽고디비에서 임베디드 방식으로 관계를 표현할 때는 다른 객체를 도큐먼트 내부에 포함시킨다. 예를 들어, 한 사람이 여러 개의 주소를 가진다면(1:N) 다음과 같이 표현한다. addresses 필드의 배열 안에 주소 객체를 여러 개 저장하여 한 사람이 가진 여러 개의 주소를 표현하였다.

```
{
   "_id": "joe",
   "name": "Joe Bookreader",
   "addresses": [
                 {
                   "street": "123 Fake Street",
                   "city": "Faketon",
                   "state": "MA",
                   "zip": "12345"
                 },
                 {
                   "street": "1 Some Other Street",
                   "city": "Boston",
                   "state": "MA",
                   "zip": "12345"
                 }
               ]
}
```

임베디드 방법의 장점으로는 원자성을 지키기 쉬우며, 내용을 읽는 시간이 빠르다는 점이다. 도큐먼트가 여러 개의 서버에 나누어져 있을 때 더 많은 속도 차이가 날 수 있다. 반면, 단점으로는 도큐먼트 사이즈에 제한이 있다는 점과 도큐먼트 사이즈가 크면 램에 불러들여 수정할 때 속도가 느려진다는 점을 들 수 있다. 또한, 데이터 중복으로 인해 저장 공간이 많이 필요하게 된다.

6.2.2 레퍼런스(reference) 방식

몽고디비에서 관계를 표현하는 두 번째 방법은 참고할 도큐먼트의 _id를 저장하는 레퍼런스 방식이다. 도서와 출판사의 관계를 레퍼런스 방식으로 표현하면 다음과 같다. books 필드의 배열에 저장된 값들은 이 출판사에서 출판된 도서들의 _id이고, 해당 _id를 가진 책들의 정보는 별도로 저장된다.

```
{
   name: "O'Reilly Media",
   founded: 1980,
   location: "CA",
   books: [123456789, 234567890, ...]
}

{
    _id: 123456789,
    title: "MongoDB: The Definitive Guide",
    author: [ "Kristina Chodorow", "Mike Dirolf" ],
    published_date: ISODate("2010-09-24"),
    pages: 216,
    language: "English"
}

{
   _id: 234567890,
   title: "50 Tips and Tricks for MongoDB Developer",
   author: "Kristina Chodorow",
   published_date: ISODate("2011-05-06"),
   pages: 68,
   language: "English"
}
```

임베디드 방식과 레퍼런스 방식의 장단점을 다음 표에 정리하였다.

내장 방식이 좋은 경우	참조 방식이 좋은 경우
작은 서브 도큐먼트	큰 서브 도큐먼트
주기적으로 변하지 않는 데이터	자주 변하는 데이터
결과적인 일관성이 허용될 때	즉각적인 일관성이 필요할 때
증가량이 적은 도큐먼트	증가량이 많은 데이터
빠른 읽기	빠른 쓰기

[관계 표현 방법의 비교]

6.3 정규화와 카디널리티

관계 데이터베이스에서 정규화(normalization)는 데이터 중복을 제거하기 위해 릴레이션들을 분해함으로써 이상(anomaly) 현상을 감소시키는 과정이다. 몽고디비에서도 필요에 의해 컬렉션을 분해하는 정규화가 필요하다. 모든 데이터를 하나의 도큐먼트에 내장하는 것이 비정규화라면, 하나의 데이터를 여러 도큐먼트에 나누어 저장하는 것을 정규화라고 할 수 있다. 정규화와 비정규화의 결정은 쉽지 않으며, 일반적으로 정규화는 쓰기 연산을 빠르게 하고, 비정규화는 읽기 연산을 빠르게 한다.

카디널리티(cardinality)는 하나의 컬렉션이 다른 컬렉션을 얼마나 참조하는지를 숫자로 나타낸 개념이다. 카디널리티의 종류로는 1:1, 1:N, N:M이 있다. 몽고디비에서는 다수의 개념을 많음과 적음으로 나누는 게 도움이 되는데, 1:N 대신 다대소의 개념을 생각할 수 있다. 적음의 관계는 임베디드 방식으로 표현하는 것이 더 적합하고, 많음의 관계는 참조로 표현하는 것이 더 적합하다.

6.4 기타 고려사항들

응용 프로그램의 성능을 최적화하려면 읽기 연산과 쓰기 연산의 성능을 분석해 어느 쪽에서 병목이 발생하는지 알아야 한다. 읽기 최적화는 일반적으로 올바른 인덱스를 사용하여 하나의 도큐먼트에서 가능한 한 많은 정보를 반환함으로써 가능하다. 쓰기 최적화는 일반적으로 인덱스의 수를 최소화하고 갱신을 가능한 한 효율적으로 수행하는 것과 관련이 있다. 빠른 읽기와 빠른 쓰기에 최적화된 스키마는 종종 서로 상반되므로 응용 프로그램에서 어떤 것이 더 중요한지를 결정해야 한다. 응용에서 쓰기가 중요하지만 각 쓰기에 대해 읽기를 여러 번 반복한다면 읽기를 먼저 최적화해야 한다.

도큐먼트에 저장되는 데이터들은 때로 아주 짧은 시간 동안만 필요하다. 이런 경우, 오래된 데이터를 제거하는 방법이 필요한데, 몽고디비에서는 다음과 같은 3가지 방법으로 오래된 데이터를 제거한다.

- **capped 컬렉션의 사용**
- **TTL(Time-To Live) 컬렉션의 사용**
- **수동으로 주기적 데이터 삭제**

도큐먼트와 컬렉션은 어떻게 구성해야 할까? 일반적으로 스키마가 유사한 도큐먼트는 동일한 컬렉션에 보관하는 것이 효율적이다. 데이터베이스 내의 모든 데이터들이 비슷한 품질, 비슷한 접근 패턴, 비슷한 트래픽 수준을 갖는 것이 좋다. 관련 있는 내용을 저장하는 컬렉션들은 하나의 데이터베이스에 저장하는 것이 좋다.

몽고디비에서는 다양한 수준의 일관성을 제공하는데, 일관성 수준은 읽기 고려(readConcern)와 쓰기 고려(writeConcern)에 의해 결정된다. 읽기 고려의 수준은 5가지가 있으나, 읽기 부실을 방지하려면 "majority" 수준을 사용한다.

관계형 데이터베이스와 몽고디비의 특징을 비교해보자.

- RDBMS
  - 정해진 스키마에 의해 데이터를 생성하고 관리
  - 데이터이 구조가 명확하다면 적용 용이
  - 릴레이션들 사이의 관계를 표현하는데 적합(조인, 외래키)
  - 비교적 높은 일관성 달성
  - scale-up으로 인한 비용 증가
- MongoDB
  - 빅데이터의 출현으로 대량의 데이터를 저장하기 위한 목적
  - 데이터 구조가 유연함 (확장성)
  - 데이터 일관성과 저장 비용의 타협
  - 데이터 중복 관리 비용 필요
  - scale-out 가능

6.5 인덱스

데이터베이스에서 데이터가 많아지면 그 데이터를 쉽게 찾을 방법이 있어야 한다. 어떤 자료를 스크랩할 때 제목이나 카테고리에 대한 찾아보기가 있어야 쉽게 찾을 수 있는 것과 동일한 원리이다. 일반적으로 책의 마지막에 부록으로 제공하는 찾아보기의 기능과 같다. 데이터베이스에서는 이런 기능을 인덱스(index)가 한다.

인덱스가 없다면 하나의 데이터를 찾기 위해 모든 도큐먼트를 순차적으로 모두 조회(COLLSCAN)해야 한다. 인덱스는 쿼리를 효율적으로 수행하게 한다. 새로운 도큐먼트가 생성되거나 삭제되면 인덱스도 함께 수정되어야 하므로 속도의 저하가 발생할 수 있다. 하지만 인덱스를 사용하면 검색해야 할 도큐먼트 수를 줄일 수 있다. 인덱스에 포함된 필드의 수에 따라 단순 인덱스와 복합 인덱스 등으로 분류할 수 있다. 이 절에서는 인덱스의 다양한 종류와 사용 방법에 대하여 기술한다.

6.5.1 몽고디비의 인덱스 구조

몽고디비에서는 B-tree의 구조로 인덱스를 저장한다. B-tree는 각 리프 노드가 동일한 깊이에 있기 때문에 균등한 응답 속도를 보장한다. 하나의 컬렉션 내에서 모든 도큐먼트는 3~4번의 I/O로 접근할 수 있다. B-tree는 최대 깊이가 4이므로 대규모 컬렉션에 대해 우수한 성능을 가진다. 최대 I/O의 횟수가 4번이기 때문이다. B-tree 인덱스는 정확하고 빠른 조회 뿐만 아니라, 범위 질의도 지원한다.

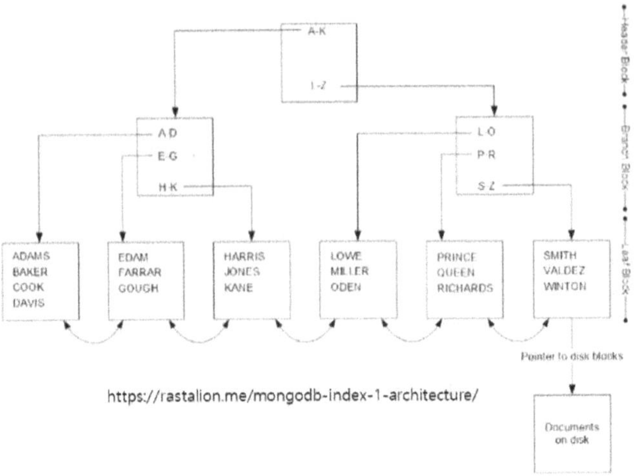

[B-tree 인덱스 구조]

몽고디비의 엔진인 WiredTiger는 인덱스 키 엔트리에 도큐먼트마다 고유의 식별자를 할당하며 Record-Id로 부여한다. 이 때 도큐먼트의 고유 식별자는 Auto-Increment 방식을 사용한다. Record-Id는 64bit의 int(정수 타입)을 사용하며 컬렉션 단위로 별도의 자동 증가값을 사용한다. WiredTiger 스토리지 엔진의 Record-Id는 나중에 도큐먼트의 크기가 증가하여도 크게 부하가 없고, 데이터 파일 내에서 위치가 이동하더라도 처음 할당된 논리적인 주소 값은 변하지 않고 계속 유지된다. 내부적으로 Record-Id 값을 인덱스 키로 가지는 내부 인덱스가 존재하며, 이 인덱스는 사용자가 임의적으로 변경하거나 사용할 수 있는 인덱스가 아니다.

데이터베이스에서 기본 인덱스란 기본 키로 만들어진 인덱스를 말하는데, 몽고디비에서는 기본 인덱스로 _id 필드를 사용한다. _id 인덱스는 고유한 인덱스이며, 동일한 _id 값을 가진 두 개의 도큐먼트는 컬렉션에 삽입될 수 없다. 이 인덱스는 사용자가 수동으로 삭제할 수 없다.

6.5.2 인덱스의 종류

몽고디비에서 제공하는 다양한 인덱스의 종류에 대해 기술한다. 먼저, 인덱스에 사용된 필드 수에 따라 인덱스를 구분하면 다음과 같다.

- **단일키 인덱스** : 하나의 필드로 구성된 인덱스
- **복합키 인덱스** : 여러 개의 필드로 구성된 인덱스. 각각의 필드에 대해 오름차순, 내림차순을 설정해야 한다.

다음으로, 인덱스로 사용된 값의 형태에 따라 인덱스를 구분하면 다음과 같다.

- **다중키 인덱스** : 인덱스로 사용된 필드가 배열일 수 있다. 배열 내의 각 요소에 대해 인덱스를 설정할 수 있다.
- **텍스트 인덱스** : 문자열 단어에 인덱스를 설정할 수 있다. 하나의 컬렉션에 텍스트 인덱스는 하나만 만들 수 있다.
- **지리공간적 인덱스**

마지막으로 해시 인덱스는 B-tree와 해시 함수를 사용한 인덱스이다. 기존의 인덱스보다 크기가 작고 검색 속도가 빠르다. 샤딩 환경에서 많이 사용한다.

6.5.3 인덱스의 설정과 적용

인덱스를 생성할 때는 createIndex() 명령어를 사용한다.

```
db.<collection>.createIndex( { <field>: <sortOrder> } )
```

다양한 종류의 인덱스를 생성하는 예는 다음과 같다.

- 단일키 인덱스
  > db.movie.createIndex ({ 평점 : 1})
- 복합키 인덱스
  > db.movie.createIndex ({평점 : 1, 점수 : -1})
- 다중키 인덱스
  > db.movie.createIndex ({"리뷰.제목": 1})
- 텍스트 인덱스
  > db.movie.createIndex ({ 제목 : "text"})
- 해시 인덱스
  > db.movie.createIndex ({ 배급사 : "hashed"})

다음과 같은 movie 컬렉션을 가정하자.

```
test> db.movie.find();
[
  {
    _id: ObjectId('636b4a441b2dcc87713ad4b7'),
    '제목': null,
    '점수': 4,
    '평점': 1,
    '배급사': '중국'
  },
  {
    _id: ObjectId('636b4a001b2dcc87713ad4b6'),
    '제목': '드래곤',
    '점수': 6,
    '평점': 2,
    '배급사': '중국'
  },
  {
    _id: ObjectId('636b49c31b2dcc87713ad4b5'),
    '제목': '라야',
    '점수': 8,
    '평점': 4,
    '리뷰': [ { '제목': '재밌다', '저자': '너아무개' } ],
    '배급사': '미국'
  },
  {
    _id: ObjectId('636b498d1b2dcc87713ad4b4'),
    '제목': '아바타2',
test>
```

movie 컬렉션에 설정되어 있는 인덱스 정보는 다음과 같다. _id 인덱스(오름차순)가 기본적으로 설정되어 있음을 알 수 있다.

```
test> db.movie.getIndexes();
[ { v: 2, key: { _id: 1 }, name: '_id_' } ]
test>
```

movie 컬렉션에 배급사에 대한 해시 인덱스와 영화 제목에 오름차순으로 중복을 제거한 인덱스를 다음과 같이 설정한 후, 인덱스 정보를 확인하였다.

```
test> db.movie.createIndex( {배급사:"hashed"} );
배급사_hashed
test> db.movie.createIndex( {제목:1}, {unique:true} );
제목_1
test> db.movie.getIndexes();
[
  { v: 2, key: { _id: 1 }, name: '_id_' },
  { v: 2, key: { '배급사': 'hashed' }, name: '배급사_hashed' },
  { v: 2, key: { '제목': 1 }, name: '제목_1', unique: true }
]
```

6.5.4 explain()과 쿼리 프로파일러

일반적으로 인덱스는 효율적인 쿼리를 위하여 생성된다. 인덱스는 응용 프로그램을 만든 후 성능을 고려하여 만든다. 생성된 인덱스가 어떻게 활용되는지 확인할 방법이 필요한데, 몽고디비에서는 이를 위해 explain() 명령어를 제공한다.

explain() 명령어는 쿼리가 어떻게 실행되었는지에 대한 단계를 표시해준다. 출력되는 결과 중, "winningPlan"은 쿼리를 실행하는 가장 효율적인 계획을 말하며, 인덱스를 사용했다면 이 부분을 참고하여 인덱스를 사용했는지 아닌지를 참고할 수 있다. 몽고디비는 내부적으로 winningPlan을 만들고 관리한다. 자주 사용되는 쿼리는 이 계획을 캐시에 기록하여 빠르고 효율적인 처리를 할 수 있도록 관리한다. 각각의 계획은 여러 단계의 "스테이지"를 거쳐서 쿼리를 실행한다. explain() 명령어에서 보여지는 주요 단계는 다음과 같다.

- COLLSCAN: 컬렉션 전체 스캔(읽기)
- IXSCAN: 인덱스 키 스캔
- FETCH: 도큐먼트 불러오기
- UPDATE: 도큐먼트 수정하기
- SORT: 도큐먼트 정렬하기
- PROJECTION: 출력할 필드 선정하기
- SHARD_MERGE: 샤딩(분산)되어 흩어진 정보 모으기

find() 메서드로 movie 컬렉션에서 평점이 4점 이상인 영화들만 검색하였다.

```
test> db.movie.find( {평점:{$gte:4}} );
[
  {
    _id: ObjectId('636b49c31b2dcc87713ad4b5'),
    '제목': '라야',
    '점수': 8,
    '평점': 4,
    '리뷰': [ { '제목': '재밌다', '저자': '너아무개' } ],
    '배급사': '미국'
  },
  {
    _id: ObjectId('636b498d1b2dcc87713ad4b4'),
    '제목': '아바타2',
    '점수': 9,
    '평점': 4.5,
    '리뷰': [ { '제목': '대단하다', '저자': '김아무개' } ],
    '배급사': '미국'
  }
]
```

평점이 4점 이상인 영화들을 검색할 때 어떻게 질의가 수행되었는지 explain() 명령어로 확인해보면, 인덱스가 영화 제목에 설정되어 있으므로, 평점이 4점 이상인 영화들을 검색할 때는 인덱스가 사용되지 않고 모든 도큐먼트가 검색(COLLSCAN)되었음을 알 수 있다.

```
test> db.movie.find( {평점:{$gte:4}} ).explain();
{
  explainVersion: '1',
  queryPlanner: {
    namespace: 'test.movie',
    indexFilterSet: false,
    parsedQuery: { '평점': { '$gte': 4 } },
    queryHash: 'BA05CEAB',
    planCacheKey: 'BA05CEAB',
    maxIndexedOrSolutionsReached: false,
    maxIndexedAndSolutionsReached: false,
    maxScansToExplodeReached: false,
    winningPlan: {
      stage: 'COLLSCAN',
      filter: { '평점': { '$gte': 4 } },
      direction: 'forward'
    },
    rejectedPlans: []
  },
  command: { find: 'movie', filter: { '평점': { '$gte': 4 } }, '$db': 'test' },
  serverInfo: {
```

그래서 이번엔 평점에 인덱스를 설정하고, 역시 평점 4점 이상의 영화를 검색해보면, 이번엔 인덱스가 사용되어(IXSCAN) 수행되었음을 확인할 수 있다.

```
test> db.movie.createIndex( {평점:1} );
평점_1
test> db.movie.getIndexes();
[
  { v: 2, key: { _id: 1 }, name: '_id_' },
  { v: 2, key: { '배급사': 'hashed' }, name: '배급사_hashed' },
  { v: 2, key: { '제목': 1 }, name: '제목_1', unique: true },
  { v: 2, key: { '평점': 1 }, name: '평점_1' }
]
test>
```

```
test> db.movie.find( {평점:{$gte:4}} ).explain();
{
  explainVersion: '1',
  queryPlanner: {
    namespace: 'test.movie',
    indexFilterSet: false,
    parsedQuery: { '평점': { '$gte': 4 } },
    queryHash: 'BA05CEAB',
    planCacheKey: '9809651C',
    maxIndexedOrSolutionsReached: false,
    maxIndexedAndSolutionsReached: false,
    maxScansToExplodeReached: false,
    winningPlan: {
      stage: 'FETCH',
      inputStage: {
        stage: 'IXSCAN',
        keyPattern: { '평점': 1 },
        indexName: '평점_1',
        isMultiKey: false,
        multiKeyPaths: { '평점': [] },
        isUnique: false,
        isSparse: false,
        isPartial: false,
        indexVersion: 2,
        direction: 'forward',
        indexBounds: { '평점': [ '[4, inf.0]' ] }
      }
    },
    rejectedPlans: []
  },
  command: { find: 'movie', filter: { '평점': { '$gte': 4 } }, '$db': 'test' }
  serverInfo: {
    host: 'DESKTOP-M84IVQ5',
    port: 27017,
    version: '7.0.5',
    gitVersion: '7809d71e84e314b497f282ea8aa06d7ded3eb205'
  },
  serverParameters: {
    internalQueryFacetBufferSizeBytes: 104857600,
    internalQueryFacetMaxOutputDocSizeBytes: 104857600,
    internalLookupStageIntermediateDocumentMaxSizeBytes: 104857600,
```

explain() 명령어를 이용하면 수행하려는 쿼리가 어떤 방법으로 실행되었는지를 확인할 수 있으나, 쿼리를 실행할 때마다 explain() 명령어로 확인하기는 어렵다. 만약 쿼리의 성능이 느려짐을 감지할 때 어느 곳에 문제가 있는지 확인하려면 몽고디비에 내장된 "프로파일러"를 가동할 수 있다.

쿼리 프로파일러는 on/off 할 수 있는데 디폴트 값은 off이다. 여기서는 CRUD 연산과 configuration, administration 명령어에 대한 자세한 정보를 모아, system.profile 컬렉션(capped)에 정보를 저장한다.

프로파일러에서 사용가능한 프로파일 레벨은 다음과 같다.

- 레벨 0: 프로파일러 가동 중단
- 레벨 1: 특정 레벨값(slowms)을 넘어가는 느린 쿼리를 탐지
- 레벨 2: 모든 읽기와 쓰기를 기록

프로파일 레벨은 setProfilingLevel() 명령어로 설정한다.

```
db.setProfilingLevel(<level>, <options>)
```

setProfileLevel()에서 옵션으로 사용할 수 있는 속성은 다음과 같다.

- slowms(default 100ms) : time threshold
- sampleRate(default 1.0) : 느린 연산의 비율
- filter : 프로파일링이 필요한 연산

다음은 프로파일 레벨을 2로 설정하는 명령어이다.

```
test> db.setProfilingLevel(2);
{ was: 0, slowms: 100, sampleRate: 1, ok: 1 }
test>
```

앞서 실행한 평점 4점 이상의 영화 검색에 대한 explain() 명령어의 후의 system.profile 컬렉션의 내용은 다음과 같다.

```
test> db.system.profile.find().sort({ts:-1}).limit(1).pretty();
[
  {
    op: 'query',
    ns: 'test.sysem.profile',
    command: {
      find: 'sysem.profile',
      filter: {},
      sort: { ts: -1 },
      limit: 1,
      lsid: { id: UUID('d0d63383-b214-4d89-9e60-d43702a8593f') },
      '$db': 'test'
    },
    keysExamined: 0,
    docsExamined: 0,
    nBatches: 1,
    cursorExhausted: true,
    numYield: 0,
    nreturned: 0,
    queryFramework: 'classic',
    locks: {
      FeatureCompatibilityVersion: { acquireCount: { r: Long('1') } },
      Global: { acquireCount: { r: Long('1') } }
    },
    flowControl: {},
    responseLength: 107,
    protocol: 'op_msg',
    millis: 0,
    planSummary: 'EOF',
    planningTimeMicros: 90,
    execStats: {
      stage: 'EOF',
      nReturned: 0,
      executionTimeMillisEstimate: 0,
```

위에서 보여지는 프로파일러 필드들의 의미는 다음과 같다.

- **op:** 어떤 작업을 실행했는지 알려주는 필드
- **ns:** NameSpace, 데이터베이스 컬렉션의 정보를 담고 있다. command, count, distinct, geoNear, getMore, group, insert, mapReduce, query, remove, update 등의 작업을 명세한다.
- **keyExamined:** 작업을 수행하기 위해 스캔한 키의 양
- **docsExamined:** 작업을 수행하기 위해 스캔한 도큐먼트의 양
- **fromMultiplanner:** 최적화된 승리 플랜을 위해 세워진 다른 플랜들. 이 값이 true인 작업이 더 느리다면 인덱스가 너무 많지 않은지 의심해볼 수 있다.
- **nreturned:** 최종적으로 반환되는 도큐먼트의 수
- **writeConflict:** 쓰기 작업을 할 때 얼마나 많은 충돌이 있었는지 나타낸다. 이 횟수가 늘어난다면 writeConcern값을 보수적으로 잡는 것을 고려해봐야 한다.
- **responseLength:** 작업의 결과물의 크기(바이트)를 나타낸다. 너무 큰 결과물은 여러모로 성능에 영향을 미치게 된다.

- millis: 총 작업에 걸린 시간
- planSummary: 주로 한 작업의 스테이지 정보를 담고 있다.
- stage: 스테이지 이름
- nReturned: 상위 스테이지로 반환되는 도큐먼트 수
- executionTimeMilliesEstimate: 현재 스테이지를 실행하는데 걸린 시간
- works: work() 함수가 호출된 횟수. work() 함수는 몽고디비가일을 하는 작업 단위.
- advanced: 부모 스테이지로 중간에 반환한 도큐먼트 수
- saveState: 명령 수행 단계에서 현재 상태를 일시 중단하고 현재 상태를 저장한 횟수
- resoreState: 저장한 상태를 불러온 횟수
- needTime: 아직 작업할 내용이 남았지만 부모 스테이지로 보내지 못한 횟수
- needYield: 작업을 수행하기 위해 걸려있는 잠금을 풀어주길 요청했던 횟수
- isEOF: 스테이지가 끝났으면 1, 아니면 0

제 7 장. 복제

제 7 장. 복제

데이터 복제(Replication)는 데이터 중복(redundancy)을 통해 데이터 가용성을 높이는 기술이다. 서로 다른 데이터베이스 서버에 여러 개의 데이터 복사본이 있는 복제는 단일 데이터베이스 서버에 비해 고장에 견디는 견고함을 제공한다.

클라이언트가 다른 서버에 읽기 작업을 분산할 수 있기 때문에 복제를 통해 읽기 용량을 늘릴 수 있다. 데이터 복사본을 다른 데이터 센터에 유지 관리하면 분산 응용 프로그램의 데이터 지역성와 가용성을 높일 수 있고, 재해 복구, 리포팅 또는 백업과 같은 전용 목적으로 추가 복사본을 유지 관리할 수도 있다. 이 장에서는 몽고디비의 복제 기술에 대하여 설명한다.

7.1 개요

몽고디비의 복세 세트(Replica set)는 동일한 데이터 세트를 유지하는 mongod 프로세스의 그룹이다. 복제를 이용하면 데이터베이스 연결이 끊어지는 극단적인 상황에서도 빠른 복구를 할 수 있고, 읽기 작업의 부하를 분산시킬 수 있다. 단, 복제된 노드들 사이에 데이터를 동기화시키는데는 추가적인 시간이 걸릴 수 있으며, 변경된 사항이 즉시 반영되지 않을 수 있다.

복제 세트는 데이터가 복제된 인스턴스의 묶음으로, 여기서 인스턴스란 mongod가 실행 중인 프로세스를 말한다. 복제 세트를 구성하는 구성원은 다음과 같다.

- 프라이머리 멤버(primary member) : 클라이언트와 직접 연결되어 읽기와 쓰기 작업을 하는 멤버
- 세컨더리 멤버(secondary member) : 프라이머리 구성원의 데이터를 동기화하여 유지하는 멤버
- 아비터(arbiter) : 데이터를 저장하지 않고 복제 세트의 복구(선거)를 돕는 멤버

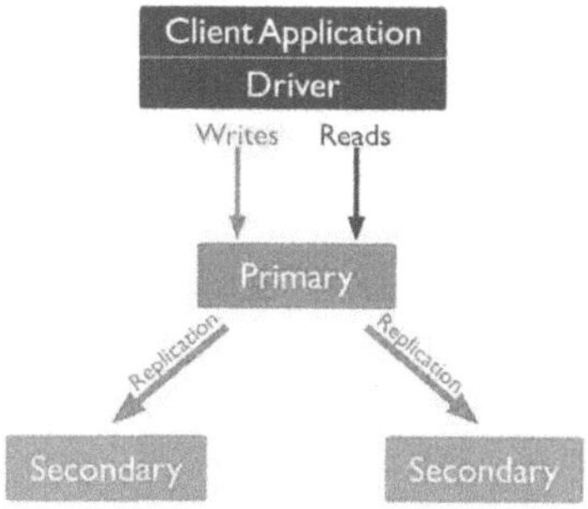

[복제 세트의 구조]

7.2 구성원의 기능

복제 세트를 구성하는 세 가지 멤버의 기능에 대하여 살펴보자. 구성원들의 공통 기능으로, 복제 세트 구성원들은 돌발 상황에 대비하기 위하여, 구성원들의 생사를 확인하는 "heartbeat" 기능을 가지고 있다. heartbeat으로 불리는 주기적인 신호를 주고 받으면서 멤버가 정상적으로 작동하고 있는지 확인한다. 프라이머리에 문제가 생기면 "선거"를 통해 새로운 프라이머리를 선출한다.

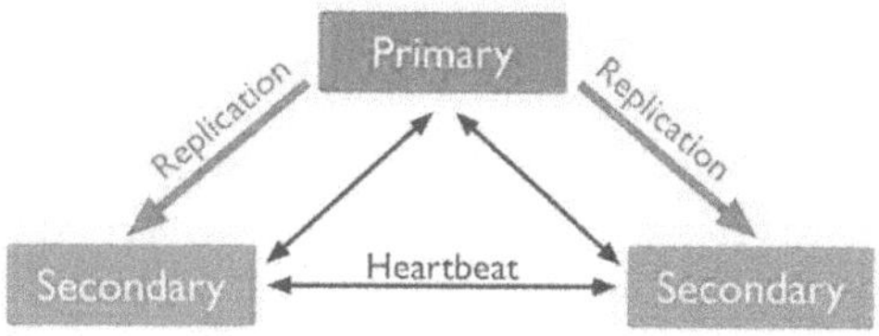

[구성원들 사이의 heartbeat의 교환]

프라이머리 멤버는 클라이언트와 직접 연결하여 읽기와 쓰기 연산을 수행한다. 전체 구성원 중 하나의 멤버만 프라이머리가 된다.

세컨더리 멤버는 프라이머리에 연결되어 데이터를 복제하는 멤버이며, 프라이머리에서 변경된 데이터는 세컨더리 멤버에 동기화된다. 프라이머리에 문제가 생기면 세컨더리 중 하나가 프라이머리가 되는데, 세컨더리 구성원 중 하나가 프라이머리 선거에서 "후보"가 된다. 후보가 될 때 세컨더리 멤버들에 우선 순위를 설정해서 우선순위대로 프라이머리가 될 수 있다(우선순위가 0이면 후보가 될 수 없다.) 세컨더리 멤버는 readPreference 설정에 따라 클라이언트의 읽기 요청을 분담할 수 있다. 갱신이 발생하면 세컨더리에 반영하여 동기화하는데 시간이 걸릴 수 있다. 갱신을 반영할 때 고의적으로 변경을 늦게 반영할 수 있는데, 이것을 지연된(delayed) 복제 구성원이라 한다. 지연된 복제 구성원은 프라이머리 후보가 되지도 않고, 투표권도 없다. 수정이 바로 반영되어 롤백을 해야 하는 경우에 대비하여 변경을 고의로 지연시키는 기능을 갖는다.

아비터는 프라이머리로부터 데이터를 복제하지 않는다. 프라이머리 후보가 될 수 없으나 투표의 권한은 있다. 데이터를 읽거나 쓰지 않기 때문에 낮은 성능을 가진 서버에서도 잘 작동한다.

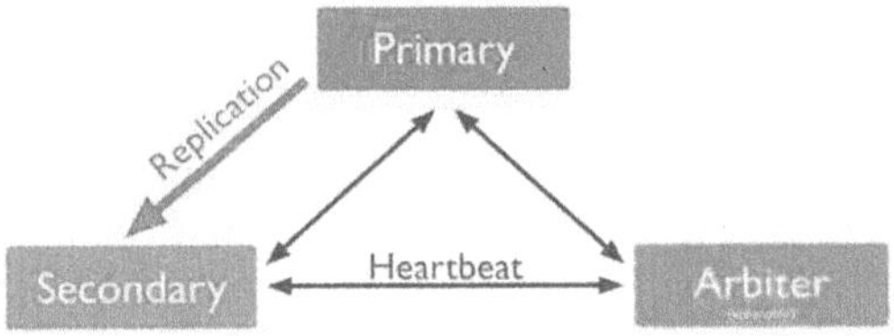

[프라이머리, 세컨더리, 아비터 멤버]

7.3 선거의 개최

과반 이상이 세컨더리 멤버가 프라이머리 멤버의 heartbeat에서 문제를 감지하면 새로운 프라이머리를 선출하는 선거(election)를 개최한다. 복제 세트는 최소 3개의 구성원으로 구성되어야 한다. 선거가 개최되면 현재의 프라이머리는 세컨더리로 전환되고, 가장 우선순위가 높은 세컨더리가 프라이머리 후보가 된다. 나머지 세컨더리와 아비터가 찬성을 보내면 새로운 프라이머리가 선정되고 선거는 끝난다.

몽고디비에서 복제 세트 구성원은 최대 50개까지 설정할 수 있는데, 하나의 복제 세트에는 최대 7개의 구성원만이 투표권을 가질 수 있다. 새로 선출된 프라이머리보다 더 최신의 데이터를 가진 세컨더리는 데이터를 롤백하여 일관성을 유지한다.

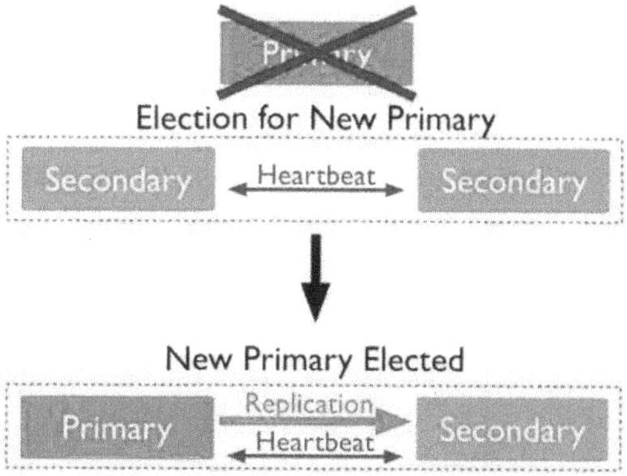

[새로운 프라이머리의 선출]

7.4 동기화

동기화는 프라이머리와 세컨더리 멤버 사이에서 데이터를 일치시키는 방법을 말한다. 동기화의 방법으로 initial sync나 replication을 사용한다. oplog는 데이터가 변경된 내역을 저장하는 특별한 capped 컬렉션이다. 도큐먼트를 쓰거나 지우면 oplog에 기록이 남는다. 동기화를 위해 프라이머리의 oplog를 세컨더리에 전송하여 동일한 상태를 유지한다. 세컨더리 멤버에도 당연히 oplog를 유지한다. oplog 내에 저장되는 주요 데이터는 다음과 같다.

- ts: 중복되지 않은 타임스탬프 값
- t : primary term. 몇 번째로 선출된 프라이머리인지 구분
- h : hash. 유일한 값을 갖는 해시값
- v : version. 오피로그의 버전
- op : operation type, i는 삽입, u는 수정, c는 명령, n은 아무 작업 안함
- ns : namespace. 데이터베이스이름.컬렉션이름
- ui: UUID. 컬렉션의 UUID값
- wall : 작업을 수행한 시간
- o2 : operation2. 도큐먼트 수정시 영향을 받는 도큐먼트 _id값
- o: operation. 변경된 내용을 담는다.

구성원의 상태 확인을 위해서는 rs.status() 명령어를 사용한다. 이 명령어에 나타나는 구성원의 주요 상태 값은 다음과 같다.

0:startup　1:primary　2:secondary　3:recovering　5:startup2
6:unknown　7:arbiter　8:down　9:rollback　10:removed

7.5 복제 관리

복제 세트에서 변경이 발생하면, 모든 구성원들에게 변경이 전파되어 동기화되는데 시간이 걸린다. 프라이머리에서 정보가 변경되고, 과반수의 세컨더리에 동기화된다면 문제가 생기더라도 복구 가능하다. readConcern 설정에 따라 데이터를 읽을 때 어떤 구성원에서 읽을지 결정된다.

readConcern과 writeConcern은 트랜잭션에서 설명한 바가 있으니, 여기서는 readPreference에 대하여 알아보고자 한다.

readPreference는 몽고디비 클라이언트가 읽기 연산을 복제 세트 내의 멤버에게 분배할 때 어떤 멤버에게 전송할 것인지를 결정한다. 다음과 같은 5가지 설정이 가능하다.

- primary : default, primary에서 읽는다.
- primaryPreferred : 프라이머리에서 읽되, 프라이머리가 이용 가능하지 않으면 세컨더리에서 읽는다.
- secondary : 세컨더리로부터 읽는다. 변경사항이 반영되지 않을 수 있다.
- secondaryPreferred : 세컨더리로부터 읽되, 복제 세트에 1개의 프라이머리 외에 다른 구성원이 없을 때 프라이머리로부터 읽는다.
- nearest : 네트워크 지연이 가장 짧은 임의의 멤버로부터 읽는다.

7.6 복제 실습

이 절에서는 윈도우즈 명령 창을 이용하여 복제 세트를 구성하는 실습을 다룬다.

먼저 할 일은 데이터 폴더를 만드는 일이다. 다음과 같은 경로로 data 폴더를 생성한다.

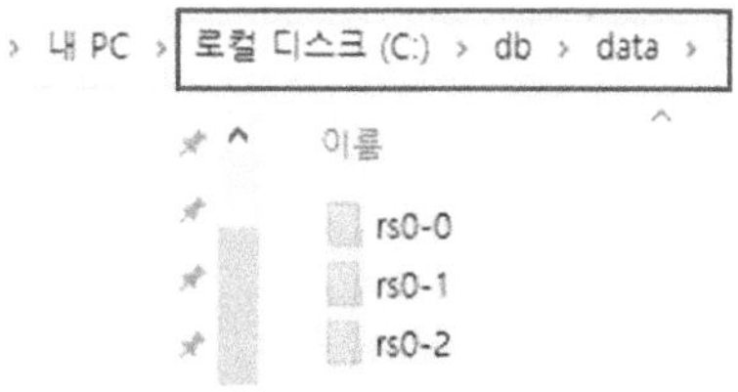

명령 프롬프트 창을 이용하여 mongod가 저장된 폴더로 이동한 후, 첫 번째 복제 세트를 구성한다.

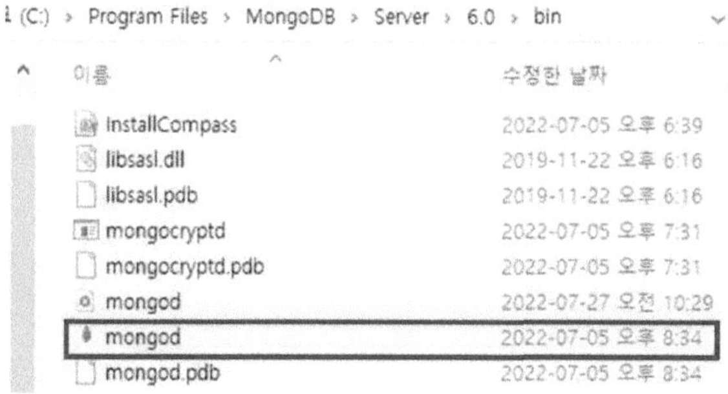

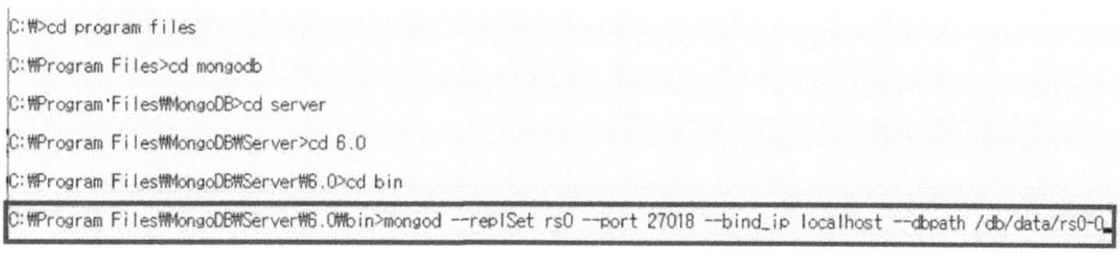

세 개의 다른 포트에서 mongod를 실행한다. 이 창들은 모든 실습이 끝날 때까지 유지되어야 한다.

```
> mongod --replSet rs0 --port 27018 --bind_ip localhost --dbpath /db/data/rs0-0
> mongod --replSet rs0 --port 27019 --bind_ip localhost --dbpath /db/data/rs0-1
> mongod --replSet rs0 --port 27020 --bind_ip localhost --dbpath /db/data/rs0-2
```

네 번째 창을 열고 몽고쉘을 실행하여 복제 세트를 초기화한다.

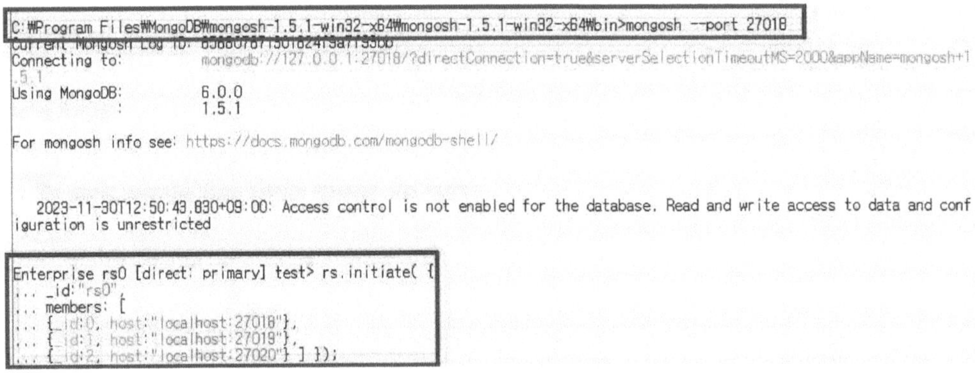

현 복제 세트의 상태를 확인한다. 프라이머리와 세컨더리이 포트 번호를 확인한다. 현재, 27018 포트의 mongod가 프라이머리이다.

```
Enterprise rs0 [direct: primary] test> rs.status();
{
  set: 'rs0',
  date: ISODate("2023-11-30T03:59:30.297Z"),
  myState: 1,
  term: Long("4"),
  syncSourceHost: '',
  syncSourceId: -1,
  heartbeatIntervalMillis: Long("2000"),
  majorityVoteCount: 2,
  writeMajorityCount: 2,
  votingMembersCount: 3,
  writableVotingMembersCount: 3,
```

```
{
  _id: 1,
  name: 'localhost:27019',
  health: 1,
  state: 2,
  stateStr: 'SECONDARY',
  uptime: 458,
  optime: { ts: Timestamp({ t: 1701316769, i: 1 }), t: Long("4") },
  optimeDurable: { ts: Timestamp({ t: 1701316769, i: 1 }), t: Long("4") }
  optimeDate: ISODate("2023-11-30T03:59:29.000Z"),
  optimeDurableDate: ISODate("2023-11-30T03:59:29.000Z"),
  lastAppliedWallTime: ISODate("2023-11-30T03:59:29.352Z"),
  lastDurableWallTime: ISODate("2023-11-30T03:59:29.352Z"),
  lastHeartbeat: ISODate("2023-11-30T03:59:29.522Z"),
  lastHeartbeatRecv: ISODate("2023-11-30T03:59:28.541Z"),
  pingMs: Long("0"),
  lastHeartbeatMessage: '',
  syncSourceHost: 'localhost:27018',
  syncSourceId: 0,
  infoMessage: '',
  configVersion: 1,
  configTerm: 4
},
```

```
members: [
  {
    _id: 0,
    name: 'localhost:27018',
    health: 1,
    state: 1,
    stateStr: 'PRIMARY',
    uptime: 528,
    optime: { ts: Timestamp({ t: 1701316769, i: 1 }), t: Long("4") },
    optimeDate: ISODate("2023-11-30T03:59:29.000Z"),
    lastAppliedWallTime: ISODate("2023-11-30T03:59:29.352Z"),
    lastDurableWallTime: ISODate("2023-11-30T03:59:29.352Z"),
    syncSourceHost: '',
    syncSourceId: -1,
    infoMessage: '',
    electionTime: Timestamp({ t: 1701316316, i: 1 }),
    electionDate: ISODate("2023-11-30T03:51:56.000Z"),
    configVersion: 1,
    configTerm: 4,
    self: true,
    lastHeartbeatMessage: ''
  },
```

프라이머리에 연결한다.

```
C:\Program Files\MongoDB\mongosh-1.5.1-win32-x64\mongosh-1.5.1-win32-x64\bin>mongosh --port 27018
```

마스터의 상태를 확인한다.

```
Enterprise rs0 [direct: primary] test> db.isMaster()
{
  topologyVersion: {
    processId: ObjectId("65680693751dffbe27650f28"),
    counter: Long("6")
  },
  hosts: [ 'localhost:27018', 'localhost:27019', 'localhost:27020' ],
  setName: 'rs0',
  setVersion: 1,
  ismaster: true,
  secondary: false,
  primary: 'localhost:27018',
  me: 'localhost:27018',
  electionId: ObjectId("7fffffff0000000000000004"),
  lastWrite: {
    opTime: { ts: Timestamp({ t: 1701317399, i: 1 }), t: Long("4") },
    lastWriteDate: ISODate("2023-11-30T04:09:59.000Z"),
    majorityOpTime: { ts: Timestamp({ t: 1701317399, i: 1 }), t: Long("4") },
    majorityWriteDate: ISODate("2023-11-30T04:09:59.000Z")
  },
  maxBsonObjectSize: 16777216,
  maxMessageSizeBytes: 48000000,
  maxWriteBatchSize: 100000,
  localTime: ISODate("2023-11-30T04:10:00.527Z"),
  logicalSessionTimeoutMinutes: 30,
```

다섯 번째 창을 열어 세컨더리에 연결한다.

```
C:\Program Files\MongoDB\mongosh-1.5.1-win32-x64\mongosh-1.5.1-win32-x64\bin>mongosh --port 27019
Current Mongosh Log ID: 65680b84b7da65deb06d3237
Connecting to:          mongodb://127.0.0.1:27019/?directConnection=true&serverSelectionTimeoutMS=2000&appName=mongosh+1
.5.1
Using MongoDB:          6.0.0
                :       1.5.1

For mongosh info see: https://docs.mongodb.com/mongodb-shell/


   2023-11-30T12:51:46.816+09:00: Access control is not enabled for the database. Read and write access to data and conf
iguration is unrestricted
```

프라이머리에서 도큐먼트를 생성한다.

```
Enterprise rs0 [direct: primary] test> db.replicationTest.insertOne( {hello:"world"} )
{
  acknowledged: true,
  insertedId: ObjectId("65680be6e99c31483d5f94a5")
}
Enterprise rs0 [direct: primary] test> db.replicationTest.find();
[ { _id: ObjectId("65680be6e99c31483d5f94a5"), hello: 'world' } ]
Enterprise rs0 [direct: primary] test>
```

현재의 설정을 확인한다. (결과 중략)

```
Enterprise rs0 [direct: primary] test> rs.conf()
{
  _id: 'rs0',
  version: 1,
  term: 4,
  members: [
    {
      _id: 0,
      host: 'localhost:27018',
      arbiterOnly: false,
      buildIndexes: true,
      hidden: false,
      priority: 1,
      tags: {},
      secondaryDelaySecs: Long("0"),
      votes: 1
    },
    {
      _id: 1,
      host: 'localhost:27019',
      arbiterOnly: false,
      buildIndexes: true,
      hidden: false,
      priority: 1,
      tags: {},
      secondaryDelaySecs: Long("0"),
      votes: 1
    },
    {
      _id: 2,
      host: 'localhost:27020',
      arbiterOnly: false,
      buildIndexes: true,
      hidden: false,
      priority: 1,
      tags: {},
      secondaryDelaySecs: Long("0"),
```

프라이머리에서 작성한 문서를 세컨더리에 읽기 위해 readPreference 설정을 확인한다.

```
Enterprise rs0 [direct: primary] test> db.getMongo().setReadPref("secondary");

Enterprise rs0 [direct: primary] test>
```

세컨더리에서는 프라이머리에서 만들어진 컬렉션이 보이지 않아, readPreference 설정을 변경하고 컬렉션을 검색할 수 있다.

```
Enterprise rs0 [direct: secondary] test> show collections
replicationTest
Enterprise rs0 [direct: secondary] test> db.replicationTest.find();
MongoServerError: not primary and secondaryOk=false - consider using db.getMongo().setReadPref() or readPreference in th
e connection string
Enterprise rs0 [direct: secondary] test> db.getMongo().setReadPref("secondary");

Enterprise rs0 [direct: secondary] test> db.replicationTest.find();
[ { _id: ObjectId("65680be6e99c31483d5f94a5"), hello: 'world' } ]
Enterprise rs0 [direct: secondary] test>
```

프라이머리와 세컨더리의 replicationInfo()를 확인한다.

```
Enterprise rs0 [direct: primary] test> rs.printReplicationInfo()
'2162.109375 MB'
---
'2162.109375 MB'
---
'82540 secs (22.93 hrs)'
---
'Wed Nov 29 2023 14:29:09 GMT+0900 (대한민국 표준시)'
---
'Thu Nov 30 2023 13:24:49 GMT+0900 (대한민국 표준시)'
---
'Thu Nov 30 2023 13:24:51 GMT+0900 (대한민국 표준시)'
Enterprise rs0 [direct: primary] test>
```

```
Enterprise rs0 [direct: secondary] test> rs.printSecondaryReplicationInfo()
{
  syncedTo: 'Thu Nov 30 2023 13:25:39 GMT+0900 (대한민국 표준시)',
  replLag: '0 secs (0 hrs) behind the primary '
}
---
{
  syncedTo: 'Thu Nov 30 2023 13:25:39 GMT+0900 (대한민국 표준시)',
  replLag: '0 secs (0 hrs) behind the primary '
}
Enterprise rs0 [direct: secondary] test>
```

프라이머리의 oplog 정보를 확인한다. oplog는 local 데이터베이스에 저장되어 있다.

```
Enterprise rs0 [direct: primary] test> use local
switched to db local
Enterprise rs0 [direct: primary] local> db.oplog.rs.find().limit(1).pretty();
[
  {
    op: 'n',
    ns: '',
    o: { msg: 'initiating set' },
    ts: Timestamp({ t: 1701235749, i: 1 }),
    v: Long("2"),
    wall: ISODate("2023-11-29T05:29:09.437Z")
  }
]
Enterprise rs0 [direct: primary] local>
```

```
Enterprise rs0 [direct: primary] local> db.oplog.rs.stats().maxSize;
Long("2267136000")
Enterprise rs0 [direct: primary] local>
```

프라이머리를 변경하기 위해 현재의 구성 정보를 확인한다.

```
Enterprise rs0 [direct: primary] local> cfg=rs.conf();
{
  _id: 'rs0',
  version: 1,
  term: 4,
  members: [
    {
      _id: 0,
      host: 'localhost:27018',
      arbiterOnly: false,
      buildIndexes: true,
      hidden: false,
      priority: 1,
      tags: {},
      secondaryDelaySecs: Long("0"),
      votes: 1
    },
```

두 번째 멤버의 우선순위를 높여 프라이머리 후보가 되도록 조정하고, 복제 세트를 다시 구성한다.

```
Enterprise rs0 [direct: primary] local> cfg.members[1].priority=2;
2
Enterprise rs0 [direct: primary] local> rs.reconfig(cfg);
{
  ok: 1,
  '$clusterTime': {
    clusterTime: Timestamp({ t: 1701320618, i: 1 }),
    signature: {
      hash: Binary(Buffer.from("0000000000000000000000000000000000000000", "hex"), 0),
      keyId: Long("0")
    }
  },
  operationTime: Timestamp({ t: 1701320618, i: 1 })
}
Enterprise rs0 [direct: primary] local>
```

포트 번호 27019의 인스턴스가 프라이머리로 변경되었음을 확인할 수 있다.

```
Enterprise rs0 [direct: secondary] local> rs.status();
{
  set: 'rs0',
  date: ISODate("2023-11-30T05:04:58.002Z"),
  myState: 2,
  term: Long("5"),
  syncSourceHost: 'localhost:27019',
  syncSourceId: 1,
  heartbeatIntervalMillis: Long("2000"),
  majorityVoteCount: 2,
  writeMajorityCount: 2,
  votingMembersCount: 3,
  writableVotingMembersCount: 3,

  {
    _id: 1,
    name: 'localhost:27019',
    health: 1,
    state: 1,
    stateStr: 'PRIMARY',
    uptime: 4387,
    optime: { ts: Timestamp({ t: 1701320688, i: 1 }), t: Long("5") },
    optimeDurable: { ts: Timestamp({ t: 1701320688, i: 1 }), t: Long("5") },
    optimeDate: ISODate("2023-11-30T05:04:48.000Z"),
    optimeDurableDate: ISODate("2023-11-30T05:04:48.000Z"),
    lastAppliedWallTime: ISODate("2023-11-30T05:04:48.533Z"),
    lastDurableWallTime: ISODate("2023-11-30T05:04:48.533Z"),
    lastHeartbeat: ISODate("2023-11-30T05:04:57.555Z"),
    lastHeartbeatRecv: ISODate("2023-11-30T05:04:56.526Z"),
    pingMs: Long("0"),
    lastHeartbeatMessage: '',
    syncSourceHost: '',
    syncSourceId: -1,
    infoMessage: '',
    electionTime: Timestamp({ t: 1701320628, i: 1 }),
    electionDate: ISODate("2023-11-30T05:03:48.000Z"),
    configVersion: 2,
    configTerm: 5
  },
```

제 8 장. 샤딩

8.1 개요
8.2 샤드 클러스터
8.3 샤드 키
8.4 청크와 밸런서
8.5 범위 샤딩과 해시 샤딩
8.6 샤딩 실습

제 8 장. 샤딩

샤딩(sharding)은 여러 기계에 데이터를 분산하는 방법이다. 몽고디비는 샤딩을 사용하여 대용량의 데이터를 저장하고, 높은 연산 처리율을 지원한다.

데이터 세트가 크거나 처리율이 높은 응용 프로그램을 사용하는 데이터베이스 시스템은 단일 서버에서 실행되기에 어려운 점들이 있다. 예를 들어 빠른 쿼리 처리 속도는 서버의 CPU 용량을 다 소모시킬 수 있고, 시스템의 RAM 크기보다 더 큰 작업 세트 크기는 디스크 드라이브의 입출력을 증가시킨다.

시스템의 성능을 확장하기 위한 방법으로 수직(vertical) 및 수평(horizontal) 확장의 두 가지가 있다. 수직 확장은 더 강력한 CPU를 사용하고, RAM 용량을 확장하며, 기억 장치 용량을 증가시키는 것과 같은 단일 서버의 성능을 증가시키는 것을 포함한다. 수직 확장은 많은 비용을 필요로 하며, 확장하는데 한계가 있다.

수평 확장은 데이터 세트를 분할하고 여러 서버에 걸쳐 분산하는 작업이 포함되며, 필요에 따라 용량을 늘리기 위해 서버를 추가하는 작업이 포함된다. 개별 머신의 속도나 용량이 높지 않을 수 있지만, 시스템에 포함된 각 머신은 전체 워크로드를 분산, 처리하여 단일 고속의 고용량 서버보다 더 나은 효율성을 제공한다. 성능을 더 확장하려면 우수하지 않은 개별 머신을 추가하면 되므로 전체적인 비용을 절감할 수 있다. 하지만, 개별 머신들로 구성된 인프라 및 유지보수의 복잡성은 증가한다. 이 수평 확장의 한 방법이 샤딩이라고 할 수 있다. 이 장에서는 몽고디비의 샤딩에 대하여 살펴본다.

8.1 개요

샤딩은 여러 머신에 걸쳐 데이터를 분할하는 과정이다. 전통적인 데이터베이스에서는 이를 "파티셔닝"으로 불렀다. 샤딩은 데이터를 분할함으로써 더 많은 부하를 감당할 수 있고, 자주 접근하는 데이터를 성능 좋은 하드웨어에 배치하여 시스템의 성능 개선에 기여할 수 있다. 몽고디비에서 샤딩의 목적은 여러 개의 분할된 데이터 클러스터를 하나의 장비처럼 보이게 하는 것이다.

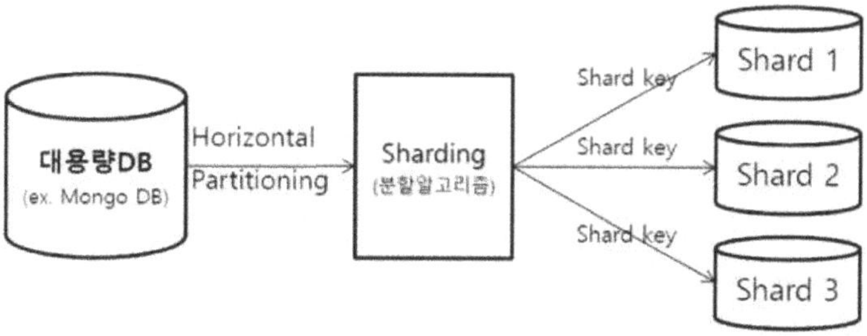

[샤딩의 예]

7장에서 언급한 복제와 샤딩은 다르다. 복제는 여러 서버가 데이터의 "복사본"을 가진다는 개념이고, 샤딩은 각 서버들이 데이터 세트를 분산하여 저장한다는 개념이다. 여기서 각 샤드는 복제 세트일 수 있다.

샤딩은 데이터베이스 상의 읽기와 쓰기 연산의 성능을 개선하기 위한 방법이다. 데이터베이스의 성능은 데이터 모델, 쿼리의 효율적 작성 여부, 인덱스 등의 논리적인 요소와 서버와 클라이언트의 통신 환경, 램 용량, 기억 장치와 CPU의 용량과 성능 등의 물리적 요소에 영향을 받는다. 성능 개선을 위해 논리적인 수준의 최적화를 먼저 시행하고, 물리적인 성능 개선을 하는데, 샤딩은 단일 서버를 다중 서버로 구성함으로써 성능을 개선하는 물리적인 성능 개선의 한 방법이라고 할 수 있다.

8.2 샤드 클러스터

몽고디비에서 샤딩의 구성 요소는 "샤드 클러스터"이다. 샤드 클러스터는 다음의 세 가지 요소로 구성된다.

- **샤드(shards)**
  - 각 샤드는 분할된 데이터의 서브셋을 가진다. 샤드는 복제 세트를 채용해야 한다.
- **몽고스(mongos)**
  - 전체 샤드의 요청을 관리하는 라우터로서 기능을 수행한다.

- 어떤 샤드에 어떤 데이터가 저장되는지 알려주는 "컨텐츠 목차"를 가지고 있다.
- 응용 프로그램이 데이터 접근을 요청하면 라우터는 적절한 샤드에 요청을 전달한다.

● 구성 서버(config servers)
- 샤드 클러스터에서 사용자가 생성한 데이터베이스와 컬렉션들의 목록 외에 다양한 메타 데이터를 저장한다. 메타 데이터는 샤드 클러스터 내의 모든 데이터와 구성 요소의 상태와 조직에 대한 정보를 포함한다.
- 클러스터 내의 모든 데이터 및 구성 요소에 대한 상태를 저장하고, 청크에 대한 정보와 접근 제어, 인증 설정을 제어한다.
- 일반적으로 구성 서버는 지리적으로 분산된 장비에 있어야 한다.

위 세 가지 구성 요소를 이용하여 다음과 같은 방법으로 샤드 클러스터를 구성할 수 있다. 아래의 그림에서 샤드 클러스터는 적어도 두 개의 분산된 샤드를 가질 것을 요구한다. mongos 라우터는 다수의 mongos 인스턴스를 가질 때 가용성과 확장성을 지원한다. mongos 라우터는 구성 서버와 자주 통신해야 하므로, 라우터의 수가 증가할수록 성능은 떨어질 수 있다. 일반적으로 라우터의 수는 30개를 넘지 않는다.

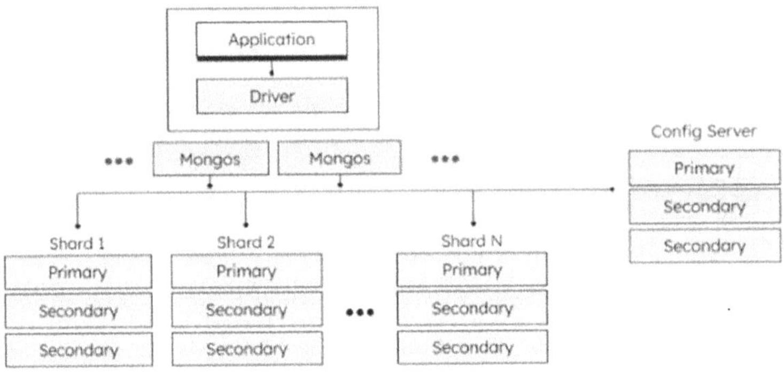

[샤드 클러스터의 구성 예]

샤드 클러스터를 테스트하기 위하여 최소한의 수로 구성하려면, 하나의 mongos 인스턴스와 하나의 샤드, 그리고 하나의 구성 서버로 구성할 수 있다. 다음 그림을 참조하자.

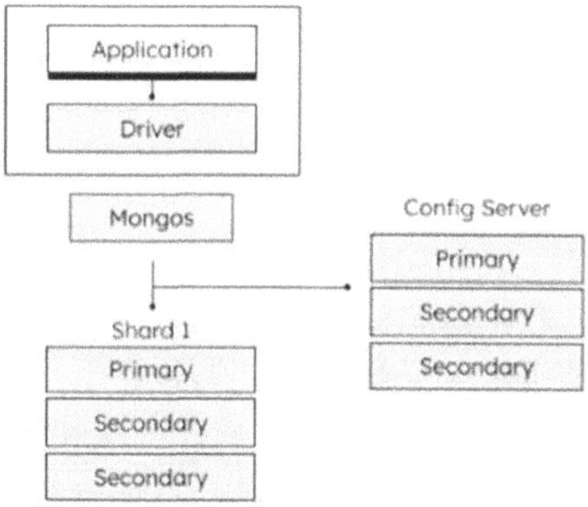

[최소한의 샤드 클러스터의 구성]

샤드에도 프라이머리와 세컨더리가 있다. 데이터베이스와 컬렉션은 샤딩될 수 있는데, 샤딩이 허용된 데이터베이스에는 프라이머리 샤드가 존재한다. 샤드 클러스터의 각 데이터베이스에는 해당 데이터베이스에 대한 샤드되지 않은 모든 컬렉션을 저장하는 프라이머리 샤드가 있다. 다시 말해, 프라이머리 샤드는 분할되지 않은 전체 데이터 세트를 말한다. 각 데이터베이스에는 고유의 프라이머리 샤드가 있다. 프라이머리 샤드는 복제 세트의 프라이머리 멤버와는 아무 관련이 없다.

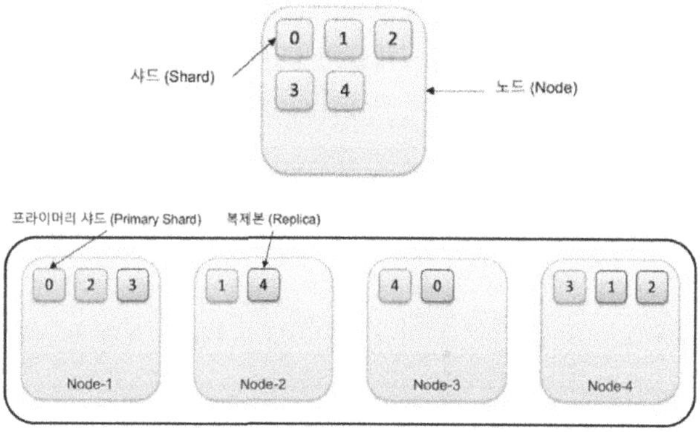

[프라이머리 샤드와 세컨더리 샤드]

프라이머리 샤드는 데이터 원본을 저장하기 때문에 데이터에 대한 인덱스를 갖는다. 세컨더리 샤드는 프라이머리 샤드의 복제본이기 때문에 프라이머리 샤드가 인덱싱 작업을 완료하면 그 상태를 복제하므로 자체적으로 인덱스를 관리하지 않는다. 하지만 인덱스를 가지고 있기 때문에 검색 연산을 수행하는 것은 가능하다.

8.3 샤드 키

데이터 세트를 샤드로 분할하려면 분할하는 기준이 필요하다. 어떤 필드를 기준으로 분할할 것인지를 결정해야 하는데, 이 때 분할에 사용되는 필드를 “샤드 키”라고 한다. 샤드 키는 하나의 여러 개의 필드로 구성될 수 있다. 샤드 키에 의한 분할이 어떻게 되느냐에 따라 특정 샤드 클러스터에 부하가 몰릴 수 있다. 따라서 샤드 키를 결정하는 것은 전체 부하 균형에 있어 매우 중요하다. 검색의 효율을 위해 샤드 키에는 반드시 인덱스가 설정되어야 한다. 예를 들어, 사람의 정보라면 사람의 “성씨”를 샤드 키로 사용할 수 있다.

8.4 청크와 밸런서

청크(chunks)란 컬렉션에서 샤드 키 값을 기준으로 분할할 도큐먼트의 묶음을 말한다. MongoDB에서는 데이터를 샤드 키에 기반하여 청크로 분할한다. 청크는 샤드 데이터의 범위에 의해 구성되며, 밸런서는 청크를 샤드들 사이에 분산시켜 배포한다. 각각의 청크는 샤드 키를 기반으로 포괄적인 하한 및 배타적 상한을 가지는데, 몽고디비에서 청크의 크기는 최대 64MB로 제한되어 있다.

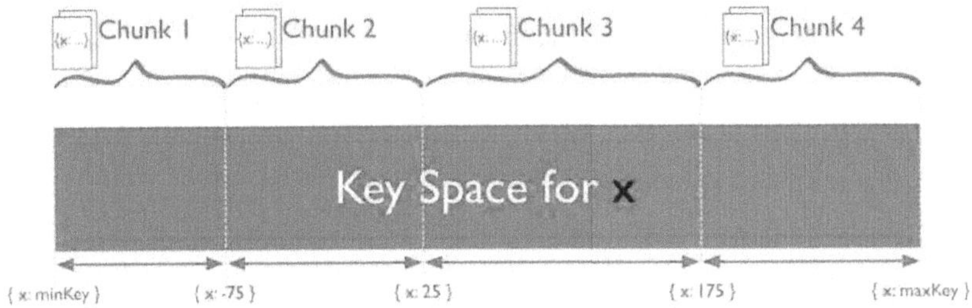

[샤드 키에 의한 청크의 분할]

밸런서(balancer)는 샤드에 데이터(청크)를 마이그레이션하는데, 청크의 크기가 64M를 넘으면 청크를 분할한다. 또한 한쪽 샤드에 청크가 몰리지 않도록 교환해 주며, 주어진 샤드에 청크 수가 임계 값에 도달하면 샤드당 동일한 청크 수를 갖도록 청크를 이동시킨다. 샤드 내부에 메모리가 얼마 남지 않았다면 메모리가 꽉 차기 전에 청크 이동을 시도하기도 한다. 밸런서는 데이터 마이그레이션을 담당하는 백그라운드에서 실행되는 프로세스이다.

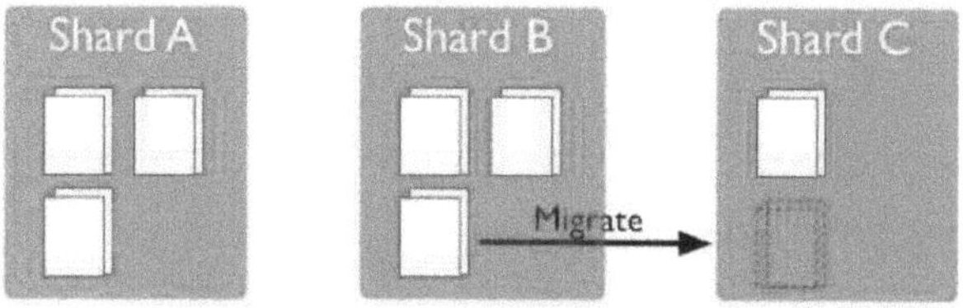

[밸런서의 데이터 마이그레이션]

8.5 범위 샤딩과 해시 샤딩

샤드 키에 의해 데이터 세트를 샤드로 분할하는 방법으로 범위(range) 샤딩과 해시(hash) 샤딩 방법이 있다. 이에 대해 살펴보자.

8.5.1 범위 샤딩

범위 기반 샤딩은 데이터를 샤드 키 값들에 의해 결정되는 연속적인 범위들로 나누는 방법이다. 이 모델에서, "가까운" 샤드 키 값들을 갖는 문서들은 동일한 청크 또는 샤드에 있을 가능성이 높다. 이는 쿼리가 연속적인 범위 내에서 대상 문서들을 읽을 때 효율적으로 처리할 수 있다. 그러나, 샤드 키를 잘못 선택하면 읽기 및 쓰기 성능은 모두 나빠진다.

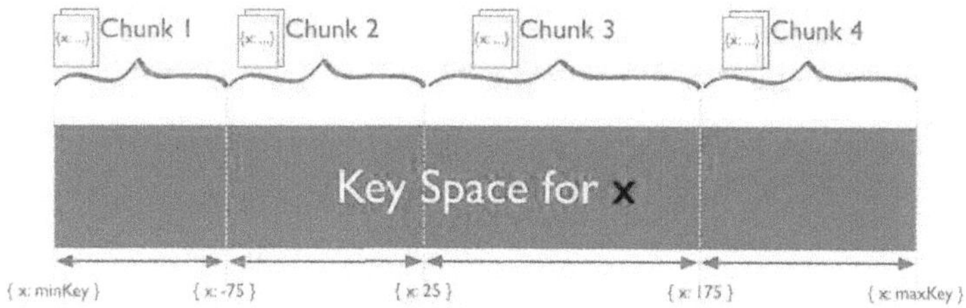

[범위 샤딩의 예]

범위 샤딩 방법은 데이터가 추가될 때 전체적인 재분배 작업이 필요 없으며, 데이터 검색 속도가 빠르다. 하지만 데이터가 부하에 따라 분배되지는 않기 때문에 특정 샤드에 트래픽이 몰릴 수 있다. 샤드 추가와 삭제가 어려울 수 있다는 단점도 존재한다.

8.5.2 해시 샤딩

해시 샤딩은 단일 필드의 해시 인덱스 또는 복합 해시 인덱스를 샤드 키로 사용하여 데이터를 분할하는 방법이다.

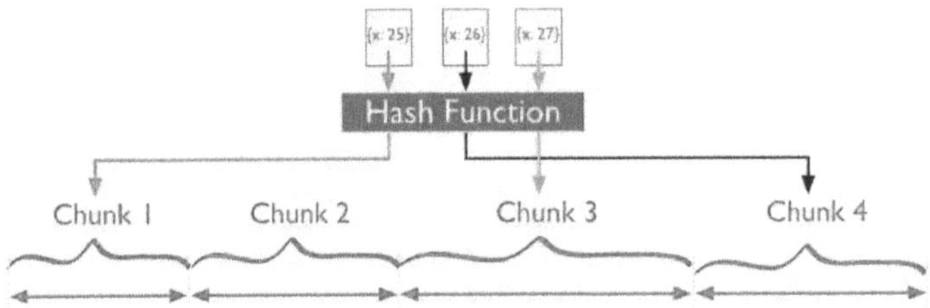

[해시 샤딩]

해시 샤딩에서는 해시 함수에 의해 데이터가 균등하게 분산되며, 샤드를 추가하거나 삭제하기 쉽다. 하지만 샤드에 대한 부하는 균일하지 않다. 데이터가 추가될 때에 전체적인 데이터 재분배 작업이 필요하다는 단점도 존재한다.

8.6 샤딩 실습

이 절에서는 윈도우즈 환경에서 샤드 구성하는 방법에 대한 실습을 다룬다.

먼저, 샤드 구성에 필요한 디렉토리를 만들자.

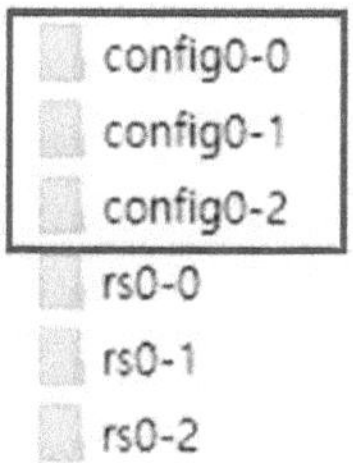

세 개의 명령창을 띄워 샤드 서버를 가동한다.

> mongod--configsvr--replSetconfig0 --port 27018 --bind_iplocalhost --dbpath/db/data/config0-0

> mongod--configsvr--replSetconfig0 --port 27019 --bind_iplocalhost --dbpath/db/data/config0-1

> mongod--configsvr--replSetconfig0 --port 27020 --bind_iplocalhost --dbpath/db/data/config0-2

네 번째 명령 창에 27018 포트를 연결하자.

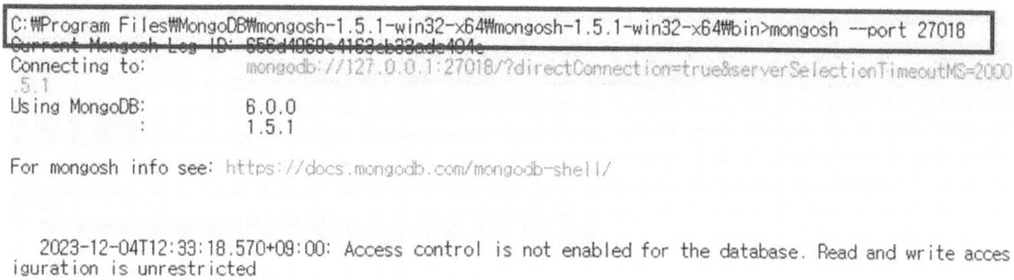

복제 세트를 구성한다.

```
Enterprise test> rs.initiate( {
... _id:"config0",
... configsvr:true,
... members : [
... {_id:0, host:"localhost:27018"},
... {_id:1, host:"localhost:27019"},
... {_id:2, host:"localhost:27020"} ] } );
{ ok: 1, lastCommittedOpTime: Timestamp({ t: 1701647110, i: 1 }) }
Enterprise config0 [direct: other] test>
```

```
Enterprise config0 [direct: secondary] test> rs.initiate( {
... _id:"config0",
... configsvr:true,
... members : [
... {_id:0, host:"localhost:27018"},
... {_id:1, host:"localhost:27019"},
... {_id:2, host:"localhost:27020"} ] });
```

샤드 디렉토리를 생성한다.

컬 디스크 (C:) › db › data ›

이름

- config0-0
- config0-1
- config0-2
- rs0-0
- rs0-1
- rs0-2
- shard0-0
- shard0-1
- shard0-2

샤드 서버를 구성한다. (5번째 명령창 ~ 7번째 명령창)

> mongod--shardsvr--replSetshard0 --port 27021 --bind_iplocalhost --dbpath/db/data/shard0-0

> mongod--shardsvr--replSetshard0 --port 27022 --bind_iplocalhost --dbpath/db/data/shard0-1

> mongod--shardsvr--replSetshard0 --port 27023 --bind_iplocalhost --dbpath/db/data/shard0-2

세 개의 샤드 중 하나에 연결한다. (8번째 창, 몽고쉘 실행)

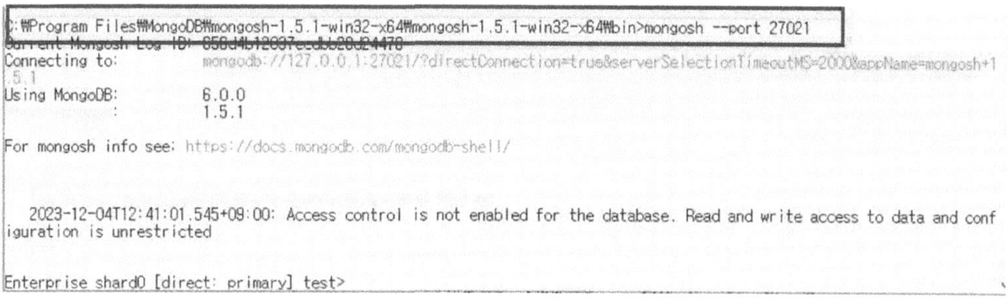

샤드 세트를 구성한다.

```
nterprise test> rs.initiate( {
.. _id:"shard0",
.. members : [
.. {_id:0, host:"localhost:27021"},
.. {_id:1, host:"localhost:27022"},
.. {_id:2, host:"localhost:27023", arbiterOnly:true} ]});
 ok: 1 }
```

```
Enterprise shard0 [direct: primary] test> rs.status();
{
  set: 'shard0',
  date: ISODate("2023-12-04T03:44:55.715Z"),
  myState: 1,
  term: Long("2"),
  syncSourceHost: '',
  syncSourceId: -1,
  heartbeatIntervalMillis: Long("2000"),
  majorityVoteCount: 2,
  writeMajorityCount: 2,
  votingMembersCount: 3,
  writableVotingMembersCount: 2,
  optimes: {
    lastCommittedOpTime: { ts: Timestamp({ t: 170166149
```

```
members: [
  {
    _id: 0,
    name: 'localhost:27021',
    health: 1,
    state: 1,
    stateStr: 'PRIMARY',
    uptime: 298,
    optime: { ts: Timestamp({ t: 1701661491, i: 1 }), t: Long("2") },
```

```
},
{
  _id: 2,
  name: 'localhost:27023',
  health: 1,
  state: 7,
  stateStr: 'ARBITER',
  uptime: 104,
  lastHeartbeat: ISODate("2023-12-04T03:44:55.182Z"),
  lastHeartbeatRecv: ISODate("2023-12-04T03:44:55.638Z"),
  pingMs: Long("0"),
```

몽고스를 실행하여 구성 서버에 연결한다.

```
C:\Program Files\MongoDB\Server\6.0\bin>mongos --configdb config0/localhost:27018 --port 20000
```

```
명령 프롬프트 - mongos  --configdb config0/localhost:27018 --port 20000
tMinutes":30,"hosts":{"0":"localhost:27018","1":"localhost:270
logicalSessionTimeoutMinutes":30,"setName":"config0","compatib
7fffffff0000000000000001"},"setVersion":1}},"previousTopologyD
```

몽고쉘을 실행한다. (10번째 명령창)

```
C:\Program Files\MongoDB\mongosh-1.5.1-win32-x64\mongosh-1.5.1-win32-x64\bin>mongosh --port 20000
Current Mongosh Log ID: 656d4c5877655868a07c2441
Connecting to:          mongodb://127.0.0.1:20000/?directConnection=true&serverSelectionTimeoutMS=200
.5.1
Using MongoDB:          6.0.0
            :           1.5.1

For mongosh info see: https://docs.mongodb.com/mongodb-shell/


   2023-12-04T12:47:58.232+09:00: Access control is not enabled for the database. Read and write acces
iguration is unrestricted
   2023-12-04T12:47:58.233+09:00: This server is bound to localhost. Remote systems will be unable to
rver. Start the server with --bind_ip <address> to specify which IP addresses it should serve response
bind_ip_all to bind to all interfaces. If this behavior is desired, start the server with --bind_ip 12
 this warning

Enterprise [direct: mongos] test>
```

샤드를 추가한다 : 에러 발생 (writeConcern 값의 변경 필요)

```
Enterprise [direct: mongos] test> sh.addShard("shard0/localhost:27021");
MongoServerError: Cannot add shard0/localhost:27021 as a shard since the implicit default write concern on this shard is
 set to {w : 1}, because number of arbiters in the shard's configuration caused the number of writable voting members no
t to be strictly more than the voting majority. Change the shard configuration or set the cluster-wide write concern usi
ng the setDefaultRWConcern command and try again.
Enterprise [direct: mongos] test>
```

writeConcern을 변경하기 위해 프라이머리에 접속한다.

```
C:\Program Files\MongoDB\mongosh-1.5.1-win32-x64\mongosh-1.5.1-win32-x64\bin>mongosh --port 27019
Current Mongosh Log ID: 656d50b4a86c777aad0e9473
Connecting to:          mongodb://127.0.0.1:27019/?directConnection=true&serverSelectionTimeoutMS=2000&appName=mongosh+1
.5.1
Using MongoDB:          6.0.0
            :           1.5.1

For mongosh info see: https://docs.mongodb.com/mongodb-shell/


   2023-12-04T12:34:33.709+09:00: Access control is not enabled for the database. Read and write access to data and conf
iguration is unrestricted

Enterprise config0 [direct: primary] test>
```

writeConcern 설정을 변경한다.

```
Enterprise config0 [direct: primary] test> db.adminCommand ( { setDefaultRWConcern : 1, defaultWriteConcern : {w:2} } );
{
  defaultReadConcern: { level: 'local' },
  defaultWriteConcern: { w: 2, wtimeout: 0 },
  updateOpTime: Timestamp({ t: 1701662996, i: 1 }),
  updateWallClockTime: ISODate("2023-12-04T04:09:56.939Z"),
  defaultWriteConcernSource: 'global',
  defaultReadConcernSource: 'implicit',
  localUpdateWallClockTime: ISODate("2023-12-04T04:09:56.964Z"),
  ok: 1,
  lastCommittedOpTime: Timestamp({ t: 1701662996, i: 1 }),
  '$clusterTime': {
    clusterTime: Timestamp({ t: 1701662996, i: 3 }),
    signature: {
      hash: Binary(Buffer.from("0000000000000000000000000000000000000000", "hex"), 0),
      keyId: Long("0")
    }
  },
  operationTime: Timestamp({ t: 1701662996, i: 3 })
}
Enterprise config0 [direct: primary] test>
```

샤드 추가를 다시 시도한다. : 성공

```
Enterprise [direct: mongos] test> sh.addShard("shard0/localhost:27021");
{
  shardAdded: 'shard0',
  ok: 1,
  '$clusterTime': {
    clusterTime: Timestamp({ t: 1701663041, i: 7 }),
    signature: {
      hash: Binary(Buffer.from("0000000000000000000000000000000000000000", "hex"), 0),
      keyId: Long("0")
    }
  },
  operationTime: Timestamp({ t: 1701663041, i: 7 })
}
Enterprise [direct: mongos] test>
```

샤드 구성을 확인한다.

```
Enterprise [direct: mongos] test> use config
switched to db config
Enterprise [direct: mongos] config> db.shards.find()
[
  {
    _id: 'shard0',
    host: 'shard0/localhost:27021,localhost:27022',
    state: 1,
    topologyTime: Timestamp({ t: 1701663041, i: 4 })
  }
]
Enterprise [direct: mongos] config>
```

샤딩할 컬렉션을 준비한다.

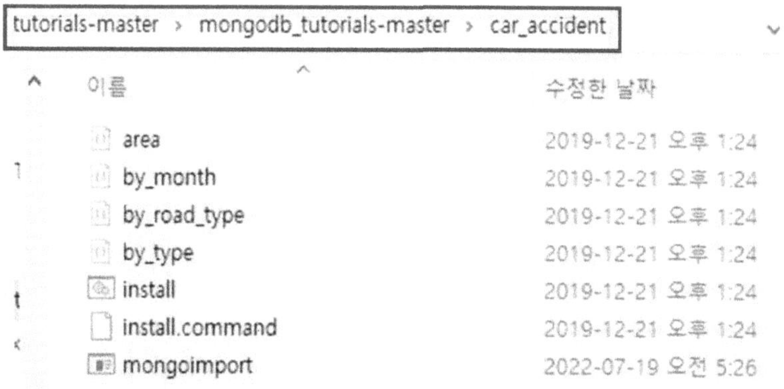


```
C:\Program Files\MongoDB\mongodb_tutorials-master\mongodb_tutorials-master>cd car_accident

C:\Program Files\MongoDB\mongodb_tutorials-master\mongodb_tutorials-master\car_accident>mongoimport -d car_accident -c area --file by_month.json --host=localhost:20000
2023-12-04T13:17:33.458+0900    connected to: mongodb://localhost:20000/
2023-12-04T13:17:34.122+0900    227 document(s) imported successfully. 0 document(s) failed to import.

C:\Program Files\MongoDB\mongodb_tutorials-master\mongodb_tutorials-master\car_accident>mongoimport -d car_accident -c by_month --file by_month.json --host=localhost:20000
2023-12-04T13:27:55.267+0900    connected to: mongodb://localhost:20000/
2023-12-04T13:27:56.415+0900    227 document(s) imported successfully. 0 document(s) failed to import.

C:\Program Files\MongoDB\mongodb_tutorials-master\mongodb_tutorials-master\car_accident>mongoimport -d car_accident -c by_road_type --file by_road_type.json --host=localhost:
20000
2023-12-04T13:29:22.884+0900    connected to: mongodb://localhost:20000/
2023-12-04T13:29:23.267+0900    227 document(s) imported successfully. 0 document(s) failed to import.

C:\Program Files\MongoDB\mongodb_tutorials-master\mongodb_tutorials-master\car_accident>mongoimport -d car_accident -c by_type --file by_type.json --host=localhost:20000
2023-12-04T13:29:56.260+0900    connected to: mongodb://localhost:20000/
2023-12-04T13:29:56.512+0900    687 document(s) imported successfully. 0 document(s) failed to import.

C:\Program Files\MongoDB\mongodb_tutorials-master\mongodb_tutorials-master\car_accident>
```

```
> mongoimport-dcar_accident-c area --file area.json--host=localhost:20000
> mongoimport-dcar_accident-c by_month--file by_month.json--host=localhost:20000
> mongoimport-dcar_accident-c by_road_type--file by_road_type.json--
host=localhost:20000
> mongoimport-dcar_accident-c by_type--file by_type.json--host=localhost:20000
```

mongoimport 결과를 확인한다. : 10번째 창이나 새 창

```
C:\Program Files\MongoDB\mongosh-1.5.1-win32-x64\mongosh-1.5.1-win32-x64\bin>mongosh --port 20000
Current Mongosh Log ID: 656d566b2ba28f7cd67687f2
Connecting to:          mongodb://127.0.0.1:20000/?directConnection=true&serverSelectionTimeoutMS=2000&appName=mongosh+1
.5.1
Using MongoDB:          6.0.0
                :       1.5.1

For mongosh info see: https://docs.mongodb.com/mongodb-shell/


   2023-12-04T12:47:58.232+09:00: Access control is not enabled for the database. Read and write access to data and conf
iguration is unrestricted
   2023-12-04T12:47:58.233+09:00: This server is bound to localhost. Remote systems will be unable to connect to this se
rver. Start the server with --bind_ip <address> to specify which IP addresses it should serve responses from, or with --
bind_ip_all to bind to all interfaces. If this behavior is desired, start the server with --bind_ip 127.0.0.1 to disable
 this warning

Enterprise [direct: mongos] test> show dbs;
admin          80.00 KiB
car_accident  468.00 KiB
config          1.80 MiB
Enterprise [direct: mongos] test> use car_accident
switched to db car_accident
Enterprise [direct: mongos] car_accident>
```

샤드를 활성화한다.

```
Enterprise [direct: mongos] car_accident> sh.enableSharding("car_accident");
{
  ok: 1,
  '$clusterTime': {
    clusterTime: Timestamp({ t: 1701664498, i: 1 }),
    signature: {
      hash: Binary(Buffer.from("0000000000000000000000000000000000000000", "hex"), 0),
      keyId: Long("0")
    }
  },
  operationTime: Timestamp({ t: 1701664498, i: 1 })
}
Enterprise [direct: mongos] car_accident>
```

범위 샤딩을 위한 인덱스를 생성한다.

```
Enterprise [direct: mongos] car_accident> db.by_month.createIndex( {county:1} );
county_1
Enterprise [direct: mongos] car_accident> sh.shardCollection("car_accident.by_month", {
... county:1});
{
  collectionsharded: 'car_accident.by_month',
  ok: 1,
  '$clusterTime': {
    clusterTime: Timestamp({ t: 1701664616, i: 23 }),
    signature: {
      hash: Binary(Buffer.from("0000000000000000000000000000000000000000", "hex"), 0),
      keyId: Long("0")
    }
  },
  operationTime: Timestamp({ t: 1701664616, i: 19 })
}
Enterprise [direct: mongos] car_accident>
```

제 9 장. Compass 사용하기

제 9 장. Compass 사용하기

9.1 소개

compass는 몽고디비의 쿼리와 집계, 그리고 데이터 분석을 위한 강력한 GUI 툴이다. compass는 무료로 사용가능하며 윈도우즈, 리눅스, macOS와 같은 다양한 플랫폼에서 작동한다. 이 장에서는 간단한 예를 통해 compass의 사용법을 보인다.

9.2 실습

■ **bin 디렉토리 상태**

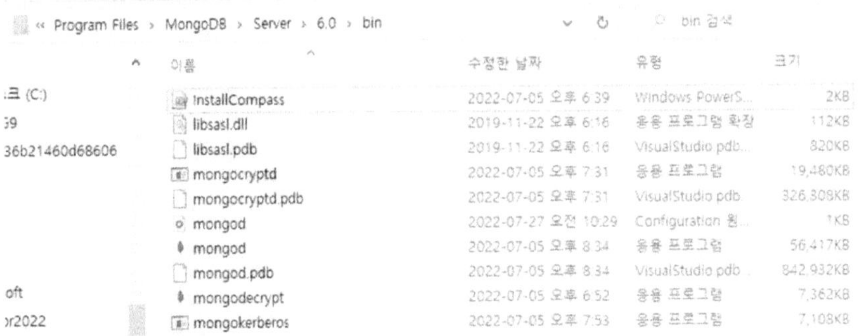

■ **설치 : https://www.mongodb.com/try/download/compass**

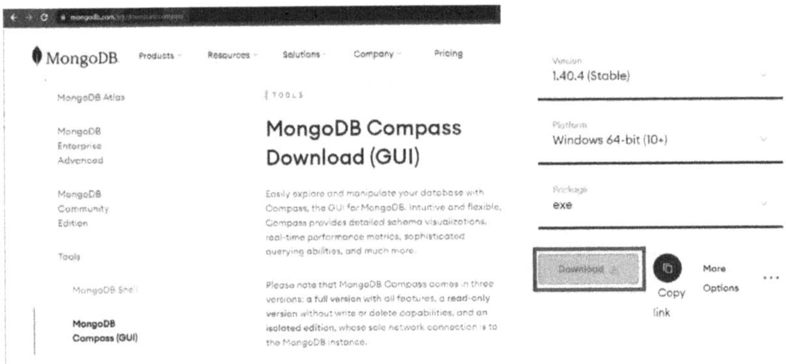

■ exe 실행

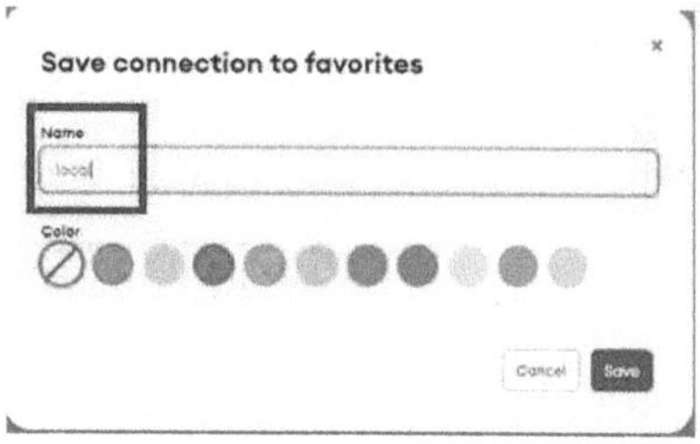

■ 초기화면 : connect

■ 시작 화면

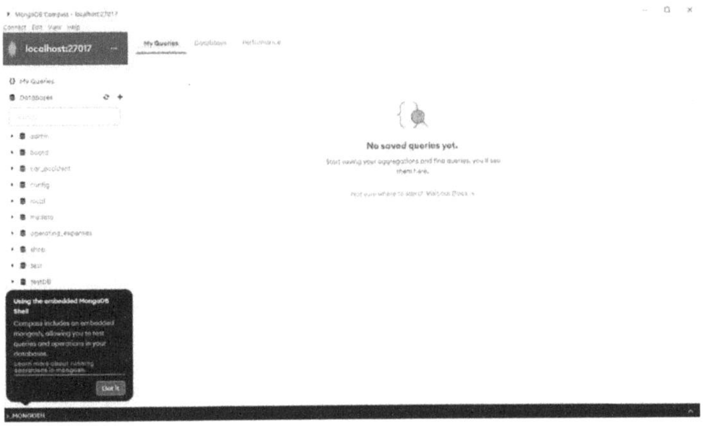

■ 데이터베이스 선택 : testDB 선택

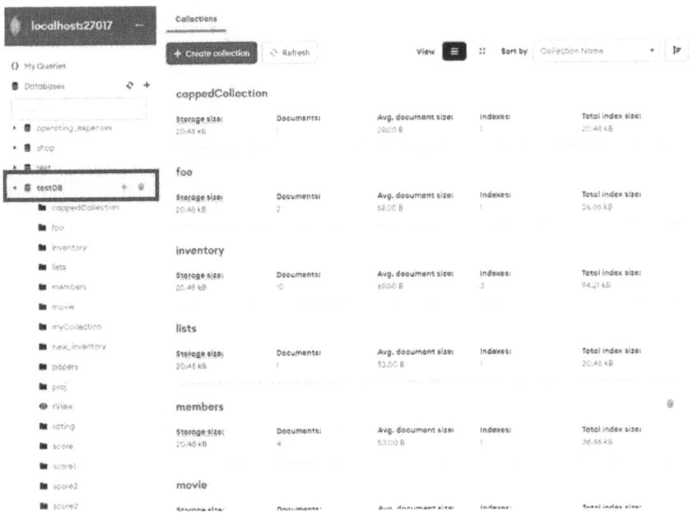

■ 컬렉션 선택 : rating 컬렉션

■ 질의 작성

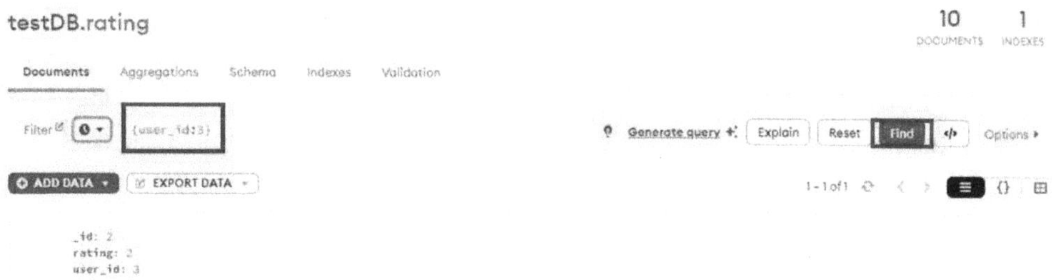

■ 컬렉션 만들기

■ 도큐먼트 삽입하기

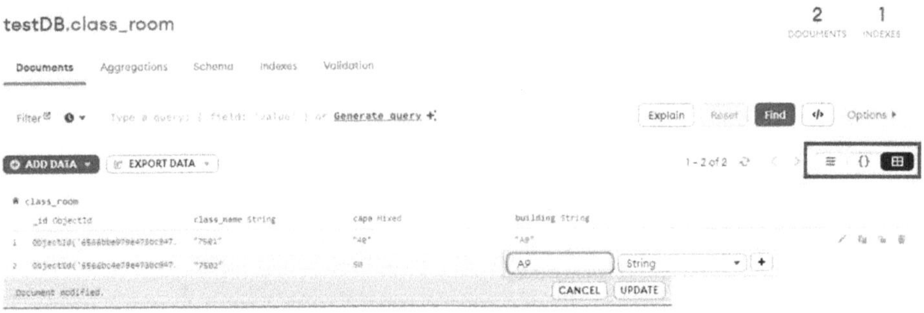

■ find() 실행하기

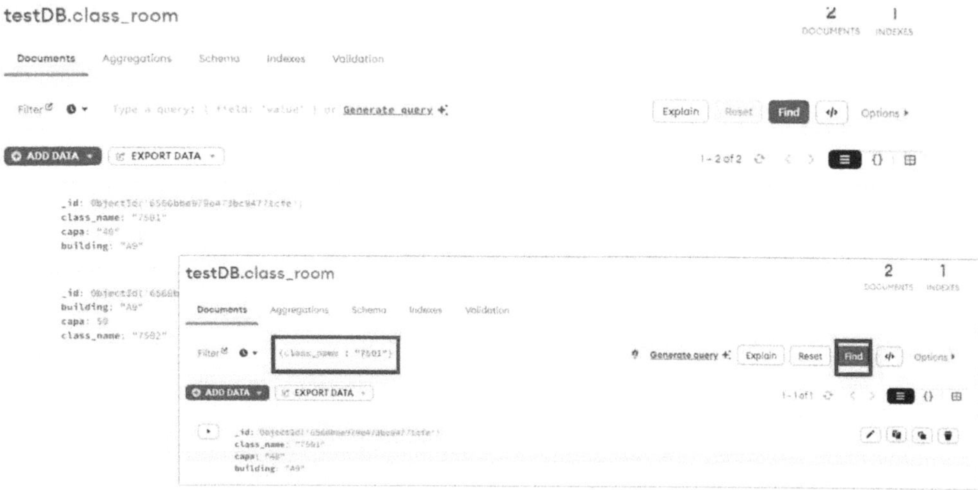

■ export : JSON 형식

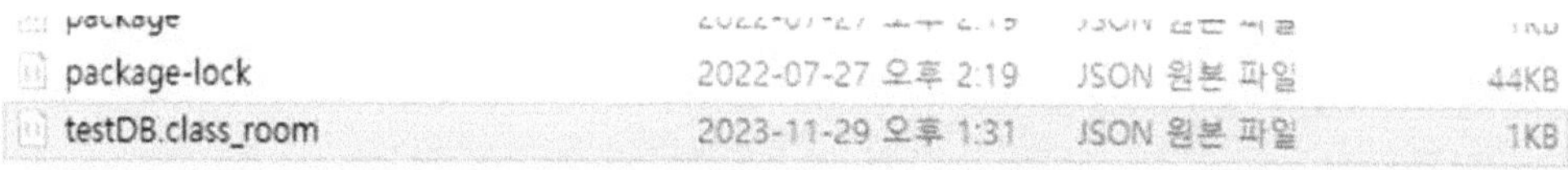

■ 집계 명령어 작성

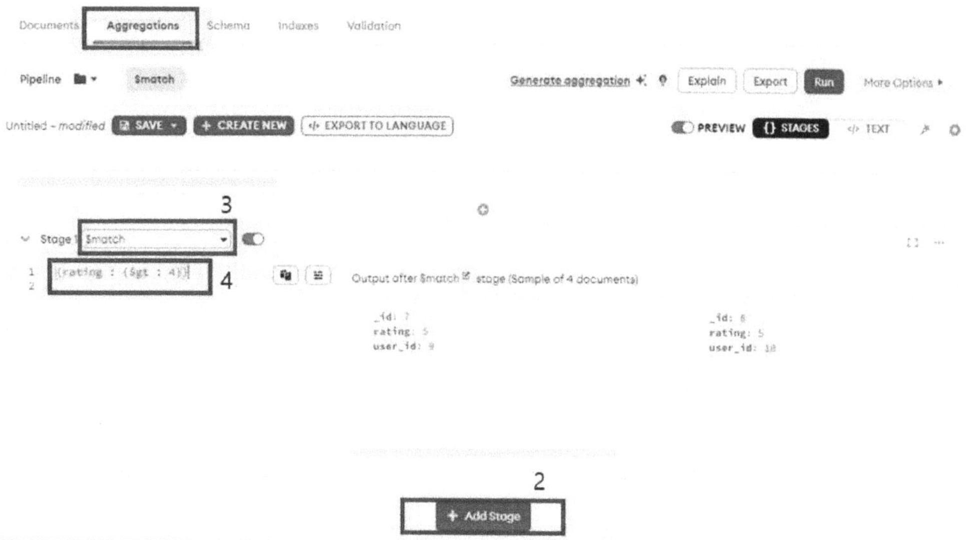

■ explain 명령어 결과

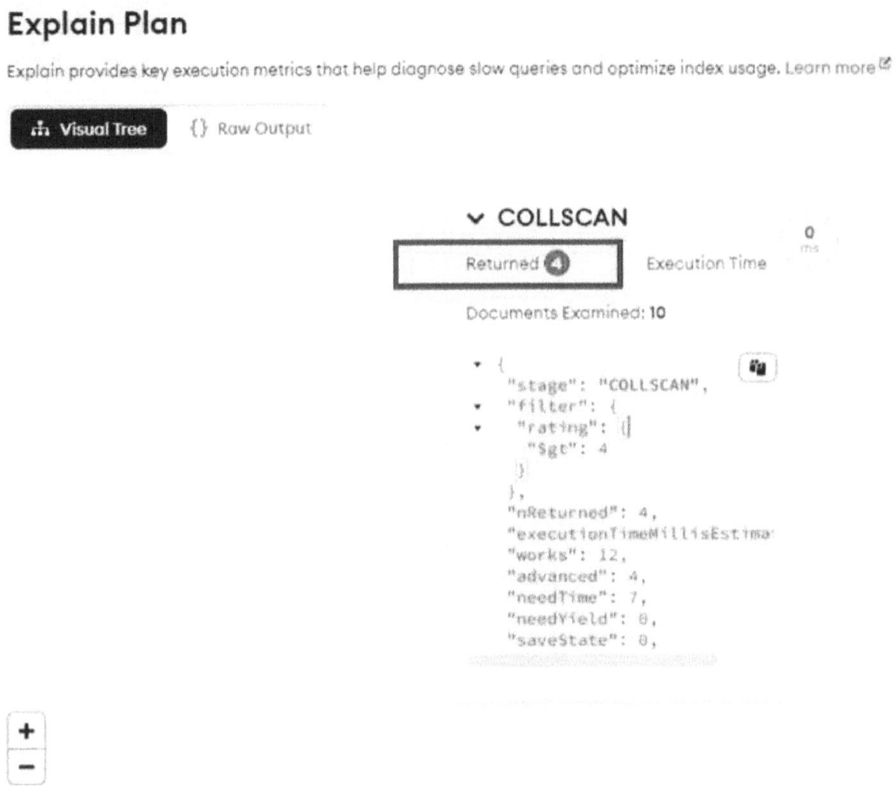

■ add stage

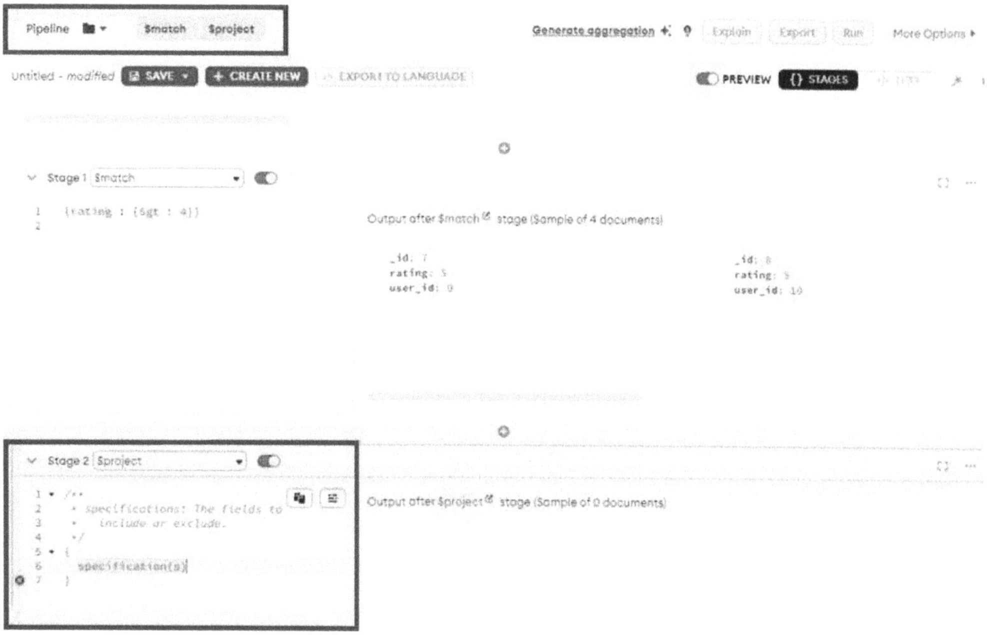

■ index 정보 확인하기

[참고문헌]

[1] 데이터베이스 배움터, 홍의경 저, 생능출판사
[2] 맛있는 MongoDB, 정승호 저, 비제이퍼블릭
[3] 몽고디비 완벽 가이드, 크리스티나 초도로, 섀넌 브래드쇼, 오언 브라질 저/김인범 역, 한빛미디어
[4] https://dev.mysql.com
[5] https://www.mongodb.com/docs/manual/

[찾아보기]

저/자/약/력

• 김치연

국립 목포해양대학교 컴퓨터공학과 교수

MySQL & MongoDB

인　쇄 : 2024년 2월 25일

발　행 : 2024년 2월 28일

저　자 : 김 치 연

발행처 : 도서출판 한산

경기도 고양시 덕양구 세솔로25번지 2212동 1903호

TEL : (02)304-3504　FAX : (02)304-3505

발행인 : 김 기 영

등록번호 : 제 10-1745 호

ISBN : 979-11-87555-45-2　93560

정가 23,000원